El poder de las plataformas de productos

Paidós Empresa

Títulos publicados

1. P. Block - *El mánager fortalecido*
2. E. De Bono - *Ideas para profesionales que piensan*
3. W. H. Agor - *El comportamiento intuitivo en la empresa*
4. E. De Bono - *El pensamiento práctico*
5. E. De Bono - *El pensamiento lateral*
6. T. L. Quick - *El pensamiento innovador en la empresa*
7. K. Albrecht - *Servicio al cliente interno*
8. A. Bartoli - *Comunicación y organización*
9. M. T. Brown - *La ética en la empresa*
10. B. Reddin - *La organización orientada al resultado*
11. E. G. Flamholtz e Y. Randle - *El juego interno del management*
12. J. H. Donnelly - *Cómo conquistar al cliente*
13. E. De Bono - *Seis pares de zapatos para la acción*
14. C. Altschul y E. Fernández - *Todos ganan*
15. A. F. Acland - *Cómo utilizar la mediación para resolver conflictos en las organizaciones*
16. S. R. Covey - *Los 7 hábitos de la gente altamente efectiva*
17. L. Leritz - *Negociación infalible*
18. C. Manz y H. P. Sims - *Superliderazgo*
19. J. Wareham - *Anatomía de un gran ejecutivo*
20. M. Bazerman y M. Neale - *La negociación racional*
21. E. De Bono - *Más allá de la competencia*
22. S. R. Covey - *El liderazgo centrado en principios*
23. E. De Bono - La revolución positiva
24. B. Fromm - *Los diez mandamientos de los negocios y cómo quebrantarlos*
25. P. L. Townsend y J. E. Gebhardt - *Calidad en acción*
26. R. McKenna - *Marketing de relaciones*
27. B. y C. Holton - *Curso breve para gerentes*
28. E. De Bono - *El pensamiento creativo*
29. C. Burton y N. Michael - *Guía práctica para la gestión por proyecto*
30. K. Albrecht - *Todo el poder al cliente*
31. G. de Sainte-Marie - *Dirigir una PYME*
32. S. R. Covey y otros - *Primero, lo primero*
33. S. R. Covey - *Meditaciones diarias para la gente altamente efectiva*
34. J. C. Collins y J. I. Porras - *Empresas que perduran*
35. M. E. Douglass y D. N. Douglass - *El management del tiempo en el trabajo en equipo*
36. J. W. Jones - *Management de alta velocidad*
37. J. Whitmore - *Entrenando para el desempeño empresarial*
38. A. Semprini - *El marketing de la marca*
39. F. Pacetta y R. Gittines - *No los despida, motívelos*
40. V. A. Howard y J. H. Barton - *Pensemos juntos*
41. A. de Ansorena - *15 pasos para la selección de personal con éxito*
42. R. M. Tomasko - *Repensar la empresa*
43. TH. M. Siebel y M. S. Malone - *La venta virtual*
44. K. Albrecht - *La misión de la empresa*
45. M. E. Gerber - *El mito del emprendedor*
46. B. Harrison - *La empresa que viene*
47. B. Tracy - *Estrategias eficaces de ventas*
48. T. y J. Hope - *Transformando la cuenta de resultados*
49. R. Benfari - *Cambiando el estilo de gestión*
50. S. Campbell - *Del caos a la confianza*
51. J. Slywotzky - *La migración del valor de la empresa*
52. The Hay Group - *Personal, rendimiento y sueldo*
53. A. Brooking - *El capital intelectual*
54. J. Musgrave y M. Anniss - *La dinámica de las relaciones personales*
55. J. James - *Pensando en el tiempo futuro*
56. R. Tomasko - *En busca del crecimiento*
58. M. H. Meyer y A. P. Lehnerd - *El poder de las plataformas de productos*

Marc H. Meyer
Alvin P. Lehnerd

El poder de las plataformas de productos

Cómo crear productos valiosos a precios competitivos

PAIDÓS
Barcelona • Buenos Aires • México

Título original: *The power of product platforms. Building value and cost leadership*
Publicado en inglés por The Free Press, a division of Simon & Schuster, Nueva York

Traducción de Ignacio Hierro

Cubierta de Víctor Viano

1ª edición, 1998

ISBN: 84-493-0519-5
Depósito legal: B. 5.552-1998

Impreso en Hurope, S.L.,
Lima, 3 - 08030 Barcelona

Impreso en España- Printed in Spain

«Si los deseos fueran caballos, los mendigos cabalgarían.» Pero ya se sabe que los anhelos no tienen nada que ver con la realidad. El simple deseo de escapar al caos y a la crisis con el objetivo de conseguir un futuro más armonioso no nos conducirá hasta él.

Dedicamos este libro a nuestros mentores y colegas, de los que tanto hemos aprendido, y a nuestros lectores, de quienes esperamos que utilicen las ideas que aquí exponemos para conseguir que sus propios deseos se transformen en la realidad de un futuro más productivo y próspero para sí mismos y para sus empresas.

SUMARIO

PREFACIO

Cuando los productos de una empresa son sólidos –es decir, eminentemente funcionales, de diseño elegante, a precios asequibles y que proporcionan cierta satisfacción de uso–, es porque esa empresa es también igualmente sólida. Crecerá en las épocas de bonanza, saldrá bien parada en los momentos difíciles y será capaz de llevar a buen puerto las complicadas transiciones de una generación tecnológica a la siguiente.

Este libro trata de la creación y la gestión de productos extraordinarios. A pesar de que son numerosas las empresas que tienen enormes dificultades para dominar esta actividad, nosotros hemos tenido la fortuna de trabajar con firmas, inscritas en un amplio abanico de sectores industriales, que habían alcanzado éxito en el desarrollo de nuevos productos y en procesos de manufactura integrados con nuevos diseños productivos. Precisamente esas experiencias, que han sido un complemento de nuestra investigación académica, son las que han constituido la fuente de nuestras intuiciones. Por supuesto que, como autores, deseamos compartir esta información con todos aquellos que son responsables de la vitalidad de la empresa: con el director ejecutivo, con su equipo de gestión y con el consejo de administración. Creemos que este libro será de gran utilidad tanto para las grandes corporaciones como para aquellas otras empresas de menor capacidad, incluyendo aquí a los pequeños empresarios, porque el crecimiento de todos depende de la excelencia de sus productos.

Son numerosas las empresas que han construido el camino hacia el crecimiento, la admiración y la lealtad de la clientela sobre la excelencia en la creación de un nuevo producto. No obstante, sólo un puñado de ellas han sido capaces de mantener esa excelencia a lo largo de eras marcadas por el cambio de tecnología y de liderazgo. Motorola, que había comenzado como fabricante de radios para automóviles en la década de 1930, se dedicó a hacer transmisores-receptores portátiles durante la Segunda Guerra Mundial y, a continuación, dio un nuevo giro para introducirse esta vez en el terreno de la electrónica de consumo. A medida que este campo iba madurando, el liderazgo que ejercía Motorola le llevó a introducirse con éxito en los nuevos e interesantes mercados de semiconductores, de paginadoras y de comunicaciones celulares. Cada una de estas transiciones fue enriqueciendo las competencias ya existentes al dotarlas de nuevas tecnologías y de experiencia empresarial. De forma parecida, Hewlett-Packard comenzó, también en la década de 1930, como fabricante de aparatos de verificación electrónica. A lo largo de los años fue cambiando de dirección con gran éxito a medida que aparecían nuevos mercados y nuevas tecnologías, diversificándose en la producción de calculadoras de gran potencia, de instrumentos de cartografía y de impresoras, de equipos médicos, estaciones de trabajo informático, ordenadores personales y servicios de sistemas integrados. Asimismo, Intel prepara año tras año nuevos y perfeccionados microprocesadores que convierten en anticuados los diseños existentes hasta ese momento. En este grupo de empresas de elite, tampoco puede faltar Microsoft; continúa mejorando su tecnología al servicio del material de oficina, de las cadenas empresariales y, más recientemente, de Internet. Todas estas empresas han reconocido (y han respondido a) las nuevas oportunidades que les ofrecían los mercados, dedicando por entero experiencia y tecnología a la fabricación de nuevos productos.

El camino que recorre la industria se encuentra también cubierto por la chatarra dejada por aquellas empresas que han desatendido sus artículos, y que, por ello, han perdido su eficacia tecnológica, su liderazgo industrial y sus clientes. La lista de éstas nos lleva hasta muy atrás, al principio de la historia de la industria. Por ejemplo, en el siglo XIX, a Boston se la conocía por el indiscutible primer puesto que ocupaba en la producción de hielo procedente de estanques locales de aguas remansadas, producto que enviaba por transporte marítimo a los lugares más apartados del planeta.[1] Cuando un inglés inventó la manera de fabricar hielo de forma mecánica, coincidiendo además con el momento en que Estados Unidos se hallaba embarcado en la Guerra Civil, las grandes firmas productoras de Boston parecieron ponerse de acuerdo en afirmar que «aquello no era asunto que pudiera preocupar a la industria de producción de hielo», y continuaron invirtiendo enormes sumas en la forma de producción tra-

1. James Utterback, *Mastering the Dynamics of Innovation*, Boston, Harvard Business School Press, 1994.

dicional y en tecnologías de distribución. Sus clientes les habían abandonado sólo algunas décadas después, sustituyéndolos por los fabricantes de hielo manufacturado que podía producirse de manera más segura y a más bajo coste. Un siglo más tarde, volvió a suceder una tragedia prácticamente idéntica con muchos de los fabricantes de miniordenadores del área de Boston, quienes creyeron que sus propios sistemas operativos patentados eran capaces de resistir el ataque de los «sistemas abiertos».

¿Qué es lo que convierte a Motorola, Hewlett-Packard, Intel y Microsoft en diferentes de aquellas otras empresas que fracasan en la mejora de sus productos? ¿Por qué continúan ofreciendo nuevos y atractivos artículos mientras que otras no lo consiguen? Seguro que no es por desinterés de estas últimas. ¿Qué empresario no estaría dispuesto a conservar en su poder la llave del futuro, las tecnologías que convierten en anticuada la manera actual de hacer las cosas? Seguro que tampoco es por falta de iniciativa de gestión. Pensemos por un momento en el QFD (despliegue de calidad funcional), en los sistemas de control conocidos como «puertas de entrada al escenario» del producto, puesto que se realizan al comenzar cada uno de los procesos, en la reingeniería, en el ISO 9000, en las competencias principales y en el consumo de masas de productos que, con anterioridad, habían sido de uso exclusivo. Con frecuencia, esas innovaciones se aceptan un año y se abandonan al siguiente. Aunque contempladas una a una pueden tener cierto valor, consideradas en conjunto consumen una enorme cantidad de energía de la empresa. Demasiado a menudo, su efecto neto supone un verdadero cataclismo organizativo, una plaga de reuniones, innumerables informes, exorbitantes facturas de consultoría y una complejidad de imposible manejo por lo que se refiere a actividades derivadas, tales como la manufactura y el mantenimiento. Pero lo que quizá sea aún más pernicioso es que la puesta en práctica de estas modas en la gestión puede llegar a desviar la atención debida a la renovación de productos y servicios. La visión del empresario está empañada, se ha alejado de sus clientes y productos. Tocqueville afirmó en el siglo XIX que los americanos tenían tendencia a convertirse en «esclavos de los eslóganes». Si pudiera observar hoy día el teatro empresarial, llegaría también a la misma conclusión.

Al margen de modas y eslóganes, aquello que diferencia a las empresas innovadoras de las demás es la constancia que demuestran en su devoción por los productos sólidos. Sus empresarios no tienen que asistir a conferencias sobre la necesidad de mejorar los productos constantemente y de encontrar nuevos mercados donde colocar sus tecnologías centrales. Antes al contrario, saben muy bien que el éxito a largo plazo *no depende de un único producto*. Saben muy bien que deben generar una *corriente continua* de productos de alto valor que se dirijan a mercados en expansión. Tales artículos constituyen una familia de productos; son artículos independientes unos de otros, pero que comparten una tecnología común y tienen como objetivo la creación de aplicaciones relacionadas para el mercado. Son estas familias de productos las que hay que considerar para explicar el éxito a largo plazo de las corporaciones empresariales.

Las familias de productos no tienen por qué fabricar los artículos a la vez. De hecho han sido planificadas para poder crear con eficacia cierto número de productos derivados, basándose en una tecnología central común. A esta tecnología central que opera como base la denominamos «plataforma de producción», o *conjunto de subsistemas y de interfaces que forman una estructura común, a partir de la cual se puede desarrollar y producir con eficacia toda una gama de productos derivados*. Una plataforma de creación de productos reduce extraordinariamente los costes de fabricación y proporciona un ahorro significativo en la obtención de componentes y de materiales, porque muchos de ellos los comparten esos mismos productos tomados uno a uno. Quizás posea el mismo grado de importancia el hecho de que los «sillares que forman el edificio» de las plataformas de producción puedan integrarse con componentes *nuevos* para, con toda rapidez, conseguir oportunidades en mercados también nuevos.

Es necesario que una gestión adecuada realice el seguimiento de las plataformas de producción. Si una plataforma no se rejuvenece, sus productos derivados quedarán desfasados y defraudarán a los clientes por su función o por su precio. Sin embargo, si las plataformas de una empresa se renuevan periódicamente, si se diseñan una y otra vez para incorporar nuevas funciones, componentes y materiales, la familia de productos continuará siendo sólida a lo largo de sucesivas generaciones.

Las plataformas de producción sólidas no aparecen por casualidad; son el resultado de una única metodología y de estrategias de diseño, desarrollo y revitalización a lo largo del tiempo. Éstas se describen en los próximos capítulos y quedan claramente caracterizadas mediante ejemplos de casos que incluyen productos dirigidos a un consumidor tradicional, equipamiento industrial y ordenadores, así como productos «no físicos», tales como los de *software* e informáticos distribuidos por medio de Internet. Aunque a primera vista los productos físicos y los no físicos puedan parecer tan diferentes, de hecho, cuando los contemplamos a través de la lente de este pensamiento basado en la existencia de plataformas, veremos que comparten un cierto número de elementos conceptuales.

En pocas palabras, este libro trata de la búsqueda de soluciones poderosas y elegantes para alcanzar el nivel estándar de la excelencia del producto. Se guía por una sencilla metáfora: un arco que salva el abismo de incertidumbre al que deben hacer frente todas las empresas (fig. p.1). Como cualquier otro arco, éste está construido mediante sillares perfectamente ajustados; como es lógico, la clave del arco es el sillar que consigue mantener a los restantes en su sitio y el que convierte toda la estructura en un conjunto seguro. Si lo aplicamos a la renovación empresarial, los sillares son los conceptos y los métodos utilizados para desarrollar plataformas y familias de productos. La clave del arco, el más delicado de los sillares, lo constituye la dedicación y el entusiasmo de los que hace gala el consejo de administración para asegurar los principios que crean y renuevan aquellas familias.

En los dos primeros capítulos de este libro presentamos nuestra «arquitectura del pensamiento», un conjunto de conceptos en el que se incluyen los de familias de productos, plataformas, productos derivados y la necesidad de su renovación colectiva. Los capítulos siguientes ofrecen normas e instrumentos específicos: estrategias de mercado de plataformas, diseño de plataformas de producción, organización de equipos y la medición de resultados tomando como base una familia de productos. En los últimos capítulos se aplican conceptos de la plataforma a productos no físicos, tales como el *software*. Por fin, el último expone directrices prácticas y novedosas para gestionar el uso de estas ideas con el fin de conseguir que la empresa salve el abismo de la incertidumbre; en otras palabras, para llegar a convertirse en la piedra clave del arco.

Deseamos dar las gracias a todas aquellas empresas que nos han permitido estudiarlas para afinar así nuestras ideas mediante la aplicación práctica. Entre ellas hemos de citar a Black & Decker, Boeing, Compaq, CorpTech, EMC, Hewlett-Packard, IBM, Lincoln National Reinsurance, Steelcase, Sunbeam, Visio y Ziff Davis/Softbank. Queremos también expresar nuestra gratitud por las ideas y la asistencia prestada a Richard Luecke y James Utterback. Damos asimismo las gracias a los centros de investigación de las tres universidades que han apoyado nuestro trabajo durante años: el Center for Technology

MKT = *mercado* MFG = *manufactura* CEO = *director ejecutivo* R&D = I+D, *investigación y desarrollo.*

Figura p.1. Salvando el abismo.

Management de la Universidad de Northeastern, el Center for Innovation Management Studies de la Universidad de Lehigh y el International Center for Research on the Management of Technology del MIT.

Creemos que el lector hallará en este libro ideas relativas a la gestión de empresas manufactureras expuestas de una forma útil, diferente y difícil de encontrar en otras publicaciones. Al hacerle partícipe de nuestros conceptos y experiencias, esperamos también que sirvan para enriquecerle. Deseamos que, en consecuencia, sea capaz de abordar su propio trabajo con renovado vigor y con una visión más penetrante sobre la manera de alcanzar un futuro mejor para sí mismo, para su empresa y para su clientela.

MARC MEYER Y AL LEHNERD
Boston, Massachusetts

1
EL PODER DE LAS PLATAFORMAS DE PRODUCCIÓN

Las empresas que se dedican a la fabricación de productos –y nos referimos, como es obvio, a aquellas que sobreviven– constituyen entidades evolutivas. Su cartera de productos cambian mediante periódicos aumentos de valor del artículo básico y de las tecnologías de manufactura. Algunos de los cambios suponen auténticas rupturas, mientras que otros son sencillos incrementos. Si los cambios realizados son los adecuados conducen al éxito del mercado; los que no lo son, sólo llevan al fracaso.

El éxito de una empresa depende, a largo plazo, de que disponga de una gama de productos nuevos: algunos sirven para sustituir a los más antiguos, otros constituyen las novedades en nuevos mercados. A medida que la economía mundial se vuelve cada vez más integrada, muchos de esos productos nuevos tienen que ser productos globales que satisfagan las necesidades de los clientes de cualquier parte del mundo, así como las exigencias de los organismos oficiales encargados del control de aquéllos. La perspectiva de nuevos productos globales, que explotan los avances que tienen lugar tanto en las tecnologías productivas como en aquellas otras usadas para manufacturar, distribuir y ofrecer servicios de mantenimiento, es lo que proporciona el combustible que hace crecer y renovarse a las empresas.

La concentración en los productos únicos

Prescindiendo de la importancia que adquiere la creación de perspectivas de nuevos productos, cuando se los contempla a largo plazo, los métodos tradicionales de gestionar esta función vital en el mundo de los negocios acostumbra a desembocar en el fracaso. Con frecuencia sucede así porque las empresas diseñan nuevos productos, pero siempre *sólo de uno en uno*; y este producto único se ve obligado a competir en su búsqueda de recursos con otros proyectos que se hallan en la cartera de la misma empresa. Todos y cada uno de los equipos encargados de la producción de un artículo deben justificar su existencia de manera repetida a lo largo de todos los procesos de desarrollo y comercialización. Las puertas que abren paso a la aprobación van oscilando, abriéndose o cerrándose a medida que los proyectos de desarrollo único avanzan siguiendo su camino. El presupuesto, el equilibrio entre costes y beneficios, la medición de los ritmos de producción se calculan siempre sobre la base de productos únicos.

El resultado final de esta concentración en la fabricación de productos únicos no es otro que el fracaso, porque no se apuesta por potenciar lo que es común, lo que es compatible, es decir, por la estandarización, por la armonía entre diferentes productos y líneas de producción. En cualquier empresa salta a la vista la carencia de elementos comunes entre sus propios productos y componentes. Podemos observar numerosos artículos que utilizan materiales diferentes con objetivos idénticos; distintos interruptores, cuando uno solo haría la misma función; se desarrolla una tecnología propia, de elevadas inversiones, con el fin de aplicarse a un único producto; existen componentes con idénticas especificaciones técnicas, pero de tamaños diferentes (y que, por ello, no pueden intercambiarse); y así podríamos continuar indefinidamente. Aquí contamos con argumentos suficientes para explicar por qué puede fallar la cartera de pedidos de un artículo cuando sólo se desarrolla y se gestiona un producto en cada ocasión.

Quizás ha llegado el momento de preguntarnos si no sería mejor construir una familia entera de productos que participe del conocimiento de un mercado común, con tecnologías de producción también comunes y con un conjunto compartido de procesos productivos altamente automatizados. En lugar de contar con equipos que trabajan por separado y dedicados cada uno de ellos a la fabricación de un único artículo, ¿no sería mejor unificar esfuerzos para construir una *plataforma* común o un diseño a partir del cual poder crear de manera eficaz todo un amplio abanico de *productos derivados*? Resumiendo, ¿no es posible atacar *en masse* toda la cartera de productos de un segmento de producción?

Para comprobar que esta alternativa a la mentalidad del producto único no ha sido traída por los pelos, sino que es perfectamente factible desde el punto de vista operativo, recojamos la experiencia de Black & Decker. Es muy probable que muchos de los lectores dispongan en su casa de algún aparato de la firma Black & Decker, y no deja de haber buenas razones para ello. Esta empresa ha eliminado a muchos de sus competidores de los segmentos del mercado de aparatos eléctricos de consumo familiar mediante el desarrollo de plataformas de producción eficaces para sus principales familias de productos.

La renovación de la cartera de productos de Black & Decker

La cartera de productos de aparatos eléctricos para consumo familiar de Black & Decker era, en la década de 1970, amplia y extensa, y estaba formada por dieciocho grupos dedicados a la fabricación de aparatos eléctricos. Ocho de estos grupos contribuían con el 73 % de las ventas y con el 91 % de las unidades vendidas: taladros, sierras de vaivén, cortadoras de setos y segadoras, martillos eléctricos, sierras circulares, esmeriladoras y pulidoras, lijadoras de acabados y afiladoras; en total, ciento veintidós modelos diferentes.

Lo mismo que en el caso de la mayoría de las empresas consolidadas, la cartera de productos de Black & Decker había evolucionado a lo largo de los años; hacia 1970 se trataba de un conjunto nada coordinado de diseños, componentes y tecnologías. Sus aparatos eléctricos se basaban en la existencia de una treintena de motores diferentes, fabricado cada uno de ellos con un conjunto de elementos también distinto. Se necesitaban sesenta chasis de motor diferentes para albergar en ellos las distintas variantes de potencia y aplicación (por ejemplo, uno para un taladro, otro para una sierra o una lijadora, etc.). Además, la empresa contaba con ciento cuatro piezas de conexión entre el motor y el «cabezal del aparato que realiza la función encomendada» también diferentes (por ejemplo, para la conexión con la broca de la taladradora o con la hoja de la sierra). Cada una de estas piezas exigía, a su vez, un equipamiento propio de herramientas. Docenas de interruptores y de botones diferentes poblaban las estanterías de los almacenes y los inventarios de elementos de la empresa.

La inmensa mayoría de los productos de Black & Decker habían invadido la cartera de aparatos eléctricos de uno en uno, sin dedicar apenas un minuto a pensar cuánto puede llegar a economizarse utilizando para ello la técnica de compartir componentes y procesos manufactureros. Los millares de elementos necesarios para fabricar tantos artículos exigían miles de metros cuadrados con capacidad de almacenaje y cientos de operarios dedicados a clasificarlos, colocarlos en estanterías e inventariarlos. El diseño exclusivo de cada artículo requería una línea de producción también exclusiva, o cambios de línea que consumían elevadas cantidades de tiempo. Diseños poco elegantes ocasionaban enormes inversiones en trabajo.

A pesar de todas estas desventajas, Black & Decker ha crecido hasta convertirse en la empresa más importante en el campo de herramientas eléctricas para consumo familiar, quizá porque sus competidores han seguido también un enfoque idéntico caracterizado por la creación de productos de uno en uno. Sus artículos funcionaban igual de bien que los de los rivales y gozaban de unos precios que les convertían en muy competitivos, comparados con los de otras empresas del mercado interior. Hacia 1970, Black & Decker controlaba alrededor de un 20 % de la cuota de mercado, lo que suponía unos doscientos millones de dólares anuales de ingresos. Pero, a pesar de su cómoda situación, la dirección observó la aparición de tres nubarrones con visos de tormenta en el horizonte:

• Empresas manufactureras de países vecinos estaban haciendo incursiones en el mercado norteamericano y abordaban aquellos otros mercados que hacían aparición en ultramar.

• La inflación y el aumento de costes laborales, en materiales, servicios y bienes de capital devoraban los márgenes de Black & Decker. Con el fin de mantener constante la relación trabajo-costes en sus productos, la dirección calculó que debía eliminar alrededor de la tercera parte de los costes laborales en todos sus artículos durante los próximos tres o cuatro años. Si eso ya era bastante difícil tratándose de un solo producto, se convertía en absolutamente imposible si se pensaba en toda la línea de producción de herramientas eléctricas de la empresa, si no se hacía uso de una estandarización de los diseños, de la automatización, de una mejor utilización de materiales y espacios y de una planificación inteligente de capitales.

• Los consumidores y los organismos de control exigían niveles de seguridad cada vez más elevados, de forma específica mediante el añadido de otra barrera de protección a los motores de las herramientas eléctricas, para evitar que los usuarios sufrieran una descarga en caso de fallo del sistema de aislamiento ya existente. Las exigencias aprobadas por los organismos de control en favor de la instalación de un doble aislamiento se habían apoderado ya de Europa y se esperaba su pronta introducción en el mercado americano. Esta nueva situación podía causar estragos en el proceso de producción de Black & Decker; la dirección consideró que le llevaría casi una década el volver a diseñar todas sus herramientas eléctricas con un doble aislamiento.

El consejo ejecutivo de Black & Decker y su equipo de gestión comprendieron que no era posible hacer frente a estas amenazas con medidas diferentes a las de choque. Advirtieron también que los competidores se enfrentaban a idénticas dificultades. A partir de aquí, razonaron de la siguiente manera: «Si somos capaces de responder con mayor rapidez y eficacia, estas amenazas a las que debemos enfrentarnos como empresa pueden convertirse en una oportunidad única para dominar el sector».

El «programa de doble aislamiento»

La necesidad de adoptar el doble aislamiento se convirtió en el catalizador para renovar toda la cartera de herramientas eléctricas de Black & Decker.[1] La dirección comenzó el «programa de doble aislamiento» con un claro y triple objetivo: a) volver a diseñar todas las herramientas eléctricas *al mismo tiempo*; b) volver a diseñar de manera simultánea todo el proceso de manufactura, con el fin de que todos los productos nuevos pudieran fabricarse con una sustancial ventaja en cuanto a los costes; y c) ofrecer productos con doble aislamiento sin un incremento de precios al consumidor. Poner en práctica todo lo anterior significaba abandonar las líneas de producción de herramientas eléctricas para consumo familiar existentes.

La dirección fijó cinco objetivos fundamentales para renovar el instrumental eléctrico:

- Desarrollar una imagen «familiar» clara y distintiva en todos los productos, hasta el punto de que cuando un cliente cogiera cualquier artículo supiera, sin necesidad de leer la etiqueta, que tenía en sus manos un «Black & Decker».
- Simplificar las ofertas de productos, sustituyendo las piezas habituales por elementos, interfaces, empalmes y conexiones estandarizados.

1. El primero que describió la historia del programa de Black & Decker fue Alvin Lehnerd, «Revitalizing the Manufacture and Design of Mature Global Products», en B. Guile y H. Brooks (comps.), *Technology and Global Industries*, Washington DC, National Academy Press, 1987, págs. 49-64.

• Reducir de forma drástica los costes de fabricación por unidad mediante la automatización y el uso de materiales nuevos. Aquellas empresas de herramientas eléctricas que ya habían introducido en el mercado artículos con doble aislamiento, lo habían hecho con un aumento de un 20 % en los costes de material y trabajo. Black & Decker se fijó como objetivo presentar el doble aislamiento a unos costes menores que los de su propia línea de producción habitual de aislamiento simple.

• Utilizar el diseño para mejorar el funcionamiento de sus herramientas eléctricas y hacer posible el añadido de nuevas características (tales como una mayor potencia o la introducción de más de una velocidad) a costes mínimos.

• Fabricar productos globales, es decir, artículos capaces de hacer frente a las necesidades de los clientes de cualquier parte del planeta y a las ordenanzas de las instituciones reguladoras.

A la cabeza

El consejo de administración de la empresa tomó la decisión más importante al comienzo de todo el proceso: los recursos de la corporación debían de concentrarse en el «programa de doble aislamiento» hasta que se completara la transición. Únicamente quedaría una fuerza testimonial para seguir dedicándole esfuerzos a la mejora de los diseños de las herramientas eléctricas ya existentes. Se trataba evidentemente de asumir un riesgo muy elevado y de tomar la decisión de «apostar por la empresa». Se derivaron hacia el nuevo programa los mejores talentos y la mayor parte de las inversiones de capital. Un ejecutivo ya retirado de Black & Decker afirmó: «Apostamos por la empresa, pero si no lo hubiéramos hecho, a finales de la década ya no existiría empresa de la que poder hablar».

Temporalmente el desarrollo de nuevos productos quedó en suspenso, mientras que un «equipo de choque», con dedicación exclusiva, trataba de crear una nueva plataforma de producción común para todos los principales grupos dedicados a la fabricación de herramientas eléctricas de la empresa. Este equipo comenzó por investigar en el mundo industrial los mejores componentes y los nuevos avances tanto en materiales como en procesos de fabricación.

Si se tiene en cuenta que la manufactura se consideraba la clave para facilitar el diseño de una plataforma de producción radicalmente nueva, era necesario construir un puente que salvase la distancia tradicional existente en la empresa entre ingeniería y manufactura. Black & Decker estableció esa unión mediante la obligación de que los ingenieros de fabricación avanzada residieran en establecimientos en los que deberían trabajar codo a codo con el grupo de diseño de producción. Esos mismos ingenieros de fabricación se veían directamente implicados, ya desde el comienzo, en el desarrollo de la maquinaria, en el proceso de producción, en la ingeniería del diseño del precio y el coste del producto, en las decisiones de compra e incluso en el embalado. Se creó un «gabinete de guerra» en el que podían encontrarse operarios de funciones muy diferentes para fabricar nuevos diseños de artículos durante los tres años de duración del proyecto.

Se cambió también la estructura básica de la empresa para evitar que políticas organizativas de alto nivel interfirieran en el esfuerzo de renovación. En lugar de contar con un director general a cargo de los asuntos relativos a las herramientas eléctricas de consumo familiar, asistido por dos vicepresidentes, uno de diseño y otro de fabricación, se creó un nuevo cargo, el de «vicepresidente de operaciones», con el fin de combinar el desarrollo productivo, el diseño de los productos y las operaciones de fabricación, todo bajo el mando de una sola persona.

Es posible que tan importante como cualquier otra cosa fuese el hecho de que los miembros de administración y del consejo se comprometieron con un horizonte de planificación a largo plazo. Realizaron una asignación de 17,1 millones de dólares (en dólares de 1971) –una inversión sustancial en aquel tiempo para la empresa–, cantidad que no se esperaba recuperar hasta casi siete años después de emprendido el programa. Se dedicaron seis millones de dólares para nuevas plantas y equipamiento. Otros seis millones y medio se invirtieron en maquinaria, es decir, en la fabricación de elementos para la producción. La fabricación de tecnología productiva y de tecnología para el desarrollo recibieron cada una un millón setecientos mil dólares. Por último, el presupuesto para inventarios y gastos diversos ascendió a un millón doscientos mil.

La creación de una plataforma de producción común

Black & Decker tuvo la buena fortuna de sentirse fascinada, de una manera sin límite, por aquellos detalles de la fabricación de productos que ofrecieran más funciones y mejores precios al usuario de herramientas eléctricas de uso familiar. La iniciativa del doble aislamiento sirvió para apoyar esa fascinación con recursos y con una buena dirección. Su objetivo consistió en crear una *plataforma de producción* que actuase como baluarte de una nueva generación de herramientas eléctricas. Una plataforma de producción está constituida por un conjunto de componentes, módulos o partes, a partir de las cuales, y con entera eficacia, se puede diseñar y emprender la fabricación de toda una gama de productos derivados. En cualquier herramienta eléctrica, el motor es el más común de sus elementos; y precisamente estos elementos clave, como es el caso del motor en un aparato eléctrico, son los que constituyen los *subsistemas* más importantes en una plataforma de producción. La figura 1.1 nos muestra el conjunto de piezas, antes y después del diseño, del sistema de ensamblaje del motor universal, es decir, de uno de los subsistemas clave del motor universal de Black & Decker.

No tenemos más que fijarnos en los diferentes cables para comprobar la falta de elegancia característica del diseño de productos de las herramientas eléctricas de Black & Decker antes de la entrada en escena del programa de doble aislamiento. A conexiones como las que aparecen en la figura las denominamos *interfaces entre subsistemas* en una plataforma de producción. Entre sus principales grupos

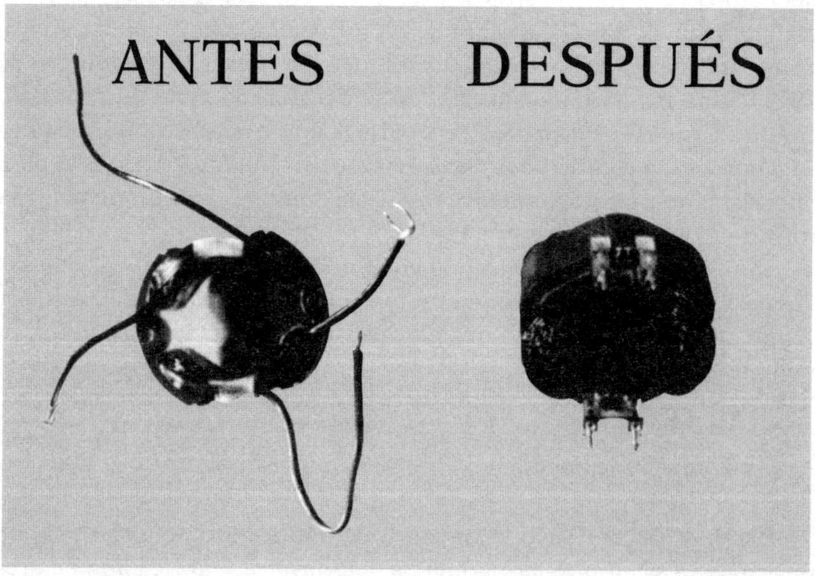

Figura 1.1. Piezas del motor universal de Black & Decker, antes y después del diseño.

productivos, la empresa manufacturaba una treintena de motores diferentes; no se trataba de simples variaciones de un único diseño, sino de arquitecturas específicas fabricadas para dar respuesta a la exigencia de distintos potenciales por parte de los diferentes grupos dedicados a la manufactura de herramientas eléctricas. Cada motor tenía un proceso exclusivo de fabricación, y, además, todos esos procesos se hallaban solamente semiautomatizados. Por ejemplo, un grupo de técnicos se dedicaba a conectar los cables entre el motor y la toma de corriente de forma manual.

Con el fin de solucionar este problema, un equipo se propuso diseñar un motor universal que pudiera utilizarse en una extensa gama de productos: taladros, lijadoras, sierras, pulidoras, etc. Este equipo se guiaba por los principios de estandarización y modularización sin olvidarse del principio de aumento de escala. Su objetivo consistía en la creación de un diseño de motor básico único que pudiera adaptarse a la producción de diferentes potencias para, de esta manera, ofrecer su servicio a los usuarios que hacen reparaciones de pequeña envergadura en sus domicilios y a los que realizan arreglos ya poco frecuentes, e incluso a los profesionales del ramo.

El resultado de su trabajo nos lo muestra la parte de la figura 1.1 dedicada al «después». Nótese la construcción mucho más sencilla de la interfaz del motor rediseñado: las conexiones «enchufables» que pueden insertarse de manera automática en la carcasa de la herramienta eléctrica. Quedaba eliminada así la conexión manual de cables del motor con la toma de corriente eléctrica. El diseño del motor dejaba fijo el diámetro axial, permitiendo variaciones únicamente en longitud. Una estandarización de esa clase ofrecía toda una serie de ventajas importantes: en primer lugar, los diseñadores podían crear una carcasa común a todos los motores; aquel diámetro fijo del conjunto de elementos que constituía todo el motor permitió también que los ingenieros prepararan una carcasa de diámetro estándar para todas las herramientas eléctricas de la familia de producción. El armazón del aparato eléctrico sería el mismo para un taladro, una lijadora, una sierra de vaivén o una pulidora.

Otra ventaja del diseño del nuevo motor consistía en que la potencia podía incrementarse prolongando simplemente la longitud. Al incrementar la longitud del motor de 0,8 a 1,75 pulgadas, según nos muestra la figura 1.2, y al unir y enrollar mucho más cable de cobre alrededor de las láminas de acero del estátor se podía obtener una potencia que oscilaba entre los sesenta y los seiscientos cincuenta vatios.

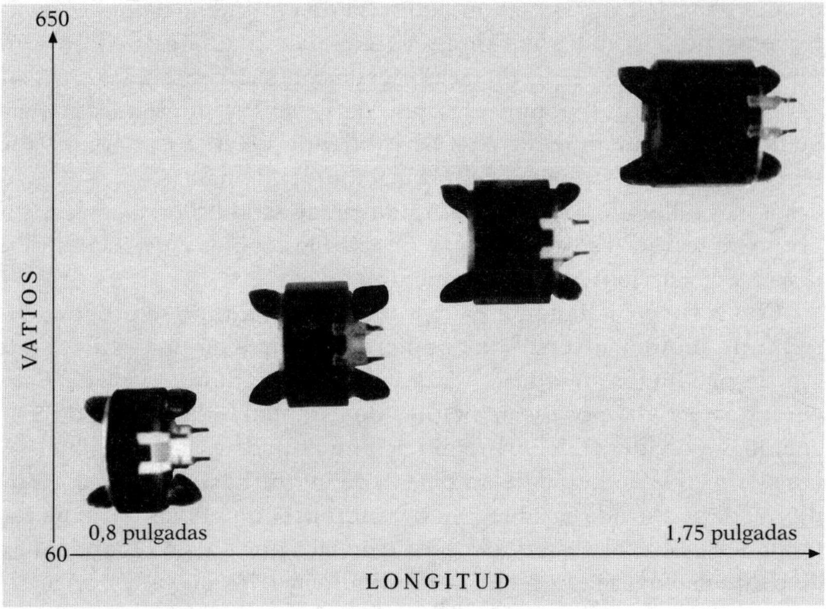

Figura 1.2. Longitudes y diferentes potencias de los elementos del motor universal.

La estandarización y la modularización conseguidas con el nuevo diseño de la plataforma de motor básico hicieron posible que los ingenieros de Black & Decker consiguieran importantes avances en la automatización de la manufactura. El equipo diseñó un proceso sencillo en el que las variaciones del motor básico (por lo que se refiere a su longitud) podían llegar a producirse sin necesidad de la intervención humana. Las láminas de acero del estátor (columna vertebral del motor) se podían situar al principio de una cadena mecanizada, donde serían ensambladas, soldadas, aisladas, enrolladas, barnizadas, acabadas y verificadas de manera automática.

La figura 1.3 nos muestra que, con un volumen de producción de dos mil cuatrocientos motores por hora en 1974, el nuevo sistema de motor de doble aislamiento exigía la participación de dieciséis operarios, en lugar de los ciento ocho necesarios para el mismo trabajo con el diseño del motor anterior: ¡un 85 % de reducción en costes laborales! Los costes de material, trabajo y gastos generales alcanzaban la suma de treinta y un céntimos por unidad en el nuevo diseño, contra los cincuenta y uno del viejo, lo que significaba una reducción del 39 %. Los propios materiales constituían una inversión so-

	Proceso de diseño y manufactura antiguos	Proceso de diseño y manufactura nuevos	Mejora
Operadores necesarios	108	16	85 %
Costes de aislamiento (materiales, trabajo, gastos generales)	0,51 $	0,31 $	39 %
Costes laborales por unidad	0,14 $	0,02 $	85 %
Capital necesario	400.000 $	1.222.000 $	
Ahorro anual (en trabajo y material)		1.280.000 $	

Figura 1.3. Comparación de costes de elementos del motor (2.400 unidades por hora).

lamente de dos céntimos por unidad en el nuevo motor, en lugar de los catorce del antiguo. Más aún, todos los motores se podían fabricar en la misma línea de montaje, debido a la dimensión fija del eje. Por tanto, los costes laborales eran idénticos para un motor de seiscientos cincuenta vatios que para otro de sesenta. Los únicos costes que variaban eran los de las láminas de acero del estátor y los del hilo de cobre. La empresa advirtió que, en la fabricación de los motores de sus herramientas eléctricas, ahorraba anualmente 1,28 millones de dólares (de 1974). Esa cantidad era superior a la necesaria para cubrir las inversiones de capital dedicado a la adquisición e integración de nuevos equipos, que alcanzaba la suma de 1,22 millones de dólares.

Al mismo tiempo que se estaba realizando el diseño del nuevo motor, varios miembros del equipo prestaron toda su atención al chasis, otro de los subsistemas clave en la estructura de la plataforma de producción de herramientas eléctricas. El chasis conecta un conjunto de mecanismos de transmisión que, a su vez, ponen en movimiento el «cabezal del aparato», ya sea éste la broca de la taladradora, la hoja de la sierra o la superficie para lijar. El chasis posee un movimiento de rotación de entre veinte mil y treinta mil revoluciones por minuto en una herramienta eléctrica clásica. Por tanto, cualquier elemento conectado a él debe hacerlo con un nivel de seguridad total. El chasis está compuesto de una estructura de acero, láminas también de acero, una envoltura de cobre, un conmutador, un eje que conduce hasta los mecanismos de transmisión, que ponen en movimiento la broca de la taladradora, la lijadora o la sierra, y casquillos de cierre aislados. Los chasis deben estar perfectamente equilibrados, a la manera de una rueda de automóvil.

Con el fin de cumplir con la exigencia de un doble aislamiento, era preciso añadir otra capa de separación alrededor del eje del chasis. En el diseño del chasis antiguo, las láminas debían colocarse con toda precisión sobre el eje, y este último debía soldarse a aquéllas con fijaciones especiales. Además, la capa de aislamiento debía calcularse con exactitud y, a continuación, situarla sobre el eje. En ocasiones, aparecían defectos en el aislante cuando se equilibraba y se realizaba el control de calidad del chasis.

Los ingenieros de manufactura deseaban simplificar este proceso para conseguir aumentar el volumen de producción. Se dedicaron a investigar por todo el mundo un amplio abanico de industrias para dar con un procedimiento que hiciera posible evitar la unión, de forma mecánica, de las láminas al eje. Por fortuna, uno de los ingenieros dio con un nuevo adhesivo, fabricado por una pequeña empresa de Connecticut, llamado «loctite», que poseía como característica distintiva la de soldar en ausencia de aire y en presencia de metal. Era eso precisamente lo que el equipo necesitaba para llevar a cabo la completa automatización del chasis. Todos los subgrupos podían adherirse al eje con «loctite» y, mientras éste iba soldando, era posible alinearlos de la forma más adecuada.

Se creó maquinaria destinada a automatizar todo el proceso, incluida aquí la delicada actividad de equilibrado de todos los subgrupos, la más importante cuando hablamos de herramientas eléctricas. El equipo desarrolló también un material único de doble aislamiento, un tipo especial de tubo de papel que se integraba en un manguito colocado alrededor del chasis, al que se adhería también con «loctite». El nuevo proceso automatizado de fabricación de chasis hizo posible producir el mismo número de unidades con la cuarta parte del personal. Los costes quedaron reducidos a la quinta parte de los niveles anteriores. Black & Decker patentó los elementos clave del diseño del nuevo chasis.

Motores y chasis significaron simplemente el comienzo. La estandarización, la modularización y la automatización se convirtieron en los objetivos más interesantes de la filosofía que guiaba el quehacer del equipo. Este grupo de Black & Decker se interesó por todos y cada uno de los principales subsistemas que componían la plataforma de producción de las herramientas eléctricas. Se estandarizaron las transmisiones al tomar la decisión de cambiar las que se fabricaban con el sistema de ruedas dentadas cónicas por las dentadas cilíndricas hechas a partir de polvo de metal; esta novedad eliminaba la necesidad de realizar cortes en la transmisión, así como los tratamientos contra el aumento de calor y para el calibrado, todo lo cual aumentaba los costes laborales y materiales, así como los elevados niveles de residuos del proceso antiguo. Los volúmenes de producción consecuentes permitieron que muy pronto la empresa realizara un proceso de integración vertical, al fabricar la propia firma las transmisiones hechas a partir de polvo de metal a un coste inferior.

Incluso la modesta «llave de fijación», esa llave pequeña y parecida a la transmisión, que se utiliza para ajustar las diferentes piezas del taladro, se convirtió en objeto de estudio por parte del equipo de diseño. A pesar de su pequeño tamaño y de su sencillez, estas llaves eran muy caras si se las comparaba con el propio taladro: significaban el 29 % del coste total del aparato. Black & Decker se había proporcionado estas llaves en proveedores externos, y sólo por su coste se habían convertido en un importante subsistema en el diseño global. El equipo volvió a diseñar la llave para convertirla en más eficaz, reduciendo además su coste a la mitad.

El problema de las compras se atacó de manera parecida. El equipo estandarizó la selección de cada uno de los componentes que se debían adquirir (por ejemplo los cables eléctricos), hasta llegar a reducir al máximo el abanico de posibilidades aceptables y, a continuación, se dedicó a buscar por todo el mundo los mejores proveedores. El aumento de volumen de la producción, alcanzado gracias a la estandarización, permitió a Black & Decker asegurarse, de inmediato, los mejores precios de los suministradores.

Las mejoras en la calidad beneficiaron también a la propia empresa, a sus proveedores y a los clientes. Durante este período de tiempo, la tasa de defectos en todos los pequeños aparatos en manos de los consumidores se había situado en un porcentaje que oscilaba entre el 6 y el 10 %. La experiencia de Black & Decker por lo que se refiere a los defectos de sus componentes, en general, había caído también hasta situarse en esa misma banda; la cantidad de chatarra producida por la fábrica seguía más o menos la misma tónica. Gracias a la nueva plataforma de producción y al nuevo diseño del proceso de fabricación, aquellas pérdidas descendieron en picado: los defectos de fabricación de componentes alcanzaron una cifra inferior al 1 %, y la chatarra descendió hasta situarse por debajo del 5 %.

Después de invertir diecisiete millones de dólares y tres años desde el inicio del programa, Black & Decker había completado la plataforma común para sus herramientas eléctricas. Demostró ser una plataforma consistente y, a partir de ella, la empresa presentó un gran número de productos derivados con una potencia eléctrica que oscilaba entre los sesenta y los setecientos cincuenta vatios. A medida que aparecían nuevos conceptos en el campo de las herramientas eléctricas, se eliminaba la mayor parte del trabajo de diseño y fabricación, puesto que la mayoría de los componentes de cualquier producto dado había quedado estandarizada en la nueva plataforma: motores, soportes, interruptores, transmisiones, cables eléctricos y sujeciones. Los diseñadores sólo tenían que vérselas con el «cabezal que realiza la función encomendada» de un producto nuevo, es decir, con la conexión a una nueva clase de taladradora, de lijadora o de cortadora, así como con el perfeccionamiento de la función que se le había asignado. En otras palabras, su tarea consistía en entender las necesidades de los clientes, integrar subsistemas modulares y perfeccionar el número cada vez más elevado de conexiones.

Los ritmos de producción de los nuevos productos derivados se aceleraron enormemente. Durante algunos años, la tasa media de presentación de nuevos productos era de *¡uno por semana!* Más aún, cuando esos productos alcanzaban la madurez y les llegaba el momento del retiro, se evitaban las liquidaciones masivas y la conversión en material de desecho de maquinaria específica y de equipamiento, sencillamente por el hecho de que cada producto, tomado a nivel individual, contaba con muy escasa maquinaria o equipo especial. Esa flexibilidad era la que permitía a vendedores y administradores cambiar con rapidez y evitar así el sentirse ligados a productos desfasados.

Los resultados financieros del programa fueron espectaculares. En una visión retrospectiva, tomando como referencia 1976, la dirección estimó que, en ese año, el personal necesario para la fabricación de motores habría ascendido casi a seiscientas personas, mientras que con el nuevo sistema productivo solamente fueron necesarias ciento setenta y una. La diferencia en los costes laborales sólo en la fabricación de motores fue ya de 4,6 millones (en dólares de 1976).

Black & Decker trasladó directamente al mercado esta disminución en los costes en forma de una política de precios muy agresiva.

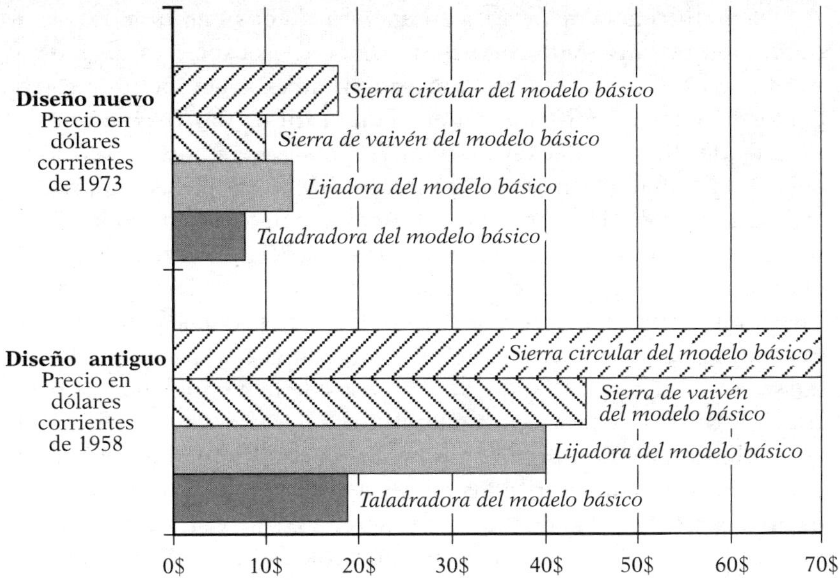

Fuente: informe anual, para 1974, de Black & Decker.

Figura 1.4. Comparación de precios de las herramientas eléctricas de Black & Decker, entre 1958 y 1973.

Un cliente podía ir a la tienda habitual y hacerse con un excelente taladro por menos de diez dólares.[2] La empresa explotó al máximo esta política de precios, y su cuota de participación en el mercado aumentó espectacularmente entre 1971 y comienzos de la década de 1980.

La figura 1.4 nos muestra el precio final de venta de las herramientas eléctricas de nuevo diseño de Black & Decker comparado con los precios de las de diseño antiguo en dólares constantes de 1973. En algunos casos, las reducciones de precios llegaron a estar por encima del 50 %. Incentivada por una decidida campaña de propaganda, la demanda se disparó. No obstante, y a pesar de esos bajos precios, Black & Decker mantuvo un margen de beneficios bruto sostenido, superior al 50 % de sus costes de producción.

2. Black & Decker comprobó la existencia de una enorme demanda latente del mercado por herramientas eléctricas de bajo precio, incluso antes del programa de doble aislamiento, cuando ofertó un buen número de los viejos taladros de veinticinco dólares al precio especial de 9,99 dólares. Volaron de las estanterías.

La competencia de herramientas para el consumo familiar se vio debilitada por las innovaciones de Black & Decker. Los diseños de productos y los procesos de fabricación de esos competidores eran costosos, y los intentos realizados con el fin de dar respuesta a los precios de Black & Decker disminuyeron sus beneficios y seccionaron la capacidad de financiar un nuevo diseño propio de un producto fundamental. Más aún, Black & Decker había patentado la mayor parte de sus innovaciones en productos y procedimientos, lo que hacía difícil, si no imposible, las operaciones de ingeniería contrarias. Los competidores tuvieron que encontrar sus propias soluciones registradas y la gran mayoría no contaba con el tiempo ni con los recursos para hacerlo. Una de las empresas de la competencia acusó a Black & Decker de practicar una política de precios ilegal, afirmando que había realizado operaciones de *dumping*, inundando los mercados de herramientas tarifadas a un precio inferior al coste de fabricación, con el fin de ganar cuota de mercado. Una visita a la planta en que se encontraba la línea de producción de motores y chasis de Black & Decker obligó a retirar de inmediato todos los cargos, y aquel competidor se vio muy pronto forzado a abandonar el segmento de esos productos dedicado al consumo directo.

Durante los cinco años siguientes tuvo lugar un auténtico terremoto. Stanley, Skil, Pet, McGraw Edison, Sunbeam, General Electric, Wen, Thor, Porter Cable y Rockwell tuvieron que abandonar el negocio de las herramientas eléctricas de consumo familiar. Sólo Sears Roebuck fue capaz de mantenerse, junto a Black & Decker, en ese mercado. La competencia extranjera, como Bosche y Makita, se mantuvo a flote gracias al dominio que sus firmas mantenían en los mercados internos, pero incluso aquí Black & Decker les planteó una competencia agresiva. El periodo estimado por Black & Decker sin obtener beneficios por la renovación de su línea productiva, calculado en siete años, duró sólo la mitad de ese tiempo.

Una arquitectura de pensamiento para la renovación de una línea de producción eficaz

El planteamiento seguido por Black & Decker para revitalizar sus herramientas eléctricas de consumo familiar alcanzó un enorme éxito de mercado. En efecto, Black & Decker hizo tres cosas correctamente:

- Evitó poner todo su empeño en un único producto hecho por partes. En su lugar, los organismos de gestión consideraron la línea de producción de herramientas eléctricas como si se tratara de un conjunto.
- Tendió un puente para salvar la división tradicional entre ingeniería y manufactura, con el resultado de que los productos y los procesos para crearlos se volvieron a diseñar de manera simultánea.
- El consejo ejecutivo adoptó un horizonte a largo plazo y convirtió la iniciativa en una prioridad absoluta.

Estamos convencidos de que estos planteamientos constituyen una muy potente «arquitectura de pensamiento» del consejo ejecutivo y que es generalizable a cualquier empresa fabricante de productos. Esa arquitectura de pensamiento cuenta con cinco principios básicos.

Principio 1. La planificación de la familia de productos y las plataformas de producción

Las empresas suelen planificar y gestionar basándose en la *familia de productos*, que ya hemos definido en el prefacio como un conjunto de elementos que comparten una tecnología común y tienen como objetivo satisfacer las demandas del mercado.

El caso de Black & Decker ilustra perfectamente el concepto de familia de productos. Es el mismo principio que podemos contemplar funcionando en la actualidad en las empresas líderes del mercado. La participación dominante de Intel en el mercado de microprocesadores ha ido creciendo a lo largo de sucesivas generaciones de diseños de chips, cada uno de ellos más potente que el anterior. Los diseños básicos (por ejemplo, el 8086 que se desarrolló y comercializó hace ahora ya casi veinte años, o el Pentium y sus sucesores, que comienzan a llamarnos la atención en la actualidad), han sido reajustados a continuación para ofrecer velocidades diferentes a precios también distintos. La industria del automóvil es también notable por lo que se refiere a los éxitos alcanzados por sus familias de productos. Las líneas del Accord y el Civic de la casa Honda han conservado su fuerza mediante una combinación de diseños de una nueva «plataforma», a partir de la cual se han podido fabricar tres o cuatro modelos derivados de mayor potencia y mucho más lujosos. Microsoft se halla situado en la cumbre no sólo a causa de sus sistemas operativos, sino también debido a su familia, en continuo crecimiento, de aplicaciones de *software* para el procesado de textos, tablas, bases de datos, juegos para ordenador, pasatiempos en familia, desarrollo de *software* y uso de Internet.

Podemos también encontrarnos ese mismo planteamiento, que se basa en la utilización de una familia de productos, en empresas que alcanzaron éxito mucho antes de la época de Black & Decker. Por ejemplo, el venerable DC-3 entró en escena en la década de 1930 como avión de pasajeros en las líneas aéreas comerciales. A continuación, sufrió modificaciones para servir como transporte de tropas en el Pacífico Sur; pero fue también modificado para servir como avión de carga; es decir, se trata de tres aviones derivados de la misma plataforma de producción. Lo más notable de la historia del DC-3 es que los ingenieros completaron el diseño básico del aeroplano en el curso de varias semanas: dos motores en lugar de los tres de los aviones anteriores, un fuselaje de aluminio sustituyendo una cubierta de tejido colocada sobre una estructura de madera, nuevos sistemas de navegación, un tren de aterrizaje robusto y una capacidad de asientos suficiente para convertir por primera vez en beneficioso el tráfico comercial. En la actualidad, y después de más de medio siglo, todavía se utilizan miles de DC-3, demostrando que se trata de un avión eficaz y duradero para el tráfico de mercancías a corta distancia.[3] Se nos ha dicho que precisamente esta historia ha llevado a los principales diseñadores del nuevo Boeing 777 a «comenzar de nuevo» los diseños de su propia aeronave, recogiendo lo que de común tienen los componentes y los sistemas, y planificando por adelantado una familia de productos de múltiples elementos.

Es evidente, por tanto, que el desarrollo de potentes familias de productos ha sido, y continúa siendo, una de las piedras angulares del éxito sostenido de las empresas. Búsquese en la actualidad cualquier empresa dedicada a la fabricación de artículos y que tenga éxito, y es difícil no encontrar en ella la presencia de una familia de productos rica y diversificada.

La planificación de familias de productos está orientada al futuro no sólo por las demandas que el mercado hace de productos derivados, sino porque obliga también a planificar las generaciones sucesivas de las plataformas de producción que están en la base de aquellos productos derivados. Black & Decker adoptó la planificación de la fa-

3. El Public Broadcasting System produjo un vídeo maravilloso sobre la fabricación del DC-3 en su serie *Nova*, titulado «El avión que cambió el mundo».

milia de productos cuando decidió volver a diseñar por entero su cartera de productos de un solo golpe.

Principio 2. Diseño simultáneo de la producción

El diseño de nuevos productos se ve, a menudo, limitado por la capacidad existente en forma de equipamiento e instalaciones productivas. En aquellas situaciones en que la manufactura es de gran volumen, nos encontramos frecuentemente con maquinaria muy compleja y complicada a la que falta la flexibilidad para acomodarse a variaciones en los diseños de los productos ya existentes. Se trata del caso clásico de la pescadilla que se muerde la cola: los ingenieros en manufacturas guían sus decisiones en el diseño de productos para que éstos se ajusten a la capacidad de las fábricas y de los subcontratistas de los que ya disponen; el equipo de gestión de manufacturas, cuando participa en las revisiones que se llevan a cabo de nuevos productos posibles, escucha siempre una voz interior que le dice: «Aún tenemos millones de dólares enterrados en este equipamiento; por tanto debéis diseñar cosas que sean parecidas a los productos con los que ya contamos». Ésta puede llegar a ser una de las mayores barreras a la innovación de la producción y contribuye a explicar el gigantismo que podemos encontrar en numerosas industrias. El diseño simultáneo de la producción constituye la integración primera y continua del diseño de productos con el diseño de manufacturas. Significa que el personal de fabricación trabaje codo a codo con los diseñadores del producto, con los ingenieros y con los encargados de ventas, desde un principio y a lo largo de toda la duración del programa de desarrollo. La ubicación es esencial.

La fuerza del diseño simultáneo ha quedado muy clara en el relato que hemos hecho de Black & Decker, donde los principales subsistemas (tales como motores, chasis y transmisiones) se diseñaban junto a verdaderos procesos innovadores (como el «loctite», el equilibrado del chasis automatizado o la fabricación a partir de polvo de metal).

Principio 3. Diseño de producción global y desarrollo del mercado

Los equipos de fabricación deben asumir una perspectiva global con el fin de conseguir tecnología para desarrollar nuevos productos. Esos mismos equipos deben hallarse en estrecho contacto y estar muy familiarizados con las investigaciones de mercado sobre las necesidades y las preferencias de los consumidores, los canales de distribución, las demandas de subvenciones y las condiciones técnicas y de seguridad de los productos exigidas cuando se sale de las fronteras del propio país. El fracaso en el cumplimiento de esas condiciones por culpa de un diseño defectuoso cierra importantes mercados a esos productos.

La estandarización de los subsistemas constituye claramente una parte clave de la solución global. Cuando Black & Decker volvió a diseñar su línea de herramientas eléctricas, adoptó un sistema estándar para todos sus subsistemas. Eso facilitó la tarea de proveerse globalmente de componentes, y contribuyó a asegurar que la plataforma de producción común podía adaptarse a las necesidades locales en cuanto a fabricación, añadido de accesorios y embalado.

Principio 4. El descubrimiento de las necesidades latentes, imperceptibles, de los consumidores

El desarrollo de un nuevo producto debe ser capaz de intuir, probar y, finalmente, descubrir las necesidades latentes, imperceptibles, de los consumidores. Un buen estudio de mercado puede establecer las necesidades palpables y las preferencias de los clientes. Son numerosas las empresas que saben muy bien cómo hacer con rapidez esta clase de estudios. Mucho más difícil, pero también mucho más potente en tanto que instrumento para ganarle terreno a la competencia, es la capacidad de advertir las necesidades que los clientes aún no han sido capaces de formular. En el contexto del desarrollo productivo, el descubrimiento de esas necesidades latentes es tanto un arte como una ciencia. El consejo ejecutivo debería tener en gran estima a aquellas personas capaces de realizar bien esa tarea. Las plataformas de producción nuevas, diseñadas teniendo en cuenta esas necesidades latentes, pueden conseguir un renovado entusiasmo y nuevas ventas, incluso aunque se trate de industrias aletargadas y que no provocan ninguna clase de emoción especial. En el caso de las herramientas eléctricas de Black & Decker, todo lo relativo a la seguridad se había convertido en una necesidad latente, y para muestra tenemos el taladro eléctrico de diez dólares. El descubrimiento de necesidades latentes, seguido de la correspondiente actuación, llevará, sin duda, a alcanzar el éxito a aquellas empresas que ofrezcan aplicaciones de Internet en los años venideros.

En la industria, la norma que hay que seguir es la de añadir funcionalidad a los diseños ya existentes. Si un producto se vende, puede usted apostar que aparecerá una «nueva versión mejorada», provista de diferentes añadidos de sonidos de timbres y pitidos variados. Por ejemplo, un equipo de *software* puede albergar decenas de miles de líneas de un código programado. Cada nueva versión añade nuevas características, una ampliación del código y una mayor complejidad. Al hojear la voluminosa documentación requerida para entender todas las características del producto, el usuario puede preguntarse de manera justificada «quién es el que fabrica ese producto y a quién va dirigido».

La resistencia del cliente a la complejidad se puede observar incluso cuando las empresas elevan el nivel en sus productos. Los fabricantes japoneses de «organizadores» personales y de cintas de vídeo han tropezado con las quejas de los usuarios a propósito de que el esfuerzo por dominar el gran número de prestaciones de los productos no merece la pena. Los elevados niveles de variedad en un producto constituyen otra forma de complejidad contra la que los clientes se han ido rebelando en los últimos años. Las empresas automovilísticas que piden que el cliente elija entre una docena de volantes diferentes, dos docenas de tapacubos distintos, más de un centenar de tipos de moquetas, etc., han descubierto que la complejidad puede llegar a convertirse en un verdadero asesino de las ventas.

En el lado opuesto, la sencillez constituye una virtud. Y la sencillez en el diseño de productos puede alcanzarse, a menudo, mediante la fabricación de módulos. Por ejemplo, los principales fabricantes de *software* evitan, por lo general, los programas monolíticos, en favor de módulos definidos por su funcionalidad y que se ajustan entre sí mediante interfaces estandarizadas. O, un ejemplo más, el *dustbuster*™, otro producto de consumo de éxito que, en esencia, es maravillosamente simple, aunque de gran utilidad.

Herb Simon, premio Nobel de economía en 1978, contaba la historia de dos relojeros suizos, Bios y Mekhos, fabricantes ambos de finísimos y caros relojes artesanales. Con una demanda similar, Bios prosperó al tiempo que Mekhos se hundía. Los relojes estaban compuestos por alrededor de un millar de piezas. Mekhos las iba ensamblando una a una, como quien hace un mosaico formado por pequeñas teselas de colores. Así, cada vez que le distraían en su trabajo y se veía obligado a dejar el reloj parcialmente ensamblado, éste se desmontaba y tenía que comenzar la operación de nuevo desde el principio. Por el contrario, Bios fabricaba relojes construyendo subconjuntos de unos diez componentes, que se unían entre sí, formando cada uno de ellos una unidad independiente. A continuación, se podían ensamblar diez de esos subconjuntos para formar un sistema de orden superior; diez de estos últimos constituían ya el reloj completo. Si una interrupción cualquiera obligaba a Bios a dejar el trabajo, o incluso si se le caía el reloj que estaba haciendo, éste no se descomponía en sus elementos mínimos constituyentes. En lugar de comenzar desde el principio, sencillamente debía volver a ensamblar aquel determinado subconjunto. Los relojes de Bios poseían también una resistencia a las averías incomparablemente mayor y eran mucho más fáciles de reparar.[4]

La sencillez, cuando va unida a una gran riqueza de características, significa elegancia en el diseño del producto. La renovación del motor de herramientas eléctricas de Black & Decker demuestra este principio e indica hasta qué punto la elegancia en el diseño del producto se traduce en un empuje en los mercados.

Hacia la renovación continua

Los cinco principios acabados de citar representan una arquitectura de pensamiento que sirve para animar a los administradores de empresas para que creen productos y servicios pujantes y lucrativos. En los capítulos siguientes se despliegan estos principios y se proporcionan normas útiles para aplicarlos.

La victoria en la lucha por el liderazgo en los mercados puede llegar a alcanzarse aplicando esos principios, pero el éxito y la supervivencia a largo plazo exigen innovación y renovación continuas. Aun cuando el relato sobre Black & Decker nos asegura que se pueden revitalizar de un solo golpe familias enteras de productos y que, como consecuencia, se siga de ahí el éxito financiero, hemos de tener muy en cuenta que una victoria no supone el fin de la historia. La renovación debe convertirse en un hábito mental y de actuación. El programa de doble aislamiento revitalizó el negocio de herramientas eléctricas para consumo familiar de Black & Decker y proporcionó a la empresa años de prosperidad. Durante varios años esa arquitectura

4. Véase «The Architecture of Complexitiy», *Proceedings of the American Philosophical Society*, vol. 106, nº 6 (diciembre de 1962).

de pensamiento se fue utilizando y se volvió a aplicar a situaciones nuevas. Por ejemplo, la empresa advirtió una nueva oportunidad en el mercado posventa del ramo de la automoción. Utilizando las lecciones aprendidas en la iniciativa del doble aislamiento, la firma desarrolló una nueva familia de productos para aquel mercado que usó una buena parte de la tecnología de producción y de los procesos de fabricación de sus herramientas eléctricas para consumo familiar.

Por desgracia, nuestra historia no tiene un final enteramente feliz. La arquitectura de pensamiento que se encontraba en la base del éxito de Black & Decker no quedó definitivamente «enganchada» como una forma de pensar y de gestionar. Con la intención de rebajar aún más los costes, la empresa siguió el camino de reducir el tamaño físico de los motores eléctricos, lo que consiguió mediante la creación de nuevo equipamiento de fabricación. Pero con las prisas por hacer una nueva línea de producción que se caracterizara por aquella reducción, se abandonaron muchas de las lecciones ya aprendidas. Se perdió la «arquitectura» compartida de las interfaces de las carcasas de los motores, de las empuñaduras y de las cajas de transmisiones; cada producto que usaba un motor nuevo tenía una carcasa y todos los elementos periféricos exclusivos. Con el tiempo, la creación de nuevos productos volvió a las viejas prácticas del despiece de elementos. Aunque, en la actualidad, todavía podemos encontrar diseños del programa de doble aislamiento, la mayor parte de lo que nos ofrece no cuenta ya con aquel conjunto tan bien definido de componentes. Ha proliferado incluso el número de empuñaduras de sus herramientas eléctricas.

La institucionalización de normas, herramientas y disciplinas de una arquitectura compartida es especialmente difícil cuando devienen cambios en las empresas y cuando nuevos equipos de gestión se hacen con el poder. Si por el momento Black & Decker ha perdido la ventaja que llevaba a sus competidores, hay que decir también que no es la única empresa líder a la que le ocurre algo parecido. El fracaso en mantener un éxito sostenido es un hecho que se repite en todas las empresas y en cada generación. Sin embargo, la conclusión de toda esta historia no está predeterminada. Una gestión que entienda la necesidad de una evolución a largo plazo de la familia de productos puede «crear» un final muy distinto; hablaremos de eso en el próximo capítulo.

2
LA GESTIÓN DE LAS PLATAFORMAS DE PRODUCCIÓN

El caso de Black & Decker que hemos presentado en el capítulo anterior pone de manifiesto la eficiencia en el capítulo de costes, los medios tecnológicos y el poder sobre los mercados que puede conseguirse cuando las empresas reconducen sus políticas de actuación y sus recursos, pasando de los productos únicos a las *familias de productos* construidas sobre sólidas plataformas de producción. Son numerosas las empresas que, en uno u otro momento, han dado ese paso, pero muy escasas las que han sido capaces de revitalizar aquellas familias con el transcurso de los años. Con mayor frecuencia, lo que han hecho es utilizar sus familias productivas de éxito como vacas lecheras a las que ordeñar el mayor número de años posible. Las empresas tienen dificultades para institucionalizar la mentalidad y la actuación que han contribuido a su éxito inicial.

En el presente capítulo exploraremos la manera en que la innovación de la producción puede mantenerse durante numerosas generaciones de una familia de productos. A largo plazo, no es suficiente hacer «el Black & Decker» una sola vez; la creación de una plataforma nueva debe proseguir basándose en una mentalidad de continuidad, adoptando cambios tecnológicos a medida que se van haciendo necesarios y convirtiendo cada nueva generación de una línea de producción en mucho más atractiva y rica en valores que la anterior. Con el fin de demostrarlo, echaremos mano de un caso de actualidad, el de una familia de productos dinámica y que ha alcanzado grandes éxitos: nos referimos a las impresoras de inyección de tinta de Hewlett-Packard.

La familia de impresoras de inyección de tinta de Hewlett-Packard

El mercado de elementos periféricos de ordenadores, tanto de uso familiar como de oficinas –las impresoras láser, las de inyección de tinta, los escáneres y otros artilugios parecidos– ha seguido en paralelo al aumento de ventas de los ordenadores personales. A comienzos de la década de 1980, el mercado de impresoras de gama baja estaba dominado por productos fabricados por empresas asiáticas. Sin embargo, en el curso de esa década, Hewlett-Packard desarrolló el diseño de un producto de inyección de tinta, asociado a una tecnología de componentes y a unos procesos de manufactura específicos, con el fin de asegurarse una cabeza de playa en la expansión de ese mercado.[1] HP ha mejorado de manera constante los costes, la calidad y la velocidad de sus impresoras de inyección de tinta hasta el punto de que, en la actualidad, domina ese mercado de gama baja. La renovación de su familia de productos ha sido sistemática y vigorosa.

Según Dave Packard, el interés por la tecnología de impresión a inyección de tinta comenzó por un descubrimiento casual en el laboratorio de Palo Alto, donde los investigadores advirtieron que un fluido, lanzado a chorro y en presencia de una simulación eléctrica, podía utilizarse con el objetivo de imprimir. Llegaron a la conclusión de que, si conseguían controlar los chorros, su producto podía suponer una alternativa a las ruidosas impresoras de matrices de puntos en serie, tan populares en el mercado de impresoras para PC. Comparada con la de estas últimas, la tecnología de inyección de tinta ofrecía la posibilidad de convertirse en un método de impresión mucho más silencioso, de mayor calidad y más eficacia en relación con su coste.

Entre 1980 y 1984, HP desarrolló el alma de la tecnología de las impresoras de inyección de tinta –es decir, el cabezal de distribución del chorro– y presentó un primer producto comercial: la impresora ThinkJet. El aparato era compacto, silencioso y relativamente barato; imprimía con una calidad muy razonable sobre un papel térmico especial. No obstante, la ThinkJet constituyó un fracaso de ventas. Un estudio de mercado reveló que el cliente deseaba una impresora de mayor calidad sobre papel normal y con una posibilidad de elegir entre juegos de caracteres diferentes.

De regreso al laboratorio, el equipo del proyecto «Maverick» se decidió a hacer frente a esas demandas de los usuarios. Por desgracia, el nuevo prototipo saldría por un precio de venta de unos mil quinientos dólares, demasiado caro como para introducirse en el mercado de las matrices de puntos, donde las impresoras se estaban vendiendo a

1. Agradecemos a Ron Benton, de Hewlett-Packard, su colaboración en este capítulo. También hemos utilizado información procedente de David Packard, *The HP Way*, Nueva York, HarperBusiness, 1995, págs. 117-121.

unos trescientos cincuenta dólares. Los clientes dejaron muy claro que el precio debería ser *inferior* a los mil dólares. HP se dispuso a atacar el problema de nuevo, dándose a sí misma un plazo de veintidós meses para sacar otro producto al mercado capaz de romper las barreras de coste y calidad. Los frutos de ese trabajo se concretaron en la creación de la arquitectura de una plataforma básica que serviría como fundamento a toda una corriente de productos derivados, ofreciendo un nivel de funciones y precios sin precedentes.

La figura 2.1 es un diagrama conjunto de alto nivel de aquella arquitectura de la plataforma a que acabamos de referirnos. Se puede observar que los subsistemas se corresponden con tres grupos generales: los elementos mecánicos (como la cadena de transmisión), los electrónicos (por ejemplo, el chip del ordenador y la memoria), y el *software* incluido en chips (el *firmware* que controla la impresión y las comunicaciones con el PC). Cada uno de estos subsistemas cuenta con interfaces bien definidas con otros subsistemas, ya sean éstas físicas, electrónicas o basadas en el *software*. El diseño posee también interfaces con medios externos, tales como los protocolos de comunicaciones al ordenador o a la alimentación de papel que acepta papel ordinario, sobres, transparencias, etiquetas e incluso postales de felicitación. No obstante, y aunque esta nueva arquitectura se desarrolló con mucha rapidez, es evidente que el equipo se vio obligado a tomar sorprendentes decisiones de diseño. La arquitectura básica continuó en funcionamiento por un tiempo superior a la década, si bien recibiendo aire fresco bajo la forma de nuevas tecnologías de componentes una vez cada dos o tres años.

El «mapa de la familia de productos» de las impresoras de inyección de tinta de HP nos lo muestra la figura 2.2 (págs. 48-49). El mapa tiene un formato de los que usamos, a menudo, para presentar la evolución y la renovación de las familias de productos en numerosas industrias. Una arquitectura de plataforma única se define como la combinación de subsistemas y de interfaces entre subsistemas que constituyen una estructura de producción común o una *plataforma* para una serie de productos derivados. Las tres líneas en letra negrita de mayor tamaño del mapa representan las tres arquitecturas de plataformas diferenciadas de la familia de productos compuesta por las impresoras de inyección de tinta: la plataforma «500», la «600» y la «800», respectivamente. Esas líneas comienzan, desde el principio, con la investigación y el desarrollo de una determinada plataforma de producción y continúa hasta el final, en el punto donde se realizan las ventas de los productos que se basan en esa plataforma. Nótese que

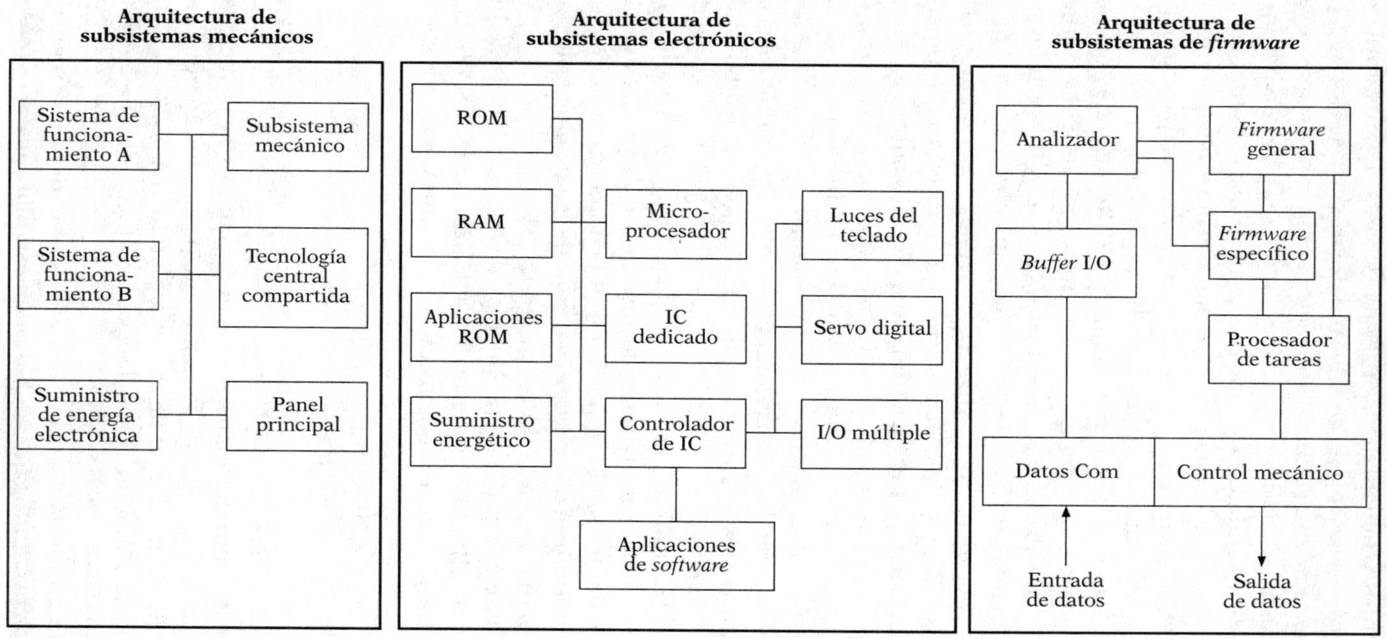

Fuente: Hewlett-Packard Corporation, 1996.

Figura 2.1. Arquitectura de la plataforma de producción original para impresoras DeskJet.

las plataformas «600» y «800» se desarrollaron *en paralelo*, con perfeccionamientos de la plataforma «500» original, y que la investigación y el desarrollo de la «800» fue anterior a los de la «600». Encontramos parecidos desarrollos de plataformas similares en la familia de microprocesadores de Intel (por ejemplo, los proyectos Pentium, P6 y P7) y en los ordenadores de Compaq (por ejemplo, las líneas de producción de Deskpro, Presario y Proliant). El desarrollo de plataformas concurrentes constituye la esencia de aquellas empresas que van dejando anticuados sus propios productos porque los sustituyen por otros mejores.

Las líneas en letra negrita de menor tamaño de la figura 2.2 representan los principales despliegues en la arquitectura de una plataforma ya existente. Esto sucede cuando una empresa sustituye uno o más de los subsistemas existentes en una plataforma con una tecnología mejorada, aunque todos ellos conservan la estructura global o el diseño de la plataforma. Por ejemplo, HP ha logrado cuatro importantes plataformas que despliegan el diseño de la plataforma original de la DeskJet: a) un diseño consistente en un único carro y un cartucho de impresión susceptible de aceptar color; b) un diseño formado por un carro doble y un doble cartucho de impresión; c) un diseño de impresora portátil y d) un diseño que reducía los costes de todos los anteriores. Ha conseguido también una plataforma a partir de un importante despliegue de la plataforma «600» recientemente presentada.

Por último, los tipos de letra normales de la figura 2.2 representan productos derivados específicos basados en una plataforma de producción. Los mapas de la familia de productos revelan ya, a primera vista, el grado que ha alcanzado una empresa en la creación de productos derivados a partir de una plataforma básica y la renovación de la propia plataforma con mejores diseños y tecnologías de componentes.

La familia de productos de las impresoras de inyección de tinta nos ofrece una visión interna de la manera como HP ha gestionado una familia de productos de enorme éxito. La primera DeskJet era estrictamente una impresora en blanco y negro. A lo largo de unos cinco años, y a partir de la plataforma básica de la DeskJet, se crearon cuatro derivaciones: la DeskJet Plus (una combinación de reducción de costes y de mejoras de la calidad), la primera Deskwriter (diseñada para Apple Macintosh), la Deskwriter Appletalk (que utiliza una nueva interfaz de comunicaciones de Macintosh) y la DeskJet 500. La combinación de mejoras en la plataforma y de eficacia en la manufactura ha hecho posible situar el precio del modelo básico de la

La plataforma DeskJet «500»

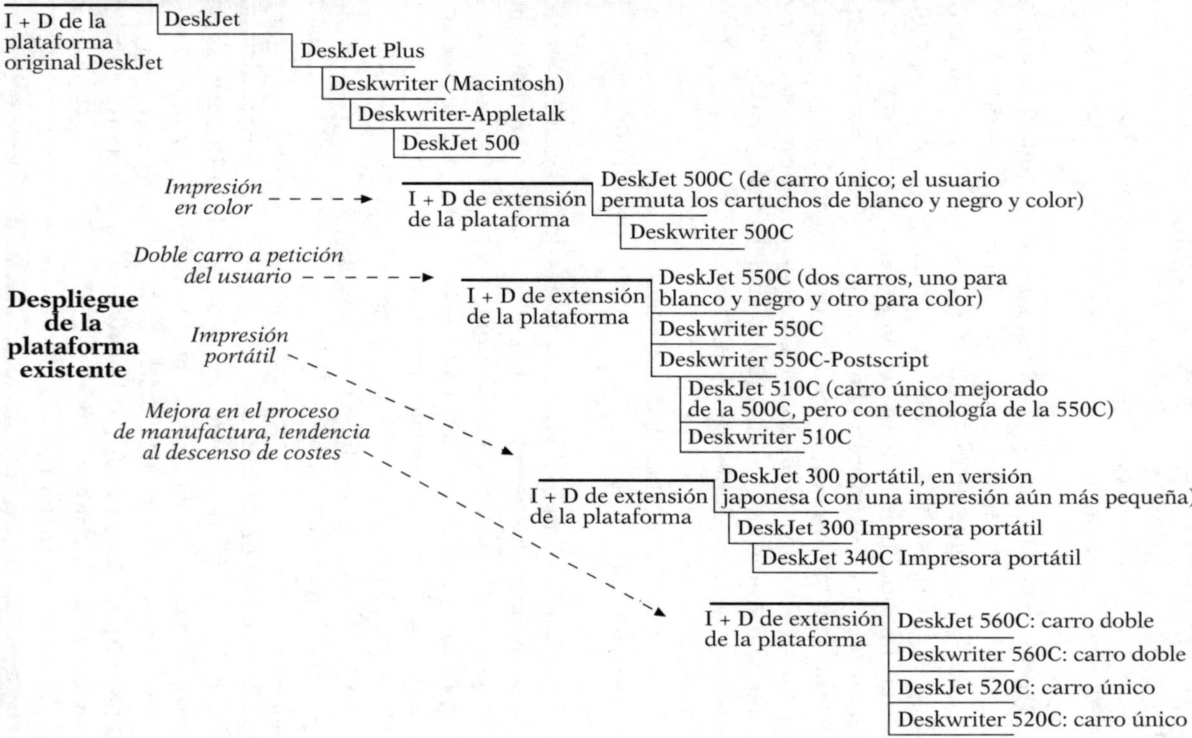

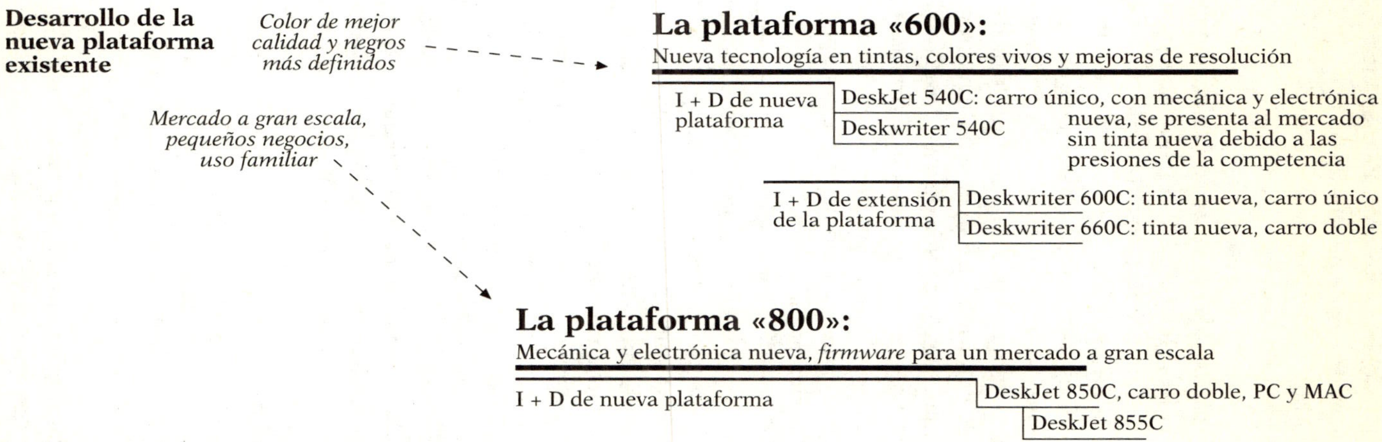

Fuente: Hewlett-Packard Corporation, 1996.

Figura 2.2. Mapa de la familia de productos de las impresoras de inyección de tinta de HP.

DeskJet 500 por debajo de los cuatrocientos dólares. Este avance selló el destino de las impresoras de matrices de puntos de serie y le puso en bandeja a HP la oportunidad de colocarse en la cresta de la ola por lo que se refiere a las ventas para PC.

La primera extensión de la plataforma: la impresión en color. Incluso cuando estaba desarrollando la DeskJet 500, HP consideraba ya la posibilidad de añadirle la capacidad de aceptar un chorro de tinta de color, lo que constituía una necesidad impropia del mercado del momento. La DeskJet 500C constituyó una extensión clásica de una plataforma de producción ya existente. La *extensión de una plataforma* ocurre cuando determinados subsistemas, situados en el interior del diseño de la plataforma en curso, cambian y se mejoran de manera sustancial. En el caso que nos ocupa, se realizó una operación de reingeniería en los subsistemas clave y en los electrónicos y de *firmware*, consistente en adaptarlos para aceptar el color. También se mejoraron los costes de producción, la calidad y la velocidad de impresión, pero la arquitectura de la plataforma básica era la misma.

Se realizó un diseño verdaderamente elegante de las nuevas impresoras en color: el mismo carro aceptaba cartuchos de tinta de blanco y negro o de color: se trata del sistema de «carro único». Cuando el usuario deseaba imprimir sólo en negro, lo único que debía hacer era insertar un cartucho de tinta negra; cuando optaba por el color, introducía con gran facilidad un cartucho de tinta para color. La electrónica interna y el *software* reconocían automáticamente el tipo de cartucho que se estaba utilizando y comunicaban la información necesaria al (y recibían la información necesaria del) procesador de textos del usuario, a las tablas, o al programa gráfico. Aunque el hecho de conseguir esta «interfaz universal» significó muchas horas de debates y un enorme trabajo de ingeniería, la utilidad que se ofrecía a los usuarios demostró ser subyugadora. Si a todo ello le añadimos un precio que se situaba alrededor de los trescientos cincuenta dólares, estamos en posesión de todos los ingredientes para que no nos produzca sorpresa alguna el hecho de que las ventas de las impresoras de inyección de tinta en color se dispararan. Además, al tiempo que millones de estas impresoras acababan en manos de los consumidores, crecían también de manera exponencial las ventas de cartuchos de tinta, que dejaban elevados márgenes de beneficios.

La segunda extensión de la plataforma: un sistema de carros doble. Después de haber conseguido un elevado nivel de éxito de mercado, numerosas empresas se habrían dormido en los laureles. Sin embargo, HP continuó haciendo progresar su línea de producción. Los estudios de mercado indicaron que la mayoría de los usuarios de impresoras de color preferirían no estar cambiando continuamente los cartuchos de tinta. Más aún, si un usuario deseaba imprimir un documento que contuviera gráficas en color y texto en negro, ese «negro», producido por el cartucho de color del sistema de carro único existente hasta el momento, era, a los ojos del lector, más bien un gris oscuro. HP comenzó a trabajar en un sistema de cartucho doble, en el que se encontraran juntos, el uno al lado del otro, uno de negro puro y otro de color. Así aparecieron las series 550 de doble carro, otra extensión de la plataforma que, no obstante, conservaba la arquitectura de la plataforma original. A partir de la extensión de esta plataforma se introdujeron tres productos derivados: la DeskJet 550C, la Deskwriter 550C (en versión Macintosh) y la Deskwriter 550C, equipada con una capacidad de lenguaje de formato Postscript. HP utilizó también la reducción de costes y las mejoras en la calidad de impresión de la serie 550 para reintroducir versiones de la serie 500 de impresoras de un solo carro (la Deskwriter y la DeskJet 510) a precios más reducidos.

La tercera extensión de la plataforma: impresoras portátiles. HP continuó perfeccionando de manera sistemática la plataforma. Un equipo que formaba parte del grupo de ingeniería que llevaba a cabo el trabajo relativo a las impresoras de inyección de tinta se centró en la fabricación de una impresora «portátil» de menor tamaño, tomando como base el antiguo diseño de la 500C de un único carro. El resultado de esta tercera extensión de la plataforma fue la DeskJet portátil 300, junto con una versión local dirigida al mercado japonés. Una vez más, la arquitectura de la plataforma de la DeskJet original continuó manteniéndose intacta, al tiempo que se realizaban cambios sustanciales en subsistemas clave, así como en el chasis, hasta conseguir aquella «impresora» más pequeña. No dejaba de ser tentadora la posibilidad de que los ingenieros diseñaran un cartucho de impresión más pequeño para las nuevas impresoras portátiles, pero se resistieron a ello. La belleza de diseño de la portátil se encontraba precisamente en la utilización del ubicuo cartucho de impresora HP, que se había convertido en la versión para la Hewlett-Packard del motor universal de Black & Decker. La forma y las interfaces electrónicas fijas del cartucho, que quizá no eran óptimas en el contexto de un tipo de impresora dado, ofrecían, sin embargo, una *optimización de todo el sistema global*. Por ejemplo, el usuario podía sacar el cartucho de la 500C y utilizarlo en la 300 durante un viaje.

La cuarta extensión de la plataforma: la reducción de costes. El éxito de HP atrajo la atención de otros fabricantes, en especial la de aquellos que utilizaban fundamentalmente mano de obra barata en el extranjero. La administración de la empresa dedicó equipos de ingenieros de producción y de manufactura a rebajar aún más los costes de la plataforma «500». La mayor parte de los esfuerzos y del coste del proyecto se dedicaron al perfeccionamiento de los procesos de producción y de suministro. A partir de aquí, HP presentó nuevas versiones tanto de las impresoras de carro único como de las de doble carro (la DeskJet 520C, la DeskJet 560C, la Deskwriter 520C y la Deskwriter 560C). La combinación de una mejora en la calidad de impresión con costes aún más bajos convirtieron los productos derivados en auténticos dominadores del mercado.

Dos nuevas plataformas de producción: las series «600» y «800». El próximo avance en la familia de productos de HP tuvo lugar con la presentación de productos basados en dos plataformas enteramente nuevas, que aparecen en la parte inferior de la figura 2.2, respectivamente, como plataformas «600» y «800». Ambas eran «de nueva factura». Los equipos de desarrollo se pusieron otra vez a la tarea y permitieron que las necesidades de los usuarios fueran las que dirigieran sus nuevos diseños. Se dio el caso de que muchos de los subsistemas de la plataforma original «500» se transfirieron a la «600» y la «800». No obstante, ambos equipos introdujeron nuevos subsistemas, nuevas interfaces y tecnología de componentes, así como un nuevo diseño de la carcasa externa, con el fin de crear arquitecturas de plataformas distintas.

La plataforma «600» se diseñó para sustituir los productos de inyección de tinta de HP ya existentes, de gama baja. El motor del esfuerzo lo constituyó una innovación clave en la más básica de las tecnologías centrales: la propia tinta. Se creó y se patentó una nueva tecnología registrada, que producía negros más profundos y colores más vivos. Esa nueva tinta provocó un efecto de onda en expansión en la arquitectura de la plataforma completa. Eso es precisamente lo que nos muestra la figura 2.3: la jerarquía de subsistemas en el interior de una impresora de inyección de tinta. La nueva tinta afectó a los subsistemas mecánicos que, a su vez, incidieron sobre el diseño industrial de las impresoras y que, a continuación, obligaron a una

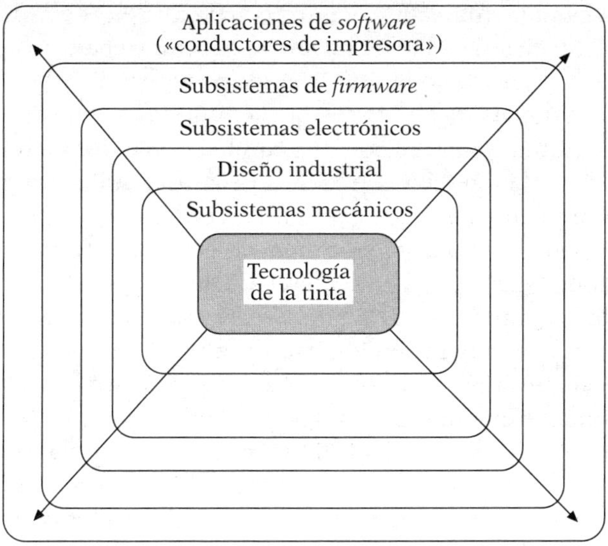

Fuente: Hewlett-Packard Corporation.

Figura 2.3. Jerarquía de subsistemas en el sistema de impresoras de inyección de tinta.

reconstrucción de los subsistemas electrónicos. Cualquier cambio importante en el capítulo de la electrónica requiere por fuerza un nuevo *firmware* que, también, necesita nuevas aplicaciones de *software* («conductores»* de la impresora que comunican con el propio *software* del usuario).

La nueva plataforma «600» supuso un enorme esfuerzo de ingeniería. De hecho, había mucho trabajo por hacer y, debido a presiones de la competencia, el equipo se vio obligado a dar marcha atrás y comenzar presentando un sistema de carro único: la 540C. Este producto hacía uso de la mayor parte de los subsistemas de la plataforma, si se hace excepción de la nueva tinta y del cartucho correspondiente.

Sin embargo, en el transcurso de un año HP presentó ya productos derivados que utilizaban la tinta y los cartuchos nuevos (la 600C de un cartucho y la 660C de doble cartucho, con versiones de ambas para PC y Macintosh).

* Los *drivers* («conductores») son circuitos electrónicos de salida que proporcionan la energía para la puesta en funcionamiento de otros circuitos. (*N. del t.*)

Con la plataforma «600», y por primera vez en toda una década, HP tomó la decisión de presentar un diseño nuevo para sus cartuchos de impresora, puesto que los existentes no satisfacían las crecientes presiones de los usuarios. Éstos querían que sus impresoras de inyección de tinta trabajaran con una calidad casi comparable a las impresoras láser. Los nuevos cartuchos permitían a los aparatos de la serie 600 imprimir en negro con una resolución de 600 puntos por pulgada y 600 * 300 puntos por pulgada en color. HP presentó también su tecnología de aumento de resolución, capaz de manipular el tamaño de los puntos con el fin de ofrecer curvas más tersas. Otro de los problemas en cuya solución cada vez insistían más los usuarios consistía en que, a menudo, los colores impresos sobre el papel no se correspondían exactamente con los que aparecían en el monitor. HP incorporó en la plataforma «600» su nueva tecnología ColorSmart, capaz de equilibrar con total finura y de mezclar los tonos de colores en la impresora para que fueran comparables a los que aparecían en la pantalla. Todas estas innovaciones demuestran la persistencia de los administradores, los ingenieros y el equipo de ventas para mantener a HP ocupando la posición de privilegio en el capítulo de la tecnología. Mediante la explotación de la formidable capacidad de manufactura de la empresa, el equipo fue capaz de presentar esas impresoras en el mercado a precios muy competitivos, al tiempo que mantenían un excelente margen de beneficios. En la actualidad se puede adquirir una 600C por unos doscientos cincuenta dólares, y una 660C de cartucho doble por unos cien dólares más.

La tercera y última plataforma de producción de inyección de tinta desarrollada por HP es la que aparece en la figura 2.2 como plataforma «800». Con esta iniciativa HP apuntaba a un mercado de PC a gran escala, incluido el sector dominado por las oficinas pequeñas, en el que son esenciales una velocidad de impresión más rápida y una elevada calidad. Los nuevos productos basados en la plataforma «800» son la 850C y la 855C, que tienen un precio de venta actual de unos quinientos dólares. Estas impresoras disponen de una velocidad que casi dobla la de la serie 600. Con el fin de hacer frente a las necesidades de los usuarios de oficinas, la serie 800 cuenta también con un diseño de cartucho doble y unas bandejas de alimentación de papel que pueden llegar a aceptar una cantidad de papel un 50 % superior a la de las demás impresoras de inyección de tinta de HP. Las 800 pueden conectarse asimismo a un PC o a un Macintosh. No debe sorprendernos entonces que, para conseguir todas estas características, el equipo de la «800» se haya visto obligado a diseñar nueva mecánica, electrónica y *firmware* como parte del esfuerzo de desarrollo de la plataforma.

Capítulo de lecciones. De este relato sobre la inyección de tinta de HP nos vemos obligados a extraer algunas lecciones por lo que se refiere a los organismos de gestión. En primer lugar, se trata de un caso clásico de gestión del desarrollo de un producto desde la perspectiva de una familia de productos. La estrategia de la empresa ha sido claramente *trimodal*, desarrollando productos derivados a partir de las plataformas de producción existentes, ampliando esas plataformas para ocupar nuevos mercados o para reducir costes y creando plataformas enteramente nuevas, pero *todo ello al mismo tiempo*. El equipo gestor sabía muy bien que sus competidores (por ejemplo, Epson) no permanecerían con los brazos cruzados en su esfuerzo por conquistar el mercado. Por tanto, siempre se exigirían nuevas generaciones de impresoras de inyección de tinta a un ritmo que, ahora, consideraríamos sorprendente. Sacar esas innovaciones al mercado en el momento oportuno significaba comenzar de inmediato las tareas de creación. Este enfoque, basado en la gestión de plataformas, ha hecho de la familia de impresoras de inyección de tinta de HP algo fresco y competitivo, y a la que los usuarios contemplan como una corriente continua de productos nuevos y cada vez más valiosos.

La segunda lección es que HP ha alcanzado una situación de dominio en el arte de la manufactura gracias a las creaciones de plataformas nuevas. Y esta situación ha hecho posible que la empresa opere con beneficios incluso en un mercado en el que una maquinaria compleja tenía que venderse por debajo de los quinientos dólares y, en la actualidad, a un precio incluso bastante inferior a aquél.

En tercer lugar, al introducirse en un mercado en rápida expansión como es el de los PC, HP eligió ciertamente un mercado maravilloso para la aplicación de su tecnología. No obstante, se podría también llegar a argumentar que las impresoras de inyección de tinta de HP crearon una nueva oleada de demandas de impresoras para oficina, poniendo su pizca de emoción en lo que hasta entonces había sido un negocio bastante general dominado por las matrices de puntos. Como hemos visto, la aparición de buenos productos en cualquier industria *puede, a menudo, acercar nuevos clientes a un mercado determinado*.

Generalización de una estructura para gestionar la evolución de una familia de productos

Los casos de HP y Black & Decker sugieren ambos la existencia de una estructura conceptual destinada a conseguir una vitalidad continua en las familias de productos. Pero, antes de seguir adelante, ¿qué entendemos por «familia de productos»? Como ya hemos dicho en el prefacio, *una familia de productos la constituye un conjunto de productos individuales que comparten una tecnología común y tienen como objetivo la creación de un conjunto relacionado de aplicaciones para el mercado.*

Desde el punto de vista de las ventajas que supone para el cliente, una familia de productos coherente y bien planificada se manifiesta ya en la apariencia física de sus componentes individuales. Cada uno de ellos presenta un «aspecto» que nos dice, por ejemplo: «Esta máquina es miembro de la familia de impresoras de inyección de tinta de Hewlett-Packard». Todas ellas tienen características comunes y utilizan interfaces que las convierten en familiares a los usuarios de otros productos de la misma familia. Por ejemplo, si se ha estado utilizando una DeskJet 500C, lo más probable es que seamos capaces de instalar una nueva DeskJet 600C, de colocarle un cartucho de tinta y de comenzar a imprimir, dándole una ojeada por encima a la guía del usuario.

Las señas de identidad de las familias de productos son incluso más evidentes y útiles respecto a las ventajas que suponen para el productor. Cuando se han ido desarrollando diferentes productos en familias coherentes, los almacenes de la empresa cuentan con muy escasos elementos y componentes diferentes. Los cambios en la línea de producción son siempre menores y más rápidos de efectuar, porque la mayor parte, o todos, los productos de una familia pueden fabricarse en aquella misma línea de producción. Además, eso conlleva la aparición de periodos de fabricación más breves y de inventarios de productos acabados más pequeños. Los costes de desarrollo de productos derivados son bajos, y hacen económicamente posible la fabricación de artículos para reducidos segmentos de mercado.

En la figura 2.4 se muestra una estructura general en la que se considera la evolución de una familia de productos. Esta pauta evolutiva muestra cómo un trabajo de creación, que se centra en los recursos de una plataforma de producción, puede guiar a una empresa hacia el futuro a través de períodos de transición en la tecnología y en las necesidades del mercado. La figura representa una familia de pro-

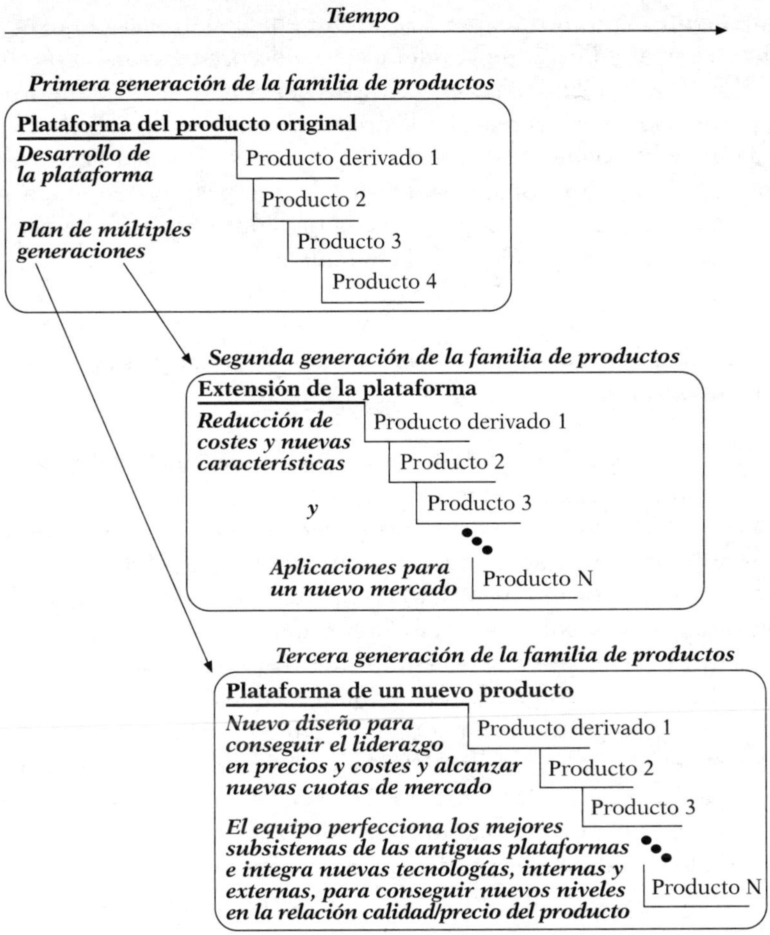

Figura 2.4. Evolución de una familia de productos, renovación de la plataforma y creación de un nuevo producto.

ductos sencilla que comienza con el desarrollo inicial de una plataforma de producción, seguida por importantes ampliaciones sucesivas del producto central, con creaciones de productos derivados en cada una de las generaciones.

Para que una empresa pueda alcanzar un éxito sostenido en el desarrollo de un nuevo producto debe renovar de manera continua la arquitectura de su plataforma, así como sus procesos de manufactura, integrando los avances en el producto central y en las tecnologías del proceso de producción. Esos avances pueden crearse interna o externamente. La renovación se equilibra entre el desarrollo del producto central y la tecnología del proceso de producción, en la integración de esas tecnologías en sucesivas generaciones de plataformas de producción y en la creación de productos derivados específicos para ganarse los segmentos de mercado ya existentes y otros que vayan haciendo aparición. Sustituyendo productos pasados de moda por otros mejores, la empresa mantiene la presión sobre sus competidores y asegura la perpetuidad de la demanda.

LA TORRE DEL PODER: UN MODELO INTEGRADOR PARA GESTIONAR LA INNOVACIÓN

La administración eficaz de la evolución de una familia de productos requiere que la gestión tenga en cuenta, y de una forma colectiva, tres elementos esenciales de esa operación: a) las aplicaciones de la tecnología al mercado, es decir, los productos derivados fabricados para varios grupos de clientes; b) las plataformas de producción de la empresa; y c) los «sillares» técnicos y organizativos comunes que se encuentran en la base de las plataformas de producción.

La figura 2.5 nos muestra la manera en que esos tres componentes se disponen juntos formando una segunda estructura conceptual, a la que denominamos «torre del poder»: los sillares comunes constituyen la fuerza que se encuentra detrás de las plataformas de producción, y esas mismas plataformas son la fuerza que se halla en la base de los productos específicos que se introducen en el mercado. Consideremos a continuación cada uno de los componentes de esta estructura.

Las aplicaciones al mercado

El mercado de una familia de productos se define a la manera tradicional, es decir, mediante una matriz de segmentos del mercado que identifica grupos de usuarios determinados, precios del producto y/o características de fabricación. Las aplicaciones al mercado de una familia de productos toman la forma de productos derivados que se asientan sobre plataformas de producción. En el caso de Black & Decker, esos productos derivados no eran otros que las diferentes herramientas eléctricas resultado inmediato del programa de doble aislamiento. Utilizando un conjunto común de motores, carcasas, inte-

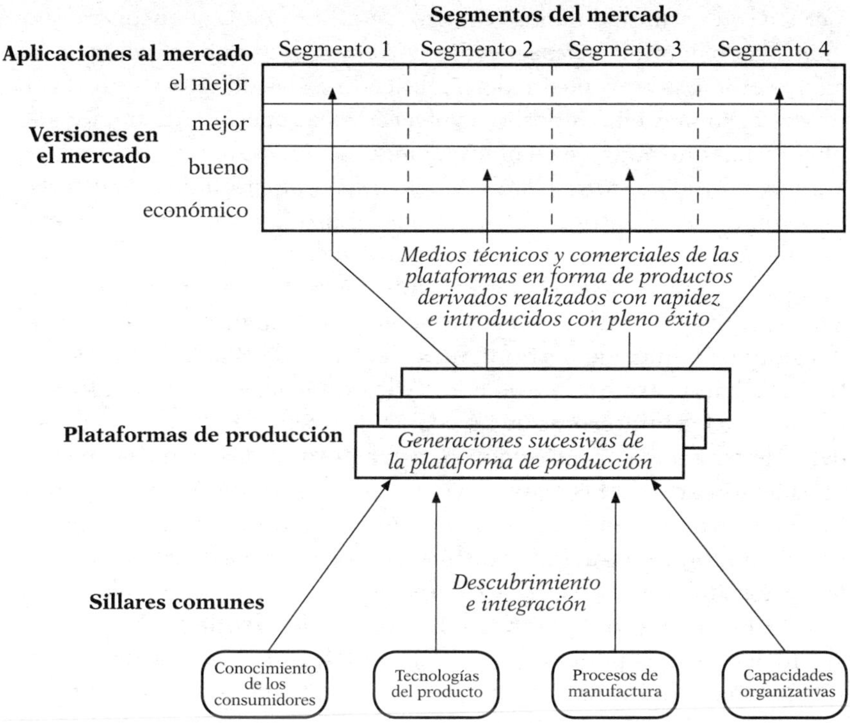

Figura 2.5. La torre del poder: un modelo integrador de la innovación de los productos y los procesos productivos.

rruptores, etc., la empresa estuvo en condiciones de fabricar diferentes herramientas eléctricas, capaces de cubrir las necesidades particulares de diferentes segmentos de mercado: por ejemplo, un taladro de velocidad variable frente a otro taladro, también de velocidad variable, pero con la característica de poder girar en sentido contrario. HP había hecho lo mismo en sus impresoras de inyección de tinta, con versiones dirigidas a cubrir el segmento del mercado de los aparatos de gama baja y el de los de gama alta.

Las plataformas de producción

El término «plataforma de producción» ha pasado ya a formar parte del léxico de la mayoría de quienes se dedican a investigación y desarrollo y a fabricar productos, así como también del de muchos ejecutivos del mundo de los negocios. A pesar de todo, encontramos todavía considerables desacuerdos entre personas que se hallan en la misma empresa a propósito del significado de las plataformas. Con el fin de ser lo más claros posible, volveremos a repetir la definición de plataforma que aparece en el prefacio: *una plataforma de producción es un conjunto de subsistemas y de interfaces que forman una estructura común, a partir de la que se puede desarrollar y producir con eficacia toda una corriente de productos derivados*.

Por ejemplo, los subsistemas e interfaces del motor universal: el chasis, el propio motor y la carcasa constituían la plataforma de producción de la línea de herramientas eléctricas de Black & Decker. La figura 2.1 muestra los subsistemas y las interfaces de la plataforma original de las impresoras de inyección de tinta de HP. Cada empresa debe determinar con precisión la estructura de las plataformas de producción adecuadas a sus negocios. En los automóviles, la plataforma de producción se define generalmente por una combinación de chasis, motor, tren tractor, transmisión y otros subsistemas principales en los que puede basarse toda una gran variedad de modelos diferentes. Por ejemplo, la empresa Honda ha desarrollado algunos de sus turismos más populares (el Civic, el DX y el LX) a partir de una plataforma común. En capítulos posteriores exploraremos el significado de las plataformas para productos no físicos, tales como el *software* y los productos informáticos.

La combinación de subsistemas y de interfaces define la *arquitectura* de cualquier producto. Todos ellos cuentan con una arquitectura determinada; el principal objetivo consiste en conseguir que esa arquitectura pueda ser común a numerosos productos. Por tanto, la arquitectura de cualquier producto posee el potencial de convertirse en la arquitectura de una plataforma de producción si se diseña y, a continuación, se utiliza como base para crear otros productos derivados.

Cada subsistema de una plataforma de producción posee una función específica; cuando se combinan entre sí, crean una forma de función más elevada para la arquitectura de la plataforma de producción global. Como ya hemos visto en el caso de las impresoras de inyección de tinta, todos los subsistemas e interfaces no son iguales por lo que se refiere a su importancia en la evolución de una línea de productos. Si se cambian algunos subsistemas, exigirán también cambios en muchos otros; algunos tendrán un escaso efecto de expansión por ondas.

Las interfaces de un subsistema pueden ser estratégicas. La experiencia sugiere la extraordinaria importancia de la especificación de interfaces claras en el diseño de un nuevo producto, estandarizadas hasta el punto de que pueden fijarse como «partes numéricas» parecidas a componentes. A menudo se pasa por alto la importancia de las interfaces, incluso aunque puedan llegar a convertirse en la palanca para alcanzar éxito a largo plazo. La definición clara de las interfaces entre los diferentes subsistemas de los productos, y entre los propios productos y los usuarios, proporciona a los diseñadores de los artículos el grado de libertad necesaria para la creación rápida y a bajo costo de productos derivados. Esta misma situación se puede traducir también en beneficios importantes para los clientes. Como ya hemos observado con anterioridad, la idea genial del diseño de la plataforma de las impresoras de inyección de tinta de HP consistió en ofrecer una interfaz mécanica única común, con capacidad para insertar en ella los cartuchos de tinta negra y de color.

Las interfaces estándar de la industria añaden claridad y flexibilidad. Por ejemplo, los fabricantes de ordenadores personales incorporan ahora una interfaz estándar, denominada PCMCIA,[2] para quedar unidos y comunicarse con los periféricos. La PCMCIA permite que el mismo ordenador periférico pueda utilizarse, sin necesidad de realizar ningún tipo de cambio, con aparatos basados en el sistema Intel y en el Macintosh.

Las interfaces estándar de la industria pueden llegar a ser incluso más potentes cuando una empresa se dedica de forma activa a su creación; a partir de un conocimiento más íntimo de las interfaces, sus ingenieros pueden crear productos y sistemas que exploten por entero esa interfaz. Uno de los mejores ejemplos nos lo ofrece Sun Microsystems. La posibilidad de operar entre sí sus ordenadores formando redes se ha convertido en un importantísimo anzuelo para vender las estaciones de trabajo Sun. La empresa definió y presentó una patente para sistemas de ficheros en red en el sistema operativo Unix (al que denominó NFS, o Network File System). Sus propias estaciones de trabajo se distinguían por una tecnología que otros numerosos fabricantes se vieron obligados a ofrecer en sus productos. Esta misma historia se ha repetido en la actualidad, pues Sun ha desarrollado y patentado un programa de lenguaje de *software* que permite a los ordenadores cargar y ejecutar *software* en Internet si se le pide. Este nuevo estándar, que se denomina JAVA, se está extendiendo por toda la industria. El caso de Sun constituye un ejemplo inspi-

2. Sigla del grupo que diseñó la interfaz estándar: la Personal Computer Manufacturers Communications Interface Association.

rado de administración ilustrada. Los líderes de la empresa reconocieron la discontinuidad potencial de Internet, la aceptaron e inventaron una nueva y potente tecnología para explotarla.

Las plataformas deben proporcionar opciones de ampliación. Las plataformas de producción capaces de ofrecer nuevas tecnologías de componentes y variaciones hacen posible que las empresas creen productos derivados a costes que se incrementan de manera proporcional a las inversiones iniciales de la propia plataforma. Eso es posible porque los subsistemas y las interfaces fundamentales de la plataforma reciben impulso bajo la forma de la fabricación de productos derivados. Desde el momento mismo en que los costes asociados a los elementos que se van desplegando son bastante reducidos, únicamente debemos añadir a los productos derivados el incremento de costes que supone la creación de variantes. Por lo general, ese incremento en los costes constituye una pequeña parte del desarrollo de la plataforma de producción original, proporcionando lo que denominamos como «ampliaciones de la plataforma». Las plataformas de producción pueden también mejorar los ritmos de fabricación de los productos derivados al facilitar un proceso de desarrollo más dinámico y con cambios más frecuentes de los modelos.[3]

Las plataformas deben gestionarse como entidades evolutivas. Si bien las plataformas de producción constituyen la base sólida sobre la que se desarrollan numerosos productos derivados, no deben, sin embargo, contemplarse como elementos inmóviles. Las plataformas de producción que están gestionadas con éxito evolucionan cuando los ingenieros consiguen integrar el conocimiento de nuevos mercados y nuevas tecnologías en productos y procesos de fabricación.

La figura 2.6 presenta los cambios que tienen lugar en las plataformas de producción en sentido general. Tales cambios conducen hasta generaciones sucesivas en una familia de productos en evolución. En la parte superior de la figura tenemos la versión inicial de la plataforma de producción que comprende los subsistemas claves (S1, S2, S3) y las interfaces que los ponen en contacto (las líneas de conexión). La estructura de producción unificada, o arquitectura de la

3. Una nueva exposición sobre el impacto de la arquitectura de productos comunes en la velocidad de desarrollo puede encontrarse en Kim Clark y Takahiro Fujimoto, *New Product Development Performance*, Boston, Harvard Business School Press, 1991, y Preston Smith y Donald Reinertsen, *Developing Products in Half the Time*, Nueva York, Van Nostrand Reinhold, 1991.

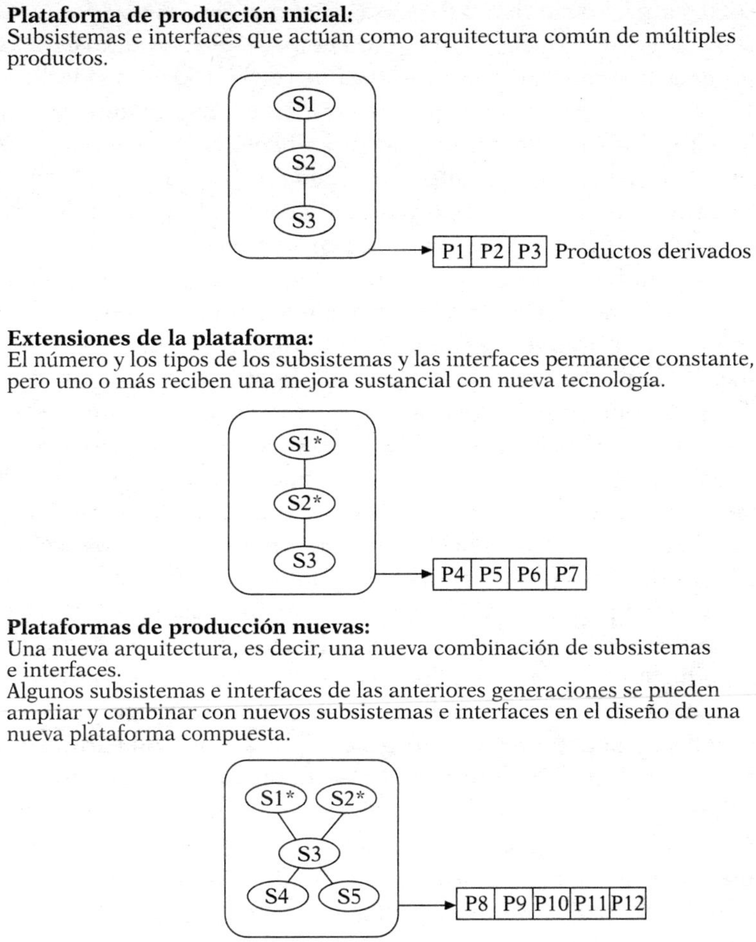

Figura 2.6. Cambios característicos en las plataformas de producción.

plataforma, constituye la base de la primera generación de productos derivados (P1, P2, P3).[4]

Una nueva generación de una familia de productos aparece cuando la propia plataforma experimenta una ampliación sustancial (sería

4. Nos hemos encontrado con que los subsistemas y las interfaces de la arquitectura de un producto, lo mismo que los cambios que tienen lugar en ellos, pueden determinarse sencillamente preguntando a los ingenieros por los diagramas de bloques de alto nivel de su principal arquitectura de producción. Creemos que se trata del método más concreto de identificación de las diferentes generaciones de una

la parte central de la figura 2.6). En esa zona, *el número y los tipos* de subsistemas e interfaces permanecen constantes, pero uno de ellos, o más de uno, experimenta una importante revisión (según se indica por medio de los asteriscos en la propia figura 2.6). En el campo de los ordenadores, los fabricantes han ido creando generaciones sucesivas de sus familias básicas de PC, mediante la incorporación ininterrumpida de microprocesadores más potentes, así como aumentando sus sistemas operativos con nuevas versiones de Microsoft Windows.

Una plataforma enteramente nueva aparece sólo cuando cambia su arquitectura básica, es decir, sus subsistemas e interfaces. Es lo que nos muestra la parte inferior de la figura 2.6. En esas «renovaciones de la plataforma» se pueden ampliar los subsistemas y las interfaces de anteriores generaciones hasta conseguir un nuevo diseño, pero se unen a subsistemas e interfaces enteramente nuevos.

Los *walkman* Sony nos ofrecen un buen ejemplo de los cambios generacionales que pueden llegar a ocurrir en una plataforma de producción. Desde 1980 a 1990 se introdujeron más de ciento sesenta variaciones de esos aparatos *walkman*.[5] Bajo su superficie se encontraba una sólida plataforma de producción. A medida que iban pasando los años, Sony fue renovando la plataforma con innovaciones técnicas, dedicada cada una de ellas a los principales subsistemas del producto: un auricular estéreo en miniatura, un motor extraplano, unos cabezales de la cinta muy mejorados y, por último, pilas recargables de níquel-cadmio. Cada uno de los aumentos de prestaciones de los subsistemas definía una nueva generación de la familia de los *walkman*. Los ingenieros de Sony explotaron esta plataforma de producción en constante evolución, creando un derivado de *walkman* a una media de uno por mes durante un periodo de once años.

Manufactura y diseño de la plataforma. Una plataforma de producción incorpora también la manufactura o los aspectos referentes

---

plataforma de producción. Otros métodos de clasificación de la evolución de una familia de productos los han propuesto Stephen Wheelwright y Kim Clark, *Revolutionizing New Product Development*, Nueva York, Free Press, 1992, donde contemplan los diferentes niveles de cambio del producto y del proceso productivo, y Marc H. Meyer y Edward Roberts, en «Focusing New Product Strategy for Corporate Growth», *Sloan Management Review*, vol. 29, nº 4 (verano de 1988), págs. 7-16, donde aplican un método para rastrear los niveles de cambio en las tecnologías centrales, los grupos de clientes, los usos del producto y los canales de distribución, con el fin de evaluar el enfoque estratégico de las empresas que se basan en la tecnología.

5. Susan Sanderon y Mustafa Uzumeri, *Innovation Imperitive*, Burr Ridge, IL, Irwin Professional Publishing, 1996.

a la fabricación de una familia de productos. Entre ellos se incluyen la tecnología, los medios y los procesos utilizados para fabricar los productos de una firma. En un producto montado, los elementos del proceso de una plataforma de producción incluyen los estadios de producción o el suministro de componentes (con procedimientos de verificación intermedios), el ensamblaje de los componentes para formar el producto acabado y una verificación de calidad final. Aquellos otros productos que no necesitan ensamblarse, como, por ejemplo, las materias primas o los productos petroquímicos, exigen la creación y la renovación de plataformas de procesos para alcanzar un éxito sostenido. Pensemos en el cartucho de las cuchillas con sensor de Gillette, en el que el principal desafío consistió en desarrollar un proceso de manufactura altamente automatizado y sin defectos.

Los sillares arquitectónicos: el combustible de las plataformas de producción

Una plataforma de producción puede parecer el cimiento de una familia de productos, pero si profundizamos un poco más, nos encontraremos con que la arquitectura de las plataformas de producción sólidas se basan también en cierto número de sillares. Categorizaremos estos sillares en cuatro áreas básicas:

1. La capacidad de penetración en la mentalidad y las necesidades de los clientes y los procesos de investigación sobre esos clientes y sobre la competencia que descubren y validan aquella capacidad.
2. Las tecnologías de producción en componentes, materias primas, interfaces de subsistemas y herramientas de trabajo.
3. Los procesos de fabricación y las tecnologías que hacen posible que el producto sea capaz de hacer frente a las exigencias de la competencia en cuanto a costes, volumen de producción y calidad.
4. Las capacidades organizativas, que incluyen infraestructuras de distribución y de protección al cliente, así como sistemas de información para controlar los mercados y recibir las respuestas de éstos.

En el campo del desarrollo de productos se puede alcanzar una potencia mucho mayor si esos sillares se sustentan sobre plataformas de producción de diferentes líneas de productos. Por ejemplo, los avances de Intel en el campo de los microprocesadores se sustentan sobre nuevas versiones de servidores y de superordenadores. HP ha creado una máquina integrada por fax, impresora, escáner y copiadora que se sirve de numerosas tecnologías repartidas por toda la corporación. De la misma forma, L. L. Bean aplica su enorme capacidad organizativa a las áreas de análisis de clientes, segmentación de mercados, compras por correspondencia y sistemas de información, con el fin de suministrar una amplísima variedad de artículos de uso en el exterior del hogar, al mismo tiempo que vestidos, mediante la utilización de catálogos de ventas impresos o a través de red informática.

Numerosas empresas han fracasado en el intento de desplazar sus capacidades por diferentes líneas de producción. Si consideramos la enorme diversificación de la mayoría de las grandes corporaciones, llegaremos a la conclusión de que las tecnologías centrales de esas empresas no se comparten. A ojos del consumidor, sus productos no están relacionados ni son compatibles.

La capacidad de penetración en la mente del cliente. Una de las bases de las plataformas de producción, el conocimiento profundo de las necesidades de los consumidores, constituye un aspecto en buena medida tan importante como el de los avances en la tecnología. Por fortuna, existen numerosas técnicas para determinar las necesidades, las percepciones y las preferencias de los clientes.[6] Por ejemplo, a partir de los análisis de conjunto, se les pide a clientes representativos que hagan combinaciones con las características y los precios posibles de diferentes modelos de algún producto. Sin embargo, este conocimiento no puede quedarse en una propiedad exclusiva de la unidad que está en relación directa con el mercado, sino que necesita de una organización mucho más amplia. No se puede permitir que alguna de las funciones que corresponden a la empresa se convierta en «propietaria exclusiva del cliente».

Las necesidades de los consumidores se encuentran en una de estas dos categorías: o son evidentes o no se perciben claramente, están *latentes*. La primera engloba aquellas necesidades que los propios usuarios son capaces de articular. El descubrimiento de las necesidades latentes tiene lugar, a menudo, fuera del reino de los tradicionales estudios de mercado. Con frecuencia, son los propios ingenieros quienes se convierten en innovadores *primeros usuarios*.

6. El texto de Urban y Hauser sobre la forma de realizar estudios de mercado del diseño de nuevos productos constituye una fuente de referencia muy valiosa en cuanto a los métodos y los instrumentos que se deben seguir en los estudios de mercados específicos. Véase Glen Urban y John Hauser, *The Design and Marketing of New Products*, Englewood Cliffs, NJ, Prentice Hall, 1980, en especial los capítulos 7 y 8.

Un procedimiento muy simple, pero potente, de descubrir necesidades latentes –y que el lector puede utilizar en una línea de producción de su propia empresa– consiste en *imaginar que uno mismo es el producto; a partir de ahí, sólo tengo que pensar, en tanto que producto, en qué medida dejo frustrados a los usuarios*. Este sencillo ejercicio puede proporcionarnos gran cantidad de información previa para saber cómo se le puede ofrecer al cliente una experiencia más satisfactoria y placentera, y esa información puede validarse, a continuación, con las habituales técnicas de estudio de mercados.

El descubrimiento de las necesidades latentes en los mercados ya existentes o en aquellos otros que se hallan en proceso de formación debería convertirse en un objetivo, no sólo de las secciones de mercadotecnia, sino también de las de I + D (investigación y desarrollo). Si no se tiene en cuenta este objetivo, las empresas dedican la mayor parte de sus recursos a fabricar productos del tipo del «yo también los hago» o a perfeccionar cada vez más los ya existentes. Más aún, nos encontramos, a menudo, que el equipo directivo recién creado de la sección de mercadotecnia se encuentra asignado a los equipos de desarrollo de los productos, tanto si dedican sus esfuerzos a la fabricación de un único artículo como si lo hacen a iniciativas de una plataforma más ambiciosa. Los «pesos pesados» de mercadotecnia se encuentran fuera realizando planificaciones estratégicas, visitando clientes o cerrando contratos de distribución, y manteniéndose, por tanto, al margen de los detalles más importantes del diseño del nuevo producto. Por desgracia se pierde por completo la posibilidad de usar su «ojo clínico» y su experiencia.

Las tecnologías productivas. El concepto de «tecnología» posee diferentes significados según quien sea el que lo utilice. Nosotros entendemos por ella la aplicación de conocimientos con el potencial suficiente para incorporarlos a un producto o servicio. La tecnología productiva adopta numerosas formas: química, lenguajes de programación y algoritmos, *hardware* o diseño lógico, etc. Partiendo de estas tecnologías básicas, un nivel superior lo constituye la aplicación real del conocimiento y la cualificación apropiados bajo la forma, por ejemplo, de productos químicos, materias primas, módulos de *software* o chips. Podemos considerar esas aplicaciones como componentes esenciales en el interior de los subsistemas de las plataformas de producción. Las tecnologías productivas incluyen también las interfaces de los subsistemas, ya se trate de conexiones propiamente dichas o de aquellas otras que se basan en estándares *de facto* o impuestos por organismos reguladores.

Las investigaciones continuas que hacen progresar el estado de las tecnologías básicas facilitan el desarrollo y la renovación rápidos de una plataforma. Esos avances pueden integrarse en diseños de una nueva plataforma. «Integración» sería aquí el concepto operativo. De la misma manera en que los productos derivados se desarrollarían con mayor rapidez mediante el incremento de las mejoras de las plataformas de producción existentes, deberían crearse nuevas plataformas por la integración completa de las tecnologías de componentes, ya sean de la propia empresa o conseguidas en proveedores externos. Para llevar a cabo un trabajo de renovación de la plataforma, el consejo ejecutivo debe invertir en investigación básica y en el desarrollo de los «sillares» tecnológicos, lo mismo que en el de los productos específicos.

Consideremos el caso del «Post-it» de 3M. Se llevó a cabo una larga investigación para conseguir la parte posterior adhesiva; el desarrollo de la «plataforma» se situó fundamentalmente en los procesos de manufactura dedicados a cubrir el papel con aquel adhesivo; y se fueron aumentando las prestaciones bajo la forma de diferentes tamaños y colores de «Post-it». Para alcanzar el éxito se necesitaron esas tres categorías de trabajo técnico.

Las tecnologías productivas esenciales pueden proceder de fuentes externas a la empresa. Thomas Allen, profesor del Massachusetts Institut of Technology, ha estudiado los modelos de comunicación de quienes trabajan en laboratorios de I + D, y ha llegado a la conclusión de que los grupos de esta especialidad que obtienen más éxito son los que incluyen personas que dedican la misma cantidad de tiempo a mantener comunicación con el exterior y con el interior de la empresa. Esas personas buscan nuevas tecnologías, participan en la definición de los estándares de la industria y trasladan a su laboratorio una rica información de la competencia.[7] La dirección debe, por tanto, animar a los ingenieros a que irrumpan en el mundo de manera agresiva a la búsqueda de auténticas innovaciones en las tecnologías centrales que demuestren ser útiles para el diseño de sus propios productos y de los procesos de fabricación. «Poner manos a la obra» debería significar también «salir fuera» para encontrar nuevos enfoques y tecnologías innovadoras que puedan contribuir a mejorar los productos y los servicios de la empresa.

7. Thomas J. Allen, *Managing the Flow of Technology*, Cambridge, MA, MIT Press, 1977.

El caso de Black & Decker ejemplifica el papel desempeñado por el descubrimiento realizado en el exterior. «Loctite» fue el adhesivo que hizo posible la automatización de la fabricación de las carcasas, pero ninguno de los vendedores de «loctite» llamó a la puerta de Black & Decker; en lugar de ello, el equipo de desarrollo descubrió la existencia de ese producto y comprobó que le sería muy útil para aquella determinada aplicación.

Los procesos y las tecnologías de fabricación. Éstos pueden llegar a ser tan determinantes para la creación de sólidas plataformas de producción como las tecnologías de componentes, a partir de las que se les ha diseñado. Son numerosas las industrias –vidrio, refinado, etc.– en las que ocupan con claridad los puestos de liderazgo aquellas empresas que están en posesión de las mejores tecnologías de manufactura. En estas industrias, *el proceso constituye la plataforma*. En otras numerosas industrias, la manufactura se encuentra a la par con la tecnología de producción en términos de creación de plataformas de producción que alcanzan notable éxito.

Tanto en el caso de productos ensamblados como en el de aquellos otros que no lo son, se tiene la tendencia a considerar como evolución de los elementos del proceso de una plataforma de producción el hecho de conseguir un incremento en el volumen o en la capacidad productiva. Sin embargo, la evolución de los procesos de manufactura quiere decir también ofrecerle una oportunidad a la innovación. Una falta de innovación o de flexibilidad en el proceso de producción limita la variedad de versiones del producto que se pueden derivar del proceso básico.[8] Una manufactura flexible posee enormes implicaciones en el diseño de plantas y equipamientos, en las pautas de inversión de los recursos y en el abanico de variedades de un producto que una empresa puede colocar en el mercado.

Las capacidades organizativas. Las capacidades organizativas constituyen el último de nuestros sillares comunes. Tomadas en un contexto de nuevos productos y servicios, estas capacidades incluyen la distribución, el servicio al cliente y los sistemas de información. Las empresas deben contar con potentes canales mediante los que poder

8. Abernathy y Wayne demostraron este principio utilizando para ello el estancamiento del automóvil Ford T, provocado por el sistema de producción masivo de elevados volúmenes, pero falto de flexibilidad, introducido por Henry Ford. W. Abernathy y K. Wayne, «The Limits to the Learning Curve», *Harvard Business Review* (septiembre-octubre de 1974), págs. 109-119.

distribuir sus productos o servicios, ya sea ésta una capacidad propia o utilizando medios de otras compañías. Si se carece de canales bien desarrollados entre la empresa y los clientes, incluso los mejores productos permanecerán en las estanterías. En numerosas firmas, sobre todo en aquellas que destinan sus productos a los mercados de consumo directo, el *empaquetado* constituye un elemento importante para conseguir ventajas sobre la competencia; este elemento se encuentra situado en la intersección entre el diseño del producto y la distribución. De igual forma, debe disponerse de un buen servicio al cliente para conseguir que el usuario conozca todo el valor de los productos de la empresa y para que sirva, a su vez, de escucha que nos informe de todo lo que ese cliente piensa de aquéllos. Los diagnósticos remotos que se desarrollan en el equipamiento industrial y médico no son sino un ejemplo de cómo puede utilizarse el diseño de productos para facilitar y perfeccionar los servicios al cliente. Por último, se necesitan canales de información para recoger y compartir los conocimientos correctos con todos aquellos que los necesitan. En numerosas ramas empresariales, tales como los servicios financieros, el mundo editorial y el tráfico comercial, la información constituye uno de los activos más valiosos de una empresa.

Es también lógico que las empresas deseen considerar sus procesos de gestión y planificación como una capacidad organizativa esencial. Por ejemplo, para quienes se encuentran en el interior de la empresa, «HP» significa *Heavy Planning* («planificación estrecha»), desde el momento en que han sido testigos, a lo largo de cinco años, de la planificación de una familia de productos que el consejo directivo ha rehecho y renovado anualmente. Dudamos mucho que la empresa hubiera podido contar con sólidas plataformas de producción o con productos derivados que alcanzasen éxito comercial si hubiera carecido de esa planificación.

Estas diferentes capacidades organizativas cuentan cada una de ellas con el potencial suficiente como para hacer una contribución sustancial al éxito de las nuevas generaciones de una familia de productos en evolución. Es evidente que forman parte del conjunto.

La torre del poder de Black & Decker

Después de haber descrito las aplicaciones al mercado, las plataformas y los sillares comunes con los que se edifica la «torre del poder», podemos observar su aplicación práctica utilizando el caso de

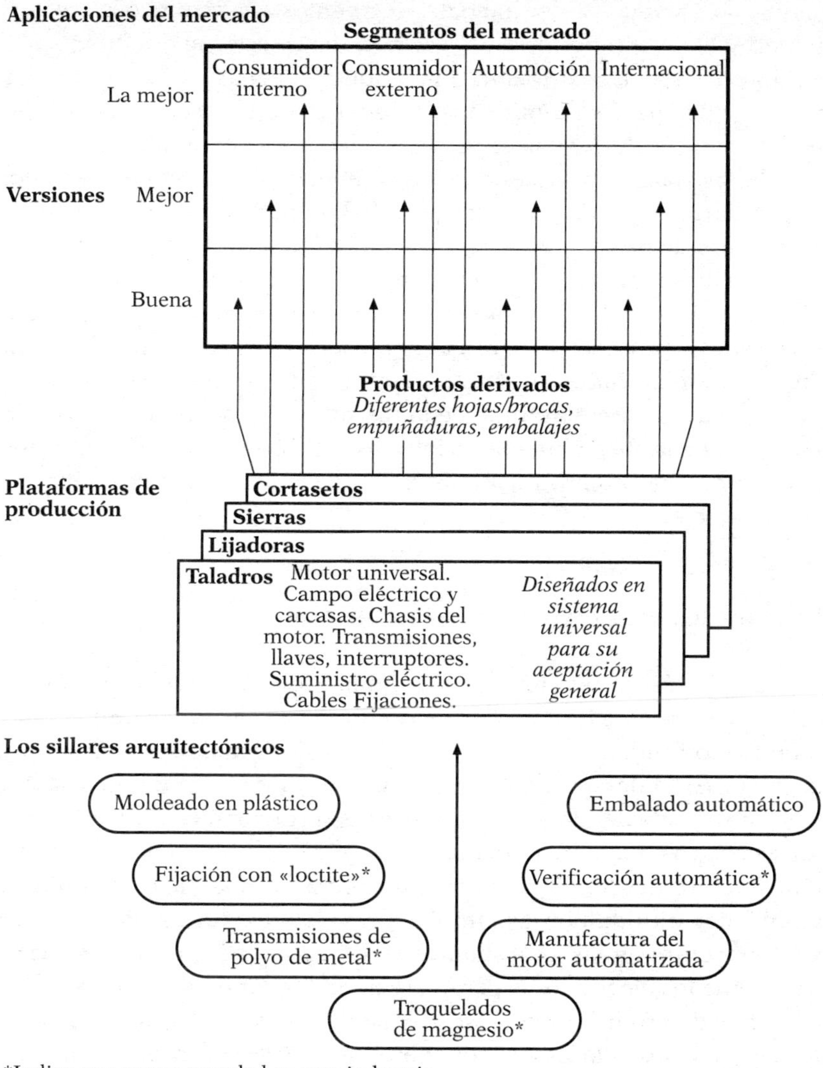

Figura 2.7. La «torre del poder» de Black & Decker.

Black & Decker que hemos descrito en el capítulo 1. Según se muestra en la figura 2.7, las plataformas de producción de la empresa para taladros, sierras, lijadoras, etc., participan de subsistemas comunes y de normas de diseño específico para fabricarlos. A partir de las plataformas, y con enorme eficacia, se han ido desarrollando productos derivados para servir a los principales segmentos del mercado de consumidores: el del interior de los hogares, el del exterior, el de automoción y el internacional. Se presentaron versiones «buenas», «mejores» y «las mejores» de una gran cantidad de productos derivados. El resultado no fue otro que el elevado nivel en la variedad de artículos que tenían como objetivo cubrir las necesidades de numerosos sectores del mercado. Sin embargo, en la base de esta variedad no había más que un pequeño número de partes componentes y de embalajes.

Los sillares arquitectónicos comunes, en los que se sustentaba la plataforma de doble aislamiento, eran tecnologías de producción, materiales y procesos de fabricación. Todos ellos constituyeron estadios de aquella industria en aquel momento, y varios eran enteramente nuevos para el mundo de la manufactura o, al menos, para la industria de las herramientas eléctricas. Utilizados en conjunto, estos sillares proporcionaron a Black & Decker claras ventajas sobre la competencia.

LA TORRE DEL PODER COMO SISTEMA DE GESTIÓN

La torre del poder significa mucho más que la descripción simple de la estructura de las familias de productos en evolución. Sirve también como fundamento intelectual de un sistema de investigación y de gestión del desarrollo de la producción; y se trata de un sistema mucho más eficaz que los instrumentos tradicionales utilizados por los ejecutivos. La torre del poder consigue que la atención del ejecutivo se eleve desde los productos únicos a la dinámica mucho más amplia constituida por las familias de productos. Dirige las energías y se concentra en las aplicaciones al mercado de los productos derivados que los ejecutivos esperan crear, en la planificación de las plataformas de producción que sostienen aquellos productos y en la renovación de los sillares básicos sobre los que descansarán las futuras plataformas. De esa manera, la torre del poder se convierte en un instrumento integrador del pensamiento y la gestión.

Estamos ya en condiciones de examinar las «normas y herramientas» específicas que transformarán la estructura de la torre de poder en un proceso destinado a insuflar nuevo vigor a las líneas de producción de su propia empresa. El capítulo 3 estudia la estrategia de la plataforma, en particular el cómo las empresas pueden utilizar las plataformas de producción para extender su alcance hacia nuevos segmentos de mercado y a diferentes niveles de precio y de prestaciones. Es evidente que la capacidad para hacerlo exige que las plataformas sean de elegante diseño, capaces de proporcionar la funcionalidad exigida por los usuarios y suficientemente sólidas, con el fin de ser capaces de aceptar variaciones de acuerdo con los diferentes grupos de consumidores. Toda esta temática la trataremos en el capítulo 4, a través de los métodos de «diseño compuesto». En el capítulo 5 se explica cómo las empresas pueden organizar esos esfuerzos para alcanzar los mejores resultados.

A lo largo de los años, las empresas han desarrollado diferentes sistemas de medición de los resultados en la creación de productos. Por desgracia se han efectuado sobre todo fijándose en los artículos únicos, su tecnología de fabricación o la evaluación de proyectos, y no en las plataformas comunes y sus familias de productos derivados. En el capítulo 6 ofrecemos un nuevo conjunto de unidades de medición que proporciona a los ejecutivos un conocimiento práctico, real, de resultados desde la perspectiva de una familia de productos.

La información referida al desarrollo productivo está casi toda orientada hacia los productos físicos, formados por conjuntos de elementos, tales como los ordenadores o los automóviles. De esta manera se ignora, por desgracia, el sector, cada vez mayor y en continuo crecimiento, de la economía que produce bienes y servicios no físicos. Los capítulos 7 y 8 extienden los principios de nuestra plataforma y nuestra familia de productos a dos áreas no tradicionales: los productos de *software* y de información «en línea» (*on line*). Finalmente, en el capítulo 9 resumiremos todos los anteriores en el contexto de un proceso que las corporaciones pueden utilizar para planificar y gestionar el desarrollo de un nuevo producto con mayor eficacia.

3
LA ESTRATEGIA DE LA PLATAFORMA

La construcción de sólidas plataformas de producción puede convertirse en una estrategia de dominación de un mercado y puede proporcionar el acceso a otros mercados nuevos. En este capítulo nos centraremos en la formulación de esa clase de estrategia.

La estrategia de un nuevo producto es tanto una aplicación como un proceso, y esto se pierde de vista, a menudo, cuando las que habían comenzado siendo pequeñas empresas van aumentando su tamaño a medida que van transcurriendo los años. Por lo general, una pequeña empresa se instituye cuando un grupo poco numeroso de socios fundadores descubre un nuevo producto o servicio. Los creadores de esas empresas embrionarias conservan un cierto dominio sobre todas las actividades importantes: el diseño del nuevo producto, la manufactura, la distribución y el servicio al cliente. Inicialmente, esas funciones continúan enfocadas en los productos y los clientes, creándose la primera familia de productos de la empresa. Sin embargo, a medida que va aumentando de tamaño, la cartera de productos se va haciendo más voluminosa y puede diversificarse con nuevas tecnologías y mercados. También puede llegar a ocurrir que tome forma una división funcional del trabajo, donde I + D, ventas, servicios y otras funciones se encuentren ubicadas en departamentos separados, en edificios distintos y, en ocasiones, en diferentes ciudades.

A menudo, la diversificación no ha sido planificada; a los productos y a las líneas de producción ya existentes se les va añadiendo un nuevo artículo en cada ocasión, sin tener en cuenta los beneficios que proporciona el contar con unos principios de estrategia básicos. Lo habitual es que los productos adicionales creen una mayor complejidad en la manufactura, el suministro y la distribución, y la atención del consejo ejecutivo la consume por entero la gestión de esa complejidad. Una vez que el propio consejo ha perdido contacto con el desarrollo de los nuevos productos, la estrategia de otro artículo nuevo se guía por las iniciativas que toman administradores de rango inferior. La noción de una estrategia de producción racionalizada, centralizada, y conducida por el consejo ejecutivo, se pierde en el laberinto de la burocracia.

Estos consejos de administración, que han ido perdiendo el sentido de los negocios, comienzan a mantenerse al margen y responden con variados procesos para mantener la ficción de que se conserva el orden y el control: se aprueba la creación de comités, de sistemas de control «de puerta de escenario», y de normas de procedimiento de diferentes clases. Por desgracia, la mayor parte de esas medidas sirven únicamente para reforzar la burocracia y para convertir en más lento y difícil el asunto más importante, es decir, el propio desarrollo del producto. En un medio de esa clase es muy difícil que los ejecutivos, los administradores de grado medio o algunos empleados innovadores puedan reunir las energías y los recursos necesarios para introducir subsistemas comunes y procesos de fabricación que sirvan para toda la corporación.

Para ser ágil, para alcanzar la excelencia competitiva en tecnología y para llegar a desplazar recursos comunes por los diferentes productos, las empresas necesitan resucitar el vigor empresarial de sus primeros años de existencia. La estrategia de la plataforma constituye una herramienta que puede contribuir a conseguirlo, actuando como *un enfoque de planificación de arriba a abajo con el objetivo de maximizar, a partir de una tecnología común, la cobertura de los mercados*.

La identificación de las estrategias de la plataforma existente

La figura 3.1 presenta una vez más el nivel de segmentación del mercado, usando la estructura conceptual de la que hemos tratado en el capítulo anterior. Utilizamos una «parrilla de plataformas de mercado» para recoger cierto número de estrategias de plataformas genéricas. Sería muy útil que pensáramos conceptualmente en nuestras propias plataformas de producción en términos de una parrilla similar. En ésta, los principales segmentos del mercado están dispuestos horizontalmente, representando cada uno de ellos el principal grupo de clientes a los que sirven sus productos. En el caso de las herramientas eléctricas de Black & Decker, los dos segmentos de mercado más importantes eran el de consumidores familiares y el de profesionales, con diferentes subgrupos en cada uno de ellos. Los segmentos

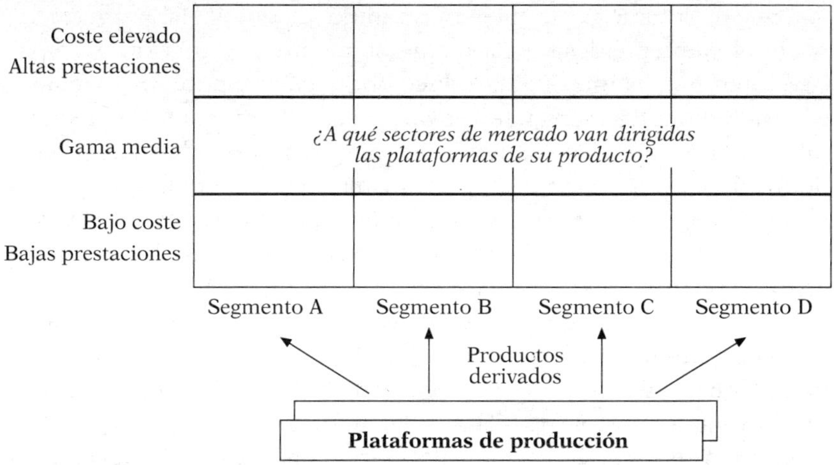

Figura 3.1. Parrilla de segmentación del mercado.

de mercado de las impresoras de inyección de tinta de HP incluyen el usuario de un PC familiar, el de un ordenador portátil y el usuario de oficinas o el de pequeñas empresas. Una empresa que se dedique a la fabricación de aparatos de aire acondicionado puede tener segmentos de mercado que incluyan sistemas de interior para residencias, sistemas de exterior y sistemas comerciales.

El eje vertical de la parrilla de segmentación del mercado refleja diferentes versiones en precios y prestaciones de los productos. En la figura, hemos utilizado los términos «bajo coste», «gama media» y «coste elevado», pero numerosas empresas prefieren utilizar las palabras «bueno», «mejor» y «el mejor». De cualquier manera, el aumento de funciones en las líneas de producción implica, de ordinario, precios más elevados sobre el nivel de modelos básicos.

Es habitual que los fabricantes de automóviles utilicen los caballos de potencia, los materiales de los asientos y otras características parecidas para distinguir las prestaciones y los diferentes precios según versiones en sus líneas de producción. En el caso de Black & Decker, un taladro de cincuenta dólares ofrece varias velocidades, antirretroceso, inversión de la dirección de la broca y una potencia en vatios más elevada, mientras que el de veinte dólares sólo cuenta con una única velocidad y con menor potencia. Los ordenadores personales proporcionan una escala de funciones mediante microprocesadores más rápidos, un nivel de memoria más elevado y un disco duro con mayor volumen o también más rápido. Es difícil encontrar un negocio plenamente desarrollado que no cuente con una variación de funciones en sus líneas de producción; la cuestión radica en conseguir su racionalización en forma de gradación coherente de precios y prestaciones, pues hoy se nos exige planificar con claridad cómo y dónde deberán regularse las plataformas, así como con qué medios tendrán que contar para penetrar en las diferentes zonas del mercado. Las celdas que se forman en las intersecciones de los ejes horizontal y vertical constituyen los sectores del mercado.

El siguiente paso consiste en determinar en qué lugar de la parrilla deben situarse las principales plataformas de producción de una familia de productos y cómo se las puede mejorar para dar servicio al mayor número posible de sectores del mercado. En primer lugar, consideremos las estrategias de la plataforma en el contexto de la parrilla de segmentación del mercado y las implicaciones que, para el negocio, pueden suponer tales estrategias.

Estrategia 1. Plataformas para un sector específico, con escasa participación de subsistemas y de procesos de fabricación

Dearborn, Michigan, marzo de 1996. Dos años después de una reorganización profunda, la Ford Motor Company anunció la existencia de planes para alterar radicalmente las actividades de su desarrollo productivo. El elemento fundamental del plan consistía en reducir el número de plataformas de vehículos de veinticuatro a dieciséis. Numerosos observadores habían notado que las actividades del desarrollo de la producción de Ford eran terriblemente complejas y que la reducción podría ahorrar a la empresa cuantiosas sumas de dinero y facilitaría los tratos con los proveedores; serviría también para proporcionar los medios necesarios para el diseño y la manufactura de una elevada cantidad de tipos y modelos de vehículos destinados a los mercados globales de la empresa. Una persona próxima a la planificación del fabricante de automóviles decía lo siguiente: «Estamos luchando por convertir en común todo lo que hay bajo la superficie, y por alcanzar una mayor producción de vehículos».[1]

La estrategia de la plataforma puede utilizarse para simplificar las carteras. Lo mismo que la Ford, otras numerosas empresas también

1. Oscar Suris, «Ford Planning Overhaul Again of Products», *Wall Street Journal* (19 de marzo de 1996), pág. A4.

tenían problemas por la existencia de un número de plataformas excesivo que compartían muy poca tecnología. Cada uno de los sectores del mercado lo servía una arquitectura de plataforma diferente. El resultado no era otro que la existencia de innumerables familias de productos, entre las que apenas se compartían los subsistemas o las tecnologías de fabricación, y con unos costes más elevados y unos márgenes de beneficios más estrechos. Por lo común, esta estrategia crea productos que no se parecen entre sí y que el usuario considera muy diferentes.

La figura 3.2 muestra la estrategia de una plataforma fragmentada de un fabricante que se concentra en los sectores de mercado de gama alta y media. En este caso se han quedado sin cubrir los sectores de gama baja, por lo que se han abandonado como objetivos tentadores a otros fabricantes procedentes del exterior. En esta empresa, cada uno de los grupos de desarrollo de un producto y cada planta de fabricación se hallan enfocados y están dedicados por completo a cubrir las necesidades de un sector muy específico. Aunque una estrategia de esa clase llegue a obtener beneficios, también puede convertirse en una forma muy cara de hacer negocios. El capítulo de inversiones en I + D puede duplicarse con facilidad, y los descubrimientos realizados por uno de los equipos pueden seguir siendo desconocidos para otros grupos. Es de suponer que las inversiones de capital en la fabricación sean mucho más elevadas que si la capacidad productiva se comparte entre las diferentes líneas de producción. Es posible que ciertas mejoras fundamentales en el campo de la manufactura realizadas por un grupo no lleguen nunca a ser adoptadas por otros equipos. Finalmente, se descuida por com-

Coste elevado Altas prestaciones	*Plataforma 1* ⟷	*Plataforma 3* ⟷	*Plataforma 5* ⟷	*Plataforma 6* ⟷
Gama media	*Plataforma 2* ⟷	*Plataforma 4* ⟷		*Plataforma 7* ⟷
Bajo coste Bajas prestaciones				
	Segmento A	Segmento B	Segmento C	Segmento D

Figura 3.2. Plataformas para un sector específico, con escasa participación común de subsistemas y de procesos de manufactura.

pleto el potencial sinérgico en el desarrollo del mercado entre las líneas de producción, es decir, la existencia de una marca de fábrica común que se apoya en campañas promocionales y en una política propagandística compartidas.

Por desgracia, este enfoque de la plataforma fragmentada es muy común en toda la industria. En su búsqueda por fabricar el producto perfecto para cada nuevo grupo de consumidores, los ingenieros mantienen a la empresa alejada de todo aquello que podría ser común y compartido. Cada vez que se formaliza la demanda de un nuevo cliente, se añaden elementos nuevos con el fin de alcanzar la solución óptima, pero todo ello sin tener en cuenta los costes posteriores que deben pagarse por adoptar esa decisión. El ingeniero, o el gestor en ingeniería de la empresa, raramente reciben información de aquellos costes. A medida que proliferan los componentes de los productos de la corporación –ya sean éstos motores, abrazaderas o cualquier otra cosa–, disminuyen las oportunidades de realizar un ahorro en el capítulo de proveedores.

La variedad de componentes convierte también la fabricación en innecesariamente compleja. Cada planta, centrada en la fabricación de líneas de producción concretas, se enamora de sus propios procedimientos, de su maquinaria y de los materiales que utiliza, y disfruta de la libertad de dedicarse a sus propias iniciativas. Las plantas y el equipamiento existentes desafían los cambios sustanciales en los procedimientos o los materiales, así como la necesidad de amortizar las inversiones que se realizan en ellos.

Estrategia 2. El desplazamiento horizontal de los subsistemas de una plataforma clave y los procesos de fabricación

Una estrategia alternativa es aquella en que una plataforma de producción, o uno de sus elementos clave, se desplaza de un sector de mercado hasta el siguiente dentro de una versión dada de precios-prestaciones. La figura 3.3 muestra una representación de esta estrategia de la plataforma de desplazamiento horizontal. Esta figura presenta también las dos variantes básicas de la estrategia, basadas en la versión de precios-prestaciones que constituye el objetivo fundamental de la empresa. Numerosas firmas han trasladado con éxito sus plataformas de producción de un segmento de mercado dominado hasta el siguiente. Por ejemplo, la A. T. Cross Company traslada componentes comunes y procesos de fabricación en-

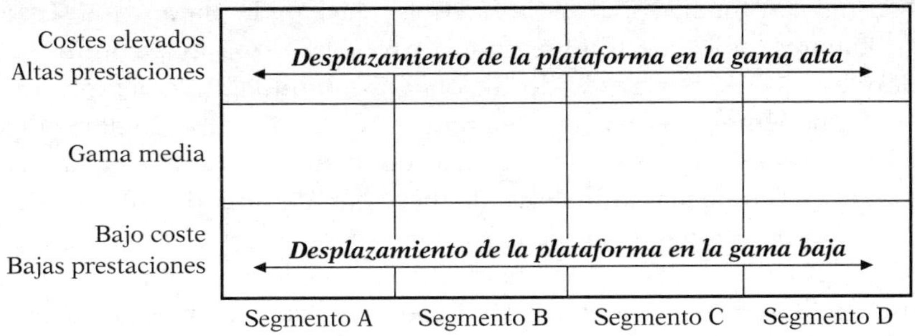

Figura 3.3. Desplazamiento horizontal de la plataforma.

tre sus líneas de producción de plumas de la gama más elevada.[2] En contraste con quienes apuestan por las gamas altas, otras empresas han trasladado con gran éxito sus plataformas a lo largo de segmentos de mercado de la gama baja, relacionados entre sí. Pentel sería el caso contrario al de Cross, pues se mueve a lo largo de diferentes segmentos del mercado de instrumental de escritura, situados en la gama baja, con plataformas de producción y procesos de fabricación comunes.

Cualquiera que sea la vía elegida, el beneficio de la estrategia del desplazamiento horizontal consiste en que la empresa presenta corrientes de nuevos productos a toda una serie de grupos de clientes relacionados, sin verse obligada a volver a «inventar la pólvora» para cada uno de los grupos. Por lo que se refiere al departamento de I + D, el principal beneficio consiste en que pueden crearse nuevos productos a mucha mayor velocidad. Y lo que aún es más importante: toda la familia de productos saldrá beneficiada si se diseñan determinados subsistemas que ofrezcan evidentes ventajas funcionales sobre la competencia. Los costes de manufactura, los de abastecimiento y los de maquinaria quedarán minimizados cuando se introduzcan nuevos productos en la línea correspondiente.

Ese desplazamiento puede llegar a conseguirse incluso aunque la plataforma, *como un todo*, no se utilice en los segmentos adyacentes.

2. A. T. Cross ha aumentado la línea de producción de la tradicional pluma Century con una gama de lujo (la Townsend, cuyo precio de venta sobrepasa los trescientos ciencuenta dólares) y otra de precio más popular (la Solo, a doce dólares y medio). Más recientemente, la empresa ha presentado un modelo estilizado, de diseño mucho más actual, denominado Metropolis, dirigido a ganarse el mercado de la clientela juvenil (cuyo precio oscila entre los treinta y los ciento veinte dólares).

No sólo significará que los subsistemas clave de la plataforma serán suficientes, sino que también constituyen la forma más común del desplazamiento horizontal de la tecnología habitual. Por ejemplo, ese hecho podemos observarlo en el motor universal utilizado por todos los grupos de herramientas eléctricas de Black & Decker, así como en los cartuchos de las impresoras de inyección de tinta de HP.

El desplazamiento sucede hasta el momento en que los principales sistemas de una plataforma de producción se han adaptado para su uso en diferentes segmentos del mercado. La figura 3.4 representa este concepto. En el interior de una versión de precios-prestaciones dada, algunos de los principales subsistemas se han sometido a adaptaciones para poder ser utilizados en un segundo segmento del mercado. Se trata de la clásica extensión de una plataforma de producción determinada a un nuevo segmento de mercado, en el que uno de los subsistemas, aquel que en la figura se denomina S5, se ve sustituido por el S6 para hacer frente así a las demandas de los consumidores. Todos los demás subsistemas se adaptan a la nueva aplicación al mercado. Podemos considerar, por ejemplo, los sistemas de la afeitadora Gillette SensorExcel. El tamaño, el color y el diseño general de las empuñaduras son por entero diferentes en las versiones para hombre y para mujer, pero el cartucho que contiene la cuchilla de la afeitadora es exactamente el mismo. Gillette ha sido capaz de utilizar estos cartuchos como un punto de apoyo clave, tanto para mejorar la calidad del afeitado, como para conseguir una reducción de costes mediante un proceso de manufactura común y altamente automatizado.

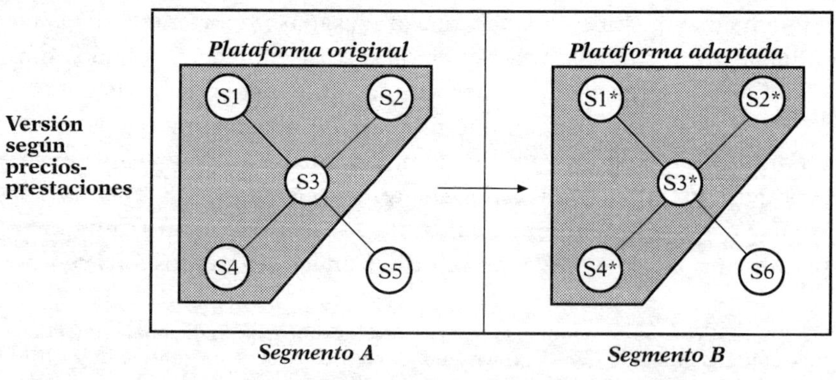

Figura 3.4. Reutilización de subsistemas en diferentes segmentos de mercado.

La estandarización de los subsistemas clave (y de sus componentes) en toda una familia de producción puede así mejorar las prestaciones de los productos y reducir los costes. El concepto de desplazamiento horizontal se aplica también a aquellos otros productos que no son manufacturados. Por ejemplo, en las empresas de *software* se desplazan, a menudo, módulos decisivos, que contienen algoritmos de toma de decisiones o interfaces de usuario, a lo largo y a lo ancho de un amplio conjunto de grupos de consumidores. De igual manera, empresas dedicadas a servicios financieros han aplicado con éxito planteamientos comunes a la gestión de productos de riesgo para diferentes clases de riesgos que se encuentran en distintas categorías de productos financieros, en las que se incluyen préstamos, seguros e instrumentos financieros.

Ese desplazamiento horizontal no se halla enteramente libre de peligros. Si la propia plataforma o cualquiera de sus subsistemas clave falla, entonces, y como consecuencia de ello, se verá afectado un conjunto mucho más numeroso de productos. Además, la responsabilidad por la renovación de la plataforma podría llegar a hacerse problemática si cada uno de los segmentos del mercado «es propiedad» de una unidad de negocio diferente (circunstancia muy común en el caso de bastantes empresas). Por ejemplo, es posible observar que las grandes empresas tienen por norma llevar a cabo un control de negocios independiente para los diferentes mercados internacionales. Este hecho tiende a producir gran diversidad de plataformas, de subsistemas y de procesos de fabricación en diferentes regiones, incluso manteniéndose en el seno de una única categoría de productos. ¿Quién será capaz de obligar al propietario de una unidad de negocio a aceptar (y, por tanto, a depender de) la tecnología de una plataforma procedente de otra unidad de negocio? Sin embargo, si el análisis demuestra que las oportunidades ofrecidas por plataformas compartidas entre grupos así lo imponen, los ejecutivos se ven entonces obligados a revisar la empresa y a integrar diferentes unidades de negocio.

Estrategia 3. El desplazamiento vertical de los subsistemas de la plataforma clave

Esta tercera estrategia consiste en que la empresa trate de presentar un abanico de versiones de precios-prestaciones en un segmento de mercado, utilizando plataformas de producción comunes. Según aparece en la figura 3.5, una variación básica sucede cuando una empresa, que tradicionalmente ha dominado por la calidad de sus productos la gama más elevada de un segmento del mercado, desplaza su plataforma hacia abajo con el fin de ofrecer versiones de precio-prestaciones inferiores. En su forma más sencilla, lo que se hace es eliminar ciertas funciones del conjunto de productos de la gama alta con el fin de ofrecer a los clientes una reducción de precios; o también se utilizan subsistemas principales de la plataforma de gama alta en un diseño de plataforma de gama baja diferente.

Una segunda variación básica del desplazamiento vertical consiste en el desplazamiento hacia arriba de plataformas de producción de las gamas bajas, para fabricar versiones más elevadas en precio-prestaciones, mediante la adición de tecnología de componentes más potentes o de nuevos módulos, con el fin de dar respuestas a las demandas de funcionalidad y de prestaciones en versiones de niveles de mercado más elevados.

La ventaja de este enfoque, consistente en el desplazamiento vertical de la plataforma, reside en que la empresa puede trasladar sus conocimientos en un determinado segmento del mercado, y que, además, es capaz de hacerlo mediante el desarrollo de un producto, que será mucho menos costoso que si se viera obligada a crear toda una nueva plataforma para cada una de las versiones de precio-prestaciones. Una vez más, el riesgo consiste en que una plataforma común débil o en que subsistemas comunes débiles minarán la competitividad de toda la línea de producción.

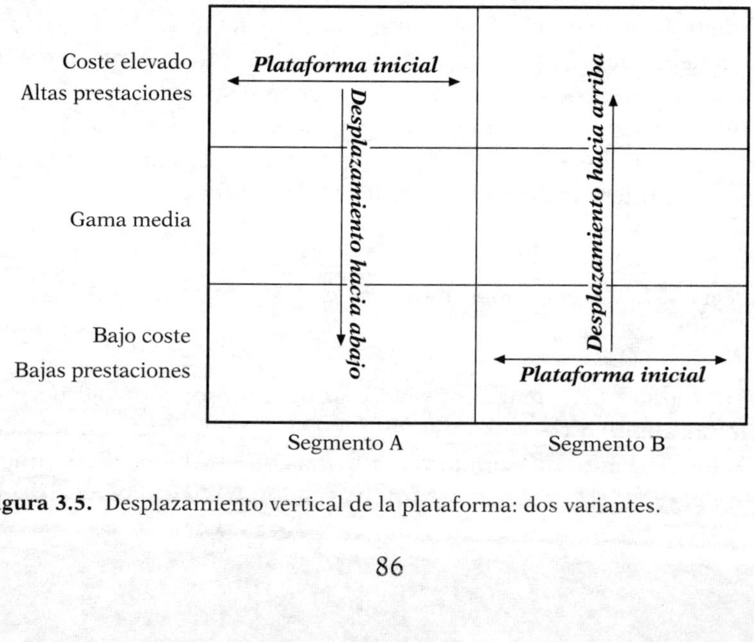

Figura 3.5. Desplazamiento vertical de la plataforma: dos variantes.

Algunas empresas tratan de seguir los dos tipos de desplazamiento vertical de la plataforma que hemos descrito. ¿Es uno de ellos preferible al otro en términos de desarrollo del producto, desde el punto de vista de la eficacia y de los costes? Numerosas empresas americanas, que participan de una sólida cultura en el campo de la ingeniería, comparten la tradición de buscar siempre las soluciones en la fabricación de gamas muy elevadas. Los ingenieros consideran que enfrentarse a las necesidades de los segmentos más elevados del mercado constituye el más importante de los desafíos. Sin embargo, el crecimiento de los mercados conduce siempre a un desplazamiento hacia abajo para llegar a presentar versiones de las gamas media y baja en el capítulo de precio-prestaciones. Los ingenieros tienen, por tanto, que dedicarse a trabajar para cubrir las necesidades de esas áreas en crecimiento; y entonces se encuentran habitualmente con que no es tan fácil convertir un Lexus en un Civic. El elevado precio de los componentes o de las materias primas de la plataforma de gama alta condena a los nuevos productos de precios inferiores a bajos niveles de beneficios.

Los fabricantes que suministran equipos médicos a la industria sanitaria interna nos proporcionan un excelente ejemplo de actualidad. Con el paso de los años, muchos de esos proveedores han desarrollado plataformas de productos de la gama más elevada y, a partir de esa base, han descendido hasta ocupar las versiones de gamas media y baja. Durante un tiempo, el sistema de remuneración de los servicios sanitarios consistente en el pago-por-servicio permitió a los hospitales y a los doctores la adquisición de productos muy valiosos. Sin embargo, al comenzar la política de contención de costes, se han ido reduciendo de manera estricta los presupuestos para adquirir nuevos productos. Los hospitales y los médicos necesitan aún productos de alto valor, pero a precios sustancialmente más reducidos. Como resultado de todo ello, las áreas de expansión más fuertes de muchos de los fabricantes de equipo médico se han ido desplazando desde los sectores ocupados por las versiones más caras de sus respectivos segmentos de mercado a las de gama media, dejando sin despejar ciertas dudas sobre sus competencias tradicionales y sobre los productos que ofrecen.

Como respuesta a esa discontinuidad en el mercado, algunos de los proveedores punteros de equipo médico han vuelto a diseñar sus plataformas con el fin de que se dirijan, en primer lugar, a las versiones más bajas en cuanto a precio-prestaciones. Armadas con diseños de plataformas modulares, esas empresas han ido añadiendo funciones a sus productos básicos hasta crear auténticos «buques insignia» de precio muy elevado, para aquellos hospitales y médicos que aún se pueden permitir su compra. Han sustituido los componentes dedicados a una única función específica por aquellos otros de carácter general, y han reconstruido los procesos de fabricación hasta alcanzar la eficiencia máxima en relación con los costes. Nos gustaría pensar que este enfoque de renovación de la plataforma sirve para ocupar el «dulce lugar» del mercado, según aparece en la figura 3.6, donde las competencias técnicas se desplazan en forma de nuevas plataformas a la búsqueda de otros sectores, experimentando las tasas más elevadas de crecimiento.

El objetivo de esta estrategia consiste en conseguir buenos márgenes en todos los miembros de la familia de productos, incluso en aquellos situados en el sector de bajos precios y prestaciones. La mejor manera de conseguirlo consiste, en primer lugar, en construir plataformas que puedan responder a las demandas de productos de gama baja, consiguiendo beneficios. A continuación, y con diseños de plataformas modulares y flexibles en mano, la empresa puede desplazarse hacia arriba, con versiones para clientes de un mercado más elevado, mediante la adición de subsistemas más potentes, de materiales mejores, etc. Conseguir beneficios con las versiones más bajas en precios-prestaciones de la parrilla de plataformas de mercado exige que los ingenieros acepten este objetivo como punto de partida de los diseños de su plataforma.

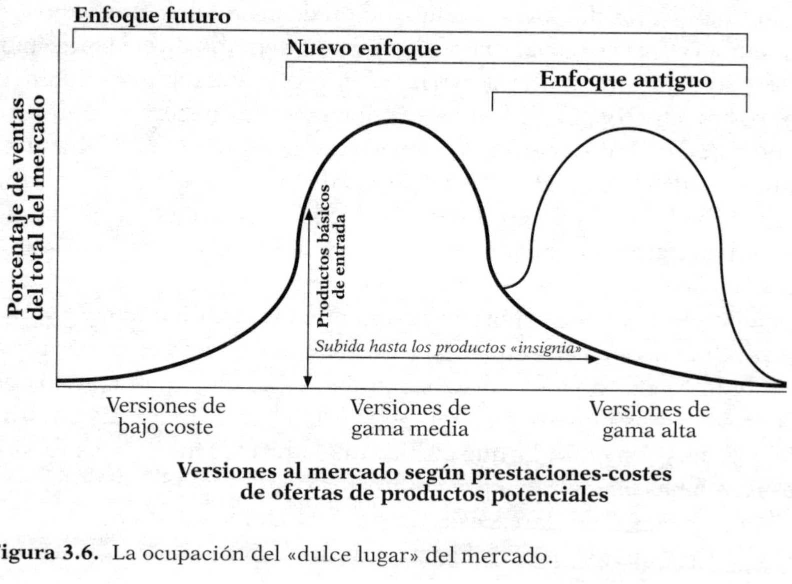

Figura 3.6. La ocupación del «dulce lugar» del mercado.

La estrategia de la cabeza de playa: desplazamiento horizontal y escalada vertical

El poder de las plataformas llega a su punto culminante cuando el desplazamiento horizontal se combina con una escalada en vertical, que podríamos denominar como la «estrategia de la cabeza de playa» (véase la figura 3.7). En ella, la empresa desarrolla una plataforma de bajo coste, pero muy eficaz, así como los procesos para construirla con la máxima eficiencia, dirigida a un segmento determinado de los usuarios de gama baja. A partir de esa base inicial del mercado, los ingenieros aumentan, a continuación, las prestaciones características de la plataforma y añaden otros elementos diseñados para responder a las necesidades de otros segmentos. Se llevan también a cabo extensiones de la plataforma inicial hasta convertirla en la ideal para otros segmentos diferentes; también se efectúan nuevas extensiones con el fin de aumentar las funciones exigidas por los clientes de las versiones más elevadas en precio y prestaciones en el seno de los segmentos del mercado. Los medios disponibles para crear productos derivados y el bajo coste de los procesos de fabricación, desarrollados para competir en el mercado inicial, hacen posible que la empresa pueda ocupar nuevos sectores del mercado, situada en una posición de primacía por lo que se refiere al capítulo de costes.

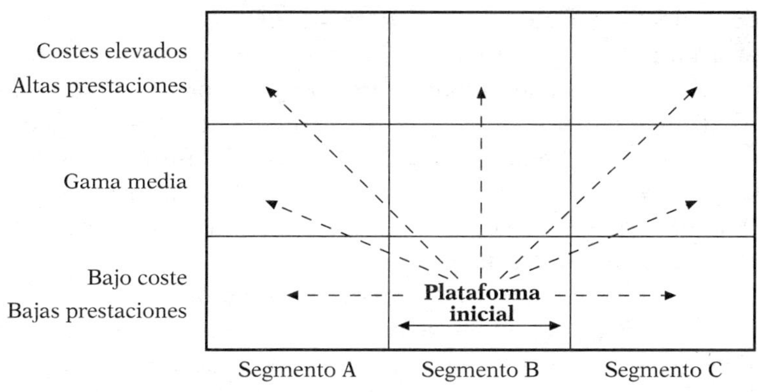

Figura 3.7. La estrategia de la cabeza de playa: desplazamiento horizontal y escalada vertical.

Los ordenadores Compaq

La Compaq Computer Corporation nos proporciona un ejemplo notable de la estrategia de la cabeza de playa. Compaq se introdujo en el negocio de los ordenadores personales en 1982 con una línea de esos productos, y se asentó rápidamente en ese sector sobre sólidos cimientos, superando los trescientos millones de dólares de ventas anuales en menos de dos años. A partir de esa base, la empresa presentó una corriente de nuevos productos dirigidos a otros segmentos del mercado y a numerosos niveles de precio y prestaciones, comenzando con una línea de PC para oficina, la serie Compaq Deskpro. Las ventas fueron aumentando con rapidez. En 1988, los ingresos anuales habían alcanzado los dos mil millones de dólares y, a finales de 1995, Compaq podía presumir de unas ventas cercanas a los quince mil millones de dólares, con beneficios cercanos a los ochocientos millones.[3] Sin embargo, y a pesar de ese crecimiento en las ventas y de la abundancia en la variedad de productos, los gastos en I + D de Compaq, para el año 1995, se situaban en una cantidad aproximada al 2 % de las ventas.

Un elemento clave en el éxito de Compaq consistió en su capacidad para desplazar plataformas y subsistemas clave a lo largo de diferentes sectores del mercado. La plataforma de producción del PC inicial para oficinas se creó, para la línea Deskpro, a comienzos de la década de 1980 y tenía como objetivo el mercado de microordenadores de las empresas, especialmente para un medio de PC conectados en redes. La figura 3.8 muestra que esta plataforma se centró en el mercado de las versiones de gama baja para satisfacer las necesidades de las medianas empresas y los pequeños negocios. A partir de la plataforma Deskpro se crearon numerosos productos derivados, incluido un servidor denominado Compaq Systempro. (Los servidores se utilizan como centros para compartir impresoras, para almacenar datos y programas en áreas de redes locales.) La propia plataforma Deskpro se perfeccionó a lo largo de la década de 1980 con microprocesadores más rápidos, con nuevos componentes de memoria y con una mejora de la electrónica.

Los primeros años de la década de 1990 fueron muy ricos por lo que se refiere a innovaciones de productos en el seno de la Compaq. Los ingenieros crearon la arquitectura de una nueva plataforma que

3. Las cifras han sido extraídas de Compaq Computer Corporation Annual Reports y de artículos de prensa.

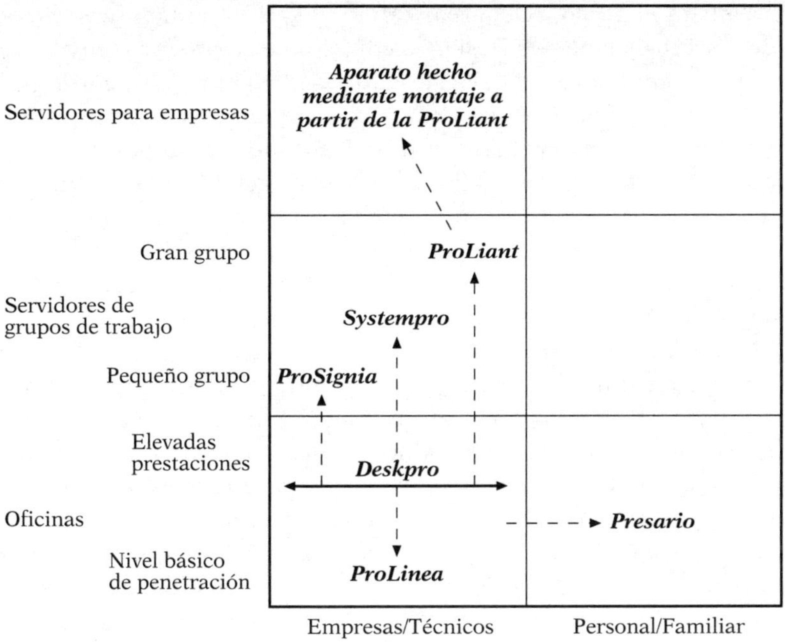

Figura 3.8. Parrilla de las plataformas para el mercado de Compaq.

no sólo pretendía sustituir la arquitectura de la Deskpro ya existente, sino también servir como base a cierto número de plataformas diferentes, dirigidas a ocupar nuevos sectores del mercado. Presentada en 1991, la nueva arquitectura contaba con un diseño muy modular, muy «abierto», que permitía tanto a Compaq como a sus usuarios perfeccionar con rapidez los aparatos al añadirles más memoria, procesadores más rápidos, discos de mayor capacidad, etc.

A partir del renacimiento de la Deskpro, y poniendo en práctica una política muy agresiva, Compaq creó nuevas plataformas que hicieron un uso intenso de los subsistemas de la plataforma Deskpro. En primer lugar, quedaron eliminadas ciertas características de la conexión a red de la Deskpro con el fin de crear la plataforma Compaq ProLinea, con el objetivo de cubrir el mercado formado por los pequeños negocios y por las entidades familiares, y que se encontraba a la espera de que alguien viniera a ocuparlo. La propia plataforma ProLinea se mejoró y se la desplazó horizontalmente para crear otra más, dirigida ésta a cubrir de manera exclusiva el mercado familiar: se trató de la línea Presario.

Al mismo tiempo, se iba realizando un desplazamiento ascendente de los subsistemas de Deskpro, con el objetivo de crear una plataforma formada por un nuevo servidor más potente para el mercado ocupado por las grandes empresas: era la plataforma Compaq ProLiant. Los aparatos ProLiant eran susceptibles de aceptar múltiples microprocesadores «dentro de la caja». Una versión a escala inferior de la plataforma ProLiant, etiquetada como la Compaq ProSignia, iba dirigida a ocupar el mercado en rápida progresión formado por pequeños grupos de trabajo de treinta ordenadores, o incluso menos, conectados en red a un servidor.

Recientemente, Compaq ha comenzado a introducirse en el campo de las versiones más elevadas del mundo de la gran corporación. Utilizando la ProLiant como un subsistema clave, la empresa creó un sistema que permitía el montaje por componentes de versiones de la ProLiant que se ensamblaban entre sí. Integrados de esta manera, un número suficiente de servidores ProLiant ofrecen una enorme potencia con una mayor flexibilidad y a precio más bajo que la solución tradicional de los superordenadores. En resumen, Compaq representa un caso notable de desplazamiento de la plataforma, tanto en sentido vertical en el interior de cada segmento como en sentido horizontal, entre esos mismos segmentos.

La empresa de mobiliario Hon

No es necesario quedarse recluidos en el mundo de la alta tecnología para encontrarnos con empresas que han utilizado una «cabeza de playa», a todo lo largo de la base de la parrilla de las plataformas para el mercado, con el fin de invadir el campo de otras versiones y segmentos. La industria de mobiliario de oficina, dominada por Steelcase, Herman Miller, Haworth, Westinghouse y Knoll, nos ofrece un buen ejemplo de «baja tecnología». Durante décadas, estos fabricantes dirigieron sus esfuerzos a fabricar productos de las versiones de gamas elevada y media, dejando en buena medida sin cubrir el mercado de productos de gama baja.

Hon había participado también durante algunos años del negocio del mobiliario para oficinas. Sin embargo, en la década de 1990 se convirtió en un competidor formidable al plantearse como objetivo cubrir las necesidades del mercado de la gama inferior, mediante productos que se basaban en un coste bajo, en arquitecturas de plataformas modulares y en procesos de fabricación de gran eficiencia. Al

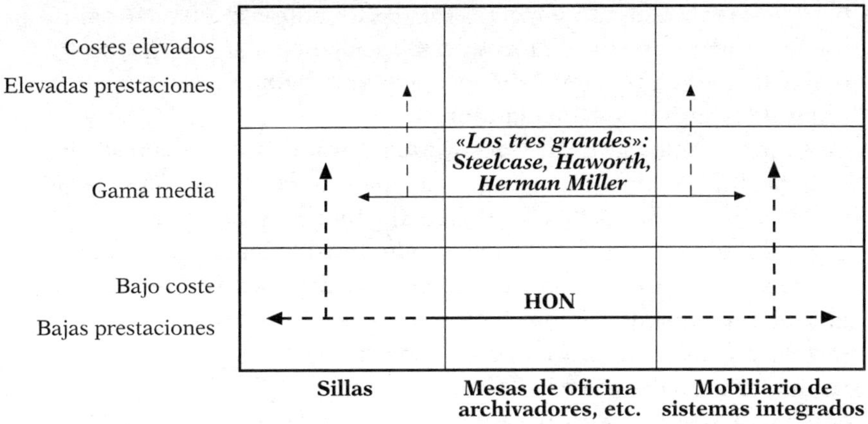

Figura 3.9. Parrilla de la plataforma de muebles de oficina para el mercado.

mismo tiempo desarrollaba su capacidad de distribución con la finalidad de servir a ese amplio mercado. La figura 3.9 nos muestra la estrategia de la plataforma de Hon comparada con la de aquellos líderes tradicionales del mercado.

La estrategia de la plataforma de Hon tradujo en elevados beneficios lo que muchos habían considerado como un negocio que dejaba estrechos márgenes de ganancia. Utilizó esos beneficios para ensanchar su cabeza de playa, mediante la compra de un selecto grupo de empresas de mobiliario de oficina que habían penetrado desde hacía tiempo en los sectores de ese mercado, en las gamas altas y medias, con marcas muy conocidas. A partir de la adquisición de esas marcas, Hon salió de los segmentos de gama baja y comenzó a penetrar en los sectores del mercado de muebles de las gamas más elevadas. Es decir, Hon hizo uso de sus capacidades, empleadas en las versiones inferiores, para revitalizar las marcas adquiridas, mediante una mayor modularidad y con unos costes de fabricación mucho más bajos. Hasta la fecha, los resultados han sido impresionantes. Hace diez años, Hon se encontraba situada en el puesto doce del mercado interior. Hoy es la cuarta.

Ganar dinero en la gama alta: EMC

Sería bastante infantil considerar que el establecimiento de una cabeza de playa en las versiones con escasas prestaciones y precios bajos es el único camino hacia el éxito. Las empresas que han centrado sus esfuerzos en los sectores del mercado de mayores prestaciones han disfrutado igualmente de un gran éxito mediante estrategias basadas en la utilización de plataformas.

Consideremos la EMC Corporation, un fabricante líder de sistemas de almacenamiento a gran escala para ordenadores. Inaugurada en 1979 por Richard Egan y Roger Marino, esta empresa se dedicó casi toda una década a fabricar productos destinados a añadir memoria a los miniordenadores. Uno de sus éxitos en los primeros años de vida fue una línea de productos de 64KB chips de memoria que se instalaron en los miniordenadores de Prime y de Hewlett-Packard. A mediados de la década de 1980, EMC comenzó a fabricar sistemas de controladores de discos para miniordenadores. A finales de la década, la empresa había facturado una cifra de ventas próxima a los doscientos millones de dólares.

El año 1990 marcó el punto de partida de EMC. Sus ingenieros lanzaron al mercado una nueva línea de productos: la Symmetrix. Esta familia de productos ofrecía sistemas de almacenaje a gran escala para los superordenadores de IBM. En esa época, el mercado de equipos de almacenaje de superordenadores suponía aproximadamente unos cinco mil millones de dólares de ingresos, de los que alrededor del 90 % correspondían a IBM. El entonces vicepresidente ejecutivo de mercadotecnia describía como sigue el empuje en técnicas de mercado realizado por su empresa: «Fuimos la primera empresa en lanzarnos al ruedo y mostrar a los agentes de información que todos los datos no habían sido creados de la misma manera. Algunos necesitaban un acceso rápido en lugar de un cien por cien de tolerancia a los defectos».[4] La meta de Symmetrix consistió en ofrecer unas prestaciones sin posible paralelismo por lo que se refería a la velocidad de acceso a la información, y lo conseguiría mediante la integración de una tecnología de *software* de la propia EMC con componentes de gran utilidad.

Detrás de la nueva familia de productos Symmetrix se encontraba una sólida plataforma de producción. Los dos pilares básicos de esta plataforma fueron el ICDA de EMC (Series de Caché de Disco Integradas, es decir, el subsistema de almacenaje) y el MOSAIC:2000 (la arquitectura global de la plataforma). Lo maravilloso de la arquitectura de esa plataforma consistía en que permitía que un gran núme-

4. Harold Ano, citado en Teri Prior, «EMC: Donnybrook Champs», *Upside Magazine* (septiembre de 1994), págs. 36-51.

ro de discos se pudieran añadir de manera flexible al sistema de almacenaje de EMC con el fin de incrementar su capacidad. Los usuarios podían también pasar a diferentes cuadros de control capaces de hacer funcionar el sistema, por ejemplo, con diferentes protocolos de redes de comunicación. Todo ello permitía que distintos tipos de ordenadores y de redes se unieran con facilidad a un mismo sistema de almacenaje. Por tanto, los consumidores disfrutaban de la gran comodidad que significaba poder adaptar su sistema de almacenaje a diferentes clases de ordenadores colocados en su red en cualquier momento.

Cuando EMC se introdujo, en 1990, en el negocio del sistema de almacenaje para superordenadores, con el Symmetrix, sus competidores del momento (en especial IBM) trataban de actuar en buena medida a través de componentes de *hardware* especializados, sobre todo con el disco de 14 pulgadas denominado SLED (discos únicos, grandes y caros). EMC afrontó el problema de manera radicalmente diferente. La investigación universitaria había estado explorando la utilización de la llamada tecnología RAID (series redundantes de discos baratos).[5] El equipo gestor de EMC consideró que RAID era la gran oportunidad de derrotar a los sistemas de almacenaje SLED, tanto en calidad como en costes.

En primer lugar, los ingenieros de EMC diseñaron una plataforma que permitiera el uso de series de discos de 5,25 pulgadas, muy fáciles de conseguir de los proveedores. Este hecho comenzó a reducir ya los costes de materiales. En segundo lugar, los ingenieros acoplaron esos pequeños discos a un sólido elemento de memoria utilizado como *caché*, es decir, como depósito, en la parte anterior del sistema de almacenaje. En tercer lugar –y quizás haya sido éste el mayor valor añadido de EMC–, los ingenieros desarrollaron un sistema de *software* altamente inteligente, conocido como el depósito de algoritmos, con el que no sólo se tenía acceso a los datos usados más recientemente, sino que podía incluso anticipar aquellos otros datos de los que era más probable que se necesitasen a continuación, basándose en el análisis de usos anteriores. En cuarto lugar, EMC incorporó a su plataforma una tecnología que permitía que determinados componentes, tales como discos o cuadros de control, pudiesen introducirse, sacarse o intercambiarse en sus sistemas mientras los aparatos se-

5. R. H. Katz, G. A. Gibson y D. A. Patterson, «Disk System Architectures for High Performance Computing», *Proceedings of the IEEE*, vol. 77 (diciembre de 1989), para los años 1942-1958.

guían todavía funcionando. Éstos eran, entonces, los principales sillares constructivos: series de pequeños discos, el depósito (*caché*) de memoria, el depósito de algoritmos y el conjunto de componentes intercambiables. La integración de todos esos elementos dio como resultado la arquitectura de una plataforma altamente modular y muy flexible –la MOSAIC:2000 a la que nos hemos referido anteriormente– que permitió que los sistemas de almacenaje de EMC sufrieran una rápida expansión a medida que iban cambiando las necesidades de los clientes.

La modularidad de la plataforma Symmetrix le permitió a EMC ofrecer un aumento de funciones desde sus sistemas de nivel básico hasta alcanzar series de sistemas cada vez más potentes. En el momento de redactar este trabajo, la empresa está vendiendo una serie de productos de almacenaje para superordenadores de nivel básico (la 5100), otra para sistemas de nivel medio (la 5200) y otra más para sistemas de gran capacidad y altas prestaciones (la 5500), todas ellas con una capacidad de almacenaje que se mide en *terabytes* (ocho billones de bits). Durante los últimos cinco años, los ingenieros de EMC han mejorado sustancialmente el funcionamiento de sus sistemas Symmetrix; la empresa ha anunciado recientemente el incremento en un 58 % de la velocidad de acceso en la serie de la gama superior, la Symmetrix 5500.

Estos sistemas se han convertido en la principal máquina de hacer dinero de EMC. En lugar de tratar de ofrecer mejores precios que IBM, EMC vende los sistemas a un precio un 25 % más elevado que los niveles de la compañía rival; precisamente la cualidad de funcionamiento de sus sistemas respalda esos precios más elevados. En 1992 se comenzaron a acelerar las ventas de la línea Symmetrix. La participación de la empresa en el mercado de sistemas de almacenaje para superordenadores había crecido hasta un 5 %, con un volumen de ventas que alcanzaban los trescientos ochenta y seis millones de dólares. En los años que siguieron a éste, EMC consiguió poner toda esa industria patas arriba. Al acabar 1994 la empresa dominaba ya un 40 % del mercado, y un año después sus ingresos habían aumentado un 39 % sobre los del año anterior, hasta alcanzar los mil novecientos millones de dólares, con unos beneficios netos de doscientos cincuenta y seis millones. La adaptación de superordenadores como servidores de gran capacidad para Internet o para la empresa interior «Intranets» promete continuar el crecimiento de esta línea de productos. Como muy bien hacía notar un observador de la industria, «EMC comprendió que podía trasladar su potente ingeniería al capítulo de la memoria de la estructura para cubrir las necesidades de almacenaje diario mediante la incorporación de una tecnología (de discos) en serie. Podía tomar un producto como el disco de 5,25 pulgadas, combinarlo con una unidad de control de la estructura y proporcionarle un depósito de memoria suficiente con el fin de presentar a los consumidores un producto que pudiera vanagloriarse de tener una velocidad de recuperación de datos casi igual a la de los superordenadores, superando la velocidad electromecánica del SLED».[6]

En 1994, EMC presentó una segunda familia de productos, la línea Harmonix, que tenía como objetivo el mercado de los AS/400. Los AS/400 constituían la gama media de ordenadores de IBM. A finales de 1995, estos ordenadores mantenían el segundo puesto en el capítulo de ingresos en dólares de la industria informática. Siguiendo el enfoque de la plataforma general, EMC creó el Harmonix utilizando la arquitectura del MOSAIC:2000 y adoptando muchos de los subsistemas clave que se habían desarrollado en la línea Symmetrix. A esta base tecnológica, EMC añadió a continuación módulos de *software* y tecnología específicos diseñados para ocupar el entorno de los AS/400. Si pensamos en nuestra estructura, la familia Harmonix constituía una clásica extensión de la plataforma del Symmetrix.

También en ese mismo año 1994, EMC presentó sistemas de almacenaje dirigidos al mercado de los «sistemas abiertos» (ordenadores que funcionaban utilizando sistemas operativos que no eran de su propiedad, tales como el Unix). Haciendo uso una vez más de la arquitectura de la plataforma general existente y muchos de los subsistemas clave del Symmetrix, esta nueva línea –denominada Centriplex– podía servir como almacén central de datos para las estaciones de trabajo, basadas en los sistemas RISC, de IBM, HP, DEC y Sun Microsystems, entre otros. A todo ello habría que añadir que los PC que funcionan con Windows NT o con OS/2 podían también acoplarse a Centriplex. En el momento de redactar este texto, EMC se halla también reintegrando el *software* especializado y la electrónica de sus unidades de almacenaje de sistemas abiertos a los productos centrales de Symmetrix. En otras palabras, esa empresa trata de que Symmetrix se comporte como una fuente única para cubrir todas las necesidades de almacenaje centralizadas de los nuevos y heterogéneos sistemas informáticos.

6. Carl Greiner, grupo Meta (Stamford, CT), citado en Prior, «EMC: Donnybrook Champs».

EMC constituye un caso extraordinariamente exitoso de una empresa que, primero, estableció una plataforma de «cabeza de playa» en el sector del mercado ocupado por las versiones más elevadas y, a continuación, trasladó la plataforma a los sectores de gama media y a segmentos del mercado enteramente nuevos. Podemos observar la estrategia de esa plataforma de EMC en la figura 3.10. Su poder la ha conducido hasta alcanzar una victoria decisiva sobre lo que durante mucho tiempo se había considerado como feudos de IBM, Amdahl e Hitachi. Estos competidores se han visto obstaculizados en su respuesta colectiva a EMC por cierto número de factores: la necesidad de usar componentes fabricados en sus propias factorías, como camino hacia el «gran» proyecto, así como importantes demoras de tiempo asociadas a estructuras enormemente burocratizadas. Un competidor más pequeño, Storage Tek, ha adoptado una arquitectura similar a la de la EMC y está tratando de ganarse una calidad com-

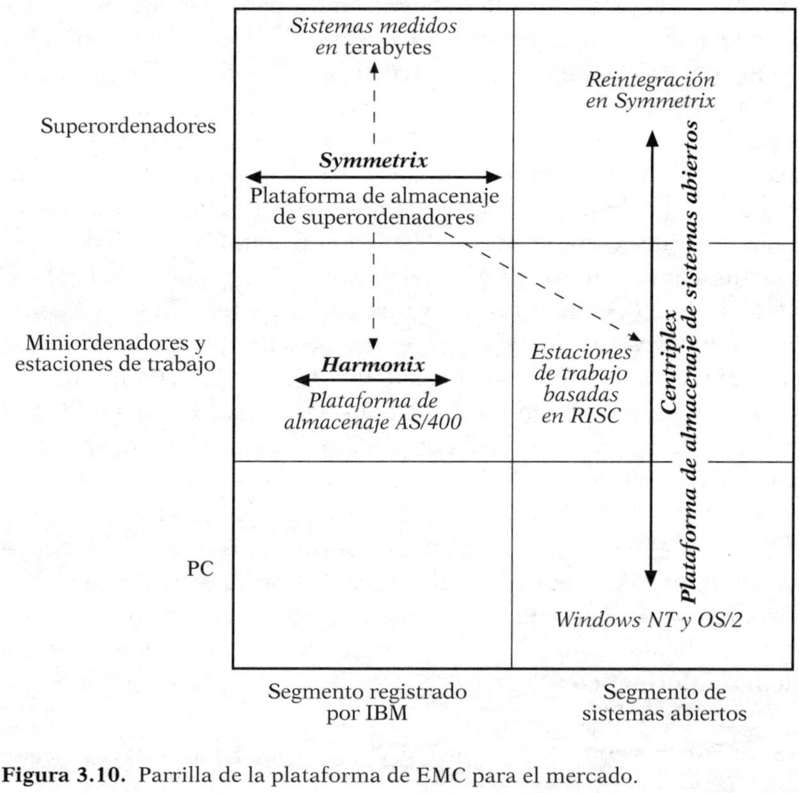

Figura 3.10. Parrilla de la plataforma de EMC para el mercado.

petitiva con su propia tecnología RAID. Sin embargo, es evidente que esta empresa aún no ha dicho la última palabra. Continúa aumentando la capacidad y rapidez de sus productos, con el fin de mejorar los sillares fundamentales de la plataforma, y para trasladarla a aplicaciones nuevas en mercados emergentes, como el de las superautopistas de la información.

De una forma más general, la historia de EMC muestra que, dedicando tiempo suficiente a desarrollar de manera reflexiva sólidas plataformas de producción –plataformas capaces de ofrecerle al consumidor valores sin paralelo mediante enfoques técnicos nuevos–, estos empresarios pueden llegar incluso a desafiar a los gigantes de sus respectivas industrias.

El regreso al nivel básico

Son numerosas las empresas que no ocupan los sectores de las gamas inferiores en costes y prestaciones de sus propios mercados. Si ese «dulce lugar» del mercado, adecuado a tus propios negocios, no se encuentra todavía en los sectores inferiores, convéncete de que algún día llegará un advenedizo que se las ingeniará para operar en esa zona consiguiendo beneficios. Eso fue precisamente lo que sucedió en el mercado tradicional de mobiliario para oficinas, que fue invadido por Hon con productos de bajo coste y escasas prestaciones dirigidos a los usuarios de oficinas con mentalidad espartana. Ha ido sucediendo una y otra vez a lo largo de la historia de la industria, por ejemplo, cuando Volkswagen presentó el «escarabajo» para cubrir así las necesidades de un mercado barato o, más tarde, con Honda y Toyota. Brother llevó a cabo la misma operación en el mundo de la electrónica, mientras que IBM y otros fabricantes se centraban en los sectores de gamas más elevadas. Ocurrió también lo mismo con la temprana fama adquirida por Timex, seguida posteriormente por Casio. Lo que da miedo a los fabricantes de productos de las gamas medias y altas es, evidentemente, el hecho de que, sencillamente, los productores de gamas inferiores hagan ascender sus plataformas para invadir así los segmentos de las gamas altas.

Con el fin de combatirlo, la gerencia empresarial necesita investigar formas de operar con beneficios en los sectores inferiores del mercado, y no es posible hacer frente a ese desafío revisando los productos de uno en uno. Puede que se haga imprescindible el uso de nuevas tecnologías de producción, nuevos materiales, procesos de fabricación e, incluso, nuevas estructuras de distribución. Todo eso puede exigir también la contratación de nuevos talentos en el campo de la técnica y, quizá, nuevos gestores. Tanto la dificultad como el premio por regresar nuevamente a los niveles básicos del mercado quedan ilustrados quizá de la mejor manera posible en el renacimiento de la industria relojera suiza.

Desde la fabricación de los relojes para las iglesias en la Baja Edad Media hasta la invención de la tecnología del cuarzo en 1968, los suizos han sido identificados siempre con el liderazgo en la precisión de la medición del tiempo. Esa larga tradición llegó casi a su fin en la década de 1970 cuando relojes de bajo precio y buena calidad, fabricados por Casio, Seiko y otras empresas procedentes de Asia, consiguieron hacer descender la cuota suiza del mercado de Europa y América del Norte desde el 80 al 44 %. Lo mismo que había sucedido una década antes con los fabricantes de artículos de consumo electrónicos americanos, los suizos fueron abandonando un mercado tras otro a manos de sus competidores asiáticos: primero el mercado de productos de gama inferior, a continuación el de gama media. En el momento en que se recluyeron en el sector más pequeño y de precios más elevados, los productores asiáticos se consolidaron en los mercados abandonados, consiguiendo economías de escala en ese proceso.

Los relojes asiáticos obligaron a los fabricantes suizos a retirarse poco a poco hacia los sectores del mercado caracterizados por los elevados precios y el escaso volumen. A finales de la década de 1970, los suizos habían perdido prácticamente su cuota de participación en el mercado ocupado por los relojes de un precio inferior a los setenta y cinco dólares y estaban librando una guerra defensiva por aquel otro mercado, mucho más pequeño, que iba de los setenta y cinco a los cuatrocientos dólares. Según nos muestra la figura 3.11, el único mercado que dominaban con entera autoridad era el ocupado por la parte más elevada de la pirámide.

Las empresas suizas se veían a sí mismas ocupando la estrechísima cima de la montaña de fabricación de relojes, aisladas de las corrientes más amplias en circulación en la industria del momento e incapaces de conseguir nada que las aproximara a economías de escala. Era evidente que estaban obligadas a hacer algo extraordinario si esperaban volver a ganar el liderazgo en aquel negocio del que habían sido inventores.

La visión del cambio vino del doctor Ernst Thomke, presidente de ETA S.A., empresa subsidiaria de la Societé Micromécanique et Hor-

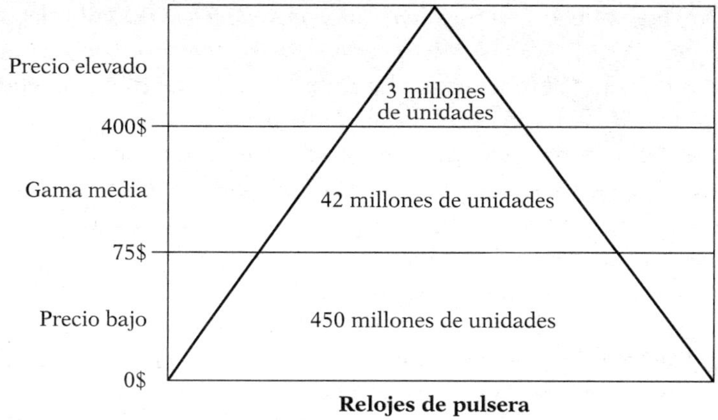

Fuente: a partir de datos de William Taylor, «Message and Muscle: An Interview with Swatch Titan Nicolas Hayek», *Harvard Business Review* (marzo-abril de 1993), pág. 103.

Figura 3.11. Unidades del mercado total de relojes de pulsera según precios.

logère (SMH), que defendió la creación de un reloj de cuarzo, barato, preciso y de plástico extraplano, con características de alta calidad. ¿Barato? ¿De plástico? Esos conceptos no se encontraban en el vocabulario de los relojeros suizos. Pero varios años de continuas pérdidas y de diferentes fusiones a la desesperada contribuyeron a ofrecer apoyo a las ideas de Thomke.

Un ejecutivo suizo en particular adoptó las ideas de Thomke para volver a darle forma al rostro de aquella industria. Nicolas Hayek asumió el control de SMH, el mayor fabricante de relojes de Suiza, a comienzos de la década de 1980. En ese momento, la firma estaba perdiendo unos ciento veinticuatro millones de dólares, con un volumen de ventas de mil cien millones. Lo mismo que Thomke, Hayek defendía la creación de un reloj de plástico que pudiera ser, a un tiempo, barato y preciso. Debería diseñarse sobre una plataforma que produjera a bajo precio, utilizando para ello de una tercera parte a una mitad de las piezas que componían los relojes de cuarzo comparables.[7] Un proceso de moldeado de plástico de alta precisión podía montar sus pequeños subcomponentes sin la necesidad de usar tornillos u otras piezas de ese tipo.

7. Como se afirma en la página personal en Internet de Swatch, sus relojes tienen de promedio unos cincuenta componentes, cuando la media de la industria de relojería se encuentra en unos ciento cincuenta.

Pero Hayek llevó aún más lejos la visión de Thomke. El nuevo reloj –el «Swatch» (Swiss *watch*, o reloj suizo)– incorporaría rasgos de distinción que le diferenciarían claramente de las baratas importaciones asiáticas. Como más adelante diría Hayek, «el elemento más importante del mensaje de Swatch era la dificultad de que otros pudieran copiarlo. En definitiva, no estamos sólo ofreciendo relojes. Ofrecemos nuestra propia cultura personal».[8] Los nuevos relojes tenían un diseño de formas y colores que les colocaban aparte de cualquier otra cosa que se pudiera conseguir en aquel momento. El uso de materiales plásticos facilitó la aparición de un nuevo y excitante enfoque de diseño industrial, así como la utilización de vivos colores en la carcasa, la chapa y las agujas de los relojes.

Utilizando lo mejor del diseño europeo contemporáneo, SMH comenzó a producir casi ciento cuarenta nuevos modelos de Swatch por año: algunos muy elegantes por su sencillez, otros caprichosos y sorprendentes. En 1992, SMH había conseguido doscientos ochenta y seis millones de dólares en beneficios, con un total de ventas que llegaban a los dos mil cien millones de dólares. En 1993 había producido casi veintisiete millones de «swatch».

Swatch consiguió que los fabricantes de relojes suizos fueran capaces de superar tanto las discontinuidades técnicas como las del mercado, y contribuyó a recuperar mercados que se habían perdido con anterioridad en favor de los competidores asiáticos. Para sorpresa prácticamente de todo el mundo, venció a los relojeros asiáticos, al tiempo que fabricaba relojes en el país con salarios más elevados del mundo, donde, como decía Hayek, «el secretario de inferior rango gana más que el más importante ingeniero de Tailandia o Malaysia».[9]

Además de aportar un nuevo nivel de emoción a la tradicional industria relojera, SMH buscó también el desplazamiento de la tecnología de su plataforma hacia nuevas categorías de productos. Por ejemplo, SMH ha colaborado con la empresa MobilComm, de Estados Unidos, en el desarrollo del Swatch Piepser, híbrido con las funciones de «busca» y de reloj, y que no ocupa un volumen superior al del reloj convencional Swatch. Ésta y otras aventuras recientes de parecido signo han servido para confundir aún más a los competidores de SMH: «¿Qué harán la próxima vez?».

8. William Taylor, «Message and Muscle: An Interview with Swatch Titan Nicolas Hayek», *Harvard Business Review* (marzo-abril de 1993), pág. 103.
9. *Ibíd.*, pág. 99.

El éxito de SMH en su empresa por volver a ocupar el amplio mercado de productos de gama baja confirma lo que se puede llegar a conseguir cuando los fabricantes se dedican a pensar en sus plataformas y en los procesos que emplean, utilizando para ello la creatividad.

Un procedimiento para definir la estrategia de la plataforma de su propia empresa

Después de haber presentado diferentes planteamientos de estrategias de la plataforma, estamos ya en condiciones de sugerir los pasos que deben dar los equipos de administración para definir su propia estrategia, partiendo de la perspectiva de las familias de productos y de las plataformas de producción.

El primer paso, previo a todos los demás, consiste en reunir un equipo multidisciplinar, compuesto por talentos en el campo de la ingeniería, de la mercadotecnia y de la manufactura. Nuestra propia experiencia nos dice que, mientras que habitualmente no supone un problema identificar y conseguir tecnólogos notables para que participen en la renovación de una línea de producción, a menudo es difícil hacerse con los servicios de expertos en mercadotecnia de parecidas cualidades –personas capaces de prever las necesidades de los clientes y de validar esas previsiones con profundos estudios de mercado–, y ello exige la intervención del consejo de administración. Los esfuerzos del equipo deben dirigirse, a continuación, a seguir los siguientes pasos.

Fase 1. Los segmentos del mercado

El primero de los pasos consiste en determinar los principales segmentos del mercado, así como los sectores según precios y prestaciones, con el fin de construir una parrilla de segmentación del mercado en sectores tomados a nivel individual, similar a las que hemos ido mostrando anteriormente en este mismo capítulo. Una vez más, esos principales segmentos del mercado (es decir, los diferentes grupos de clientes) se colocan en el eje horizontal, al tiempo que los sectores según precios y prestaciones van siguiendo el eje vertical, de ordenadas. Es importante adelantarse al momento e incorporar los segmentos emergentes junto a los ya existentes. Una definición «del negocio» excesivamente estrecha limitará el potencial comercial de las nuevas iniciativas de la plataforma.

Fase 2. La identificación de las áreas de crecimiento

El siguiente paso consiste en determinar las oportunidades de crecimiento de esos segmentos y sectores tomados uno a uno. Para cumplirlo, es necesario que el equipo de administración reúna cinco clases de datos para cada uno de los sectores del mercado: a) el volumen de ventas corriente; b) la propia participación en el volumen total de ese sector; c) la tasa de crecimiento esperado en los próximos cinco años (un tiempo inferior a los cinco años se considera insuficiente para planificar los desarrollos de una nueva plataforma y sus productos derivados); d) los competidores líderes en cada uno de los sectores respectivos; y e) las tendencias de las necesidades del cliente en cada uno de los sectores. Todos juntos, esos datos están en disposición de ofrecernos un cuadro claro de las oportunidades que ofrecen los mercados.

Fase 3. La definición de las plataformas en curso

El tercer paso consiste en definir las principales plataformas de producción de su empresa y en qué lugar de la parrilla de segmentos del mercado se sitúa «su papel». No siempre es tarea fácil definir una plataforma de producción para un negocio determinado. Líneas de producción diferentes pueden basarse en una única plataforma de producción; o una única línea de producción puede utilizar numerosas plataformas. En tales casos, el uso de diagramas de los «sillares» constructivos de alto nivel (que nos muestran los subsistemas y las interfaces comunes para un abanico de productos derivados), puede ser de gran ayuda para definir la plataforma. Una vez que han sido identificados los principales subsistemas, se nos clarificará bastante hasta qué punto las diferentes plataformas comparten esos subsistemas y procesos manufactureros en el seno de la cartera de productos global. Este paso contribuirá a determinar si su empresa desplaza los subsistemas clave a lo largo de los diferentes segmentos del mercado, o si se trasladan siguiendo el eje vertical por sectores de precios y prestaciones. Los ejemplos que hemos ido utilizando hasta el momento se han centrado, en buena medida, en productos, equipos y sistemas manufactureros o de consumo; si su empresa fabrica *software* o si se trata de un negocio dedicado única y exclusivamente a ofrecer servicios, la definición de las plataformas para su negocio concreto es posible que no haya quedado todavía muy clara. En el capítulo 7 nos centraremos en las definiciones de plataformas y en la gestión de familias de productos para *software*, y en el capítulo 8 relacionaremos estos conceptos con los productos de información.

Si sintetizamos los resultados de esta fase con los de la precedente, se observará si es cierto que su empresa está concentrando los principales esfuerzos en sectores del mercado en constante crecimiento, en lugar de en aquellos otros que apenas crecen o que no lo hacen en absoluto.

Fase 4. El análisis de los productos de la competencia

El cuarto paso consiste en conocer hasta qué punto sus plataformas de producción existentes, así como sus respectivos productos derivados, están en disposición de enfrentarse a los de la competencia. En cada uno de los sectores del mercado, debe usted indicar el grado de funcionalidad, el coste y la calidad de los productos de la competencia en relación con los suyos. El objetivo será aquí el de identificar las principales tendencias en cuanto a prestaciones y costes que pueden convertir sus productos en significativamente superiores o inferiores a los de la competencia. En el capítulo siguiente explicaremos la manera de conseguir productos competitivos caracterizados por un elevado nivel de detalle.

Fase 5. Tener en cuenta las iniciativas de futuras plataformas

¿Qué clase de iniciativas nuevas y atrevidas podría plantear su empresa en relación con sus propias plataformas de producción? ¿Podría conseguir una nueva plataforma que la empresa se volviera competitiva en los sectores de sus segmentos del mercado ocupados por las gamas inferiores en precio y prestaciones, como en los ejemplos de Swatch y Hon? ¿O existen oportunidades para aplicar los conceptos de desplazamiento horizontal y vertical?

Añadamos una fase adicional consistente en considerar los productos del nivel inicial que se puedan derivar de las iniciativas de una nueva plataforma. ¿Cuál debería ser su característica clave de prestaciones y precio? Éste sería el primer elemento en un mapa de una familia de productos que mire hacia el futuro. Además, ese mismo mapa debería tener en cuenta también que ha de contemplar ese futuro a cinco años vista. La figura 3.12 constituye una guía útil. Muestra el primer desarrollo de la nueva plataforma, un producto derivado al nivel inicial de esa plataforma, y extensiones de la nueva plataforma con sus correspondientes productos derivados, también a nivel inicial. Debemos recordar que una extensión tiene lugar cuando uno de los subsistemas principales de una plataforma de producción se ve sometido a un cambio sustancial o es sustituido para incorporar nuevas tecnologías o para cubrir las necesidades de un nuevo grupo de clientes. Por tanto, cada uno de los sectores del mercado existentes en su parrilla de segmentación del mercado, a los que debe dirigirse la nueva plataforma, puede exigir su propia extensión de la plataforma.

La estrategia de la plataforma puede, entonces, impulsar el desarrollo de esa misma plataforma. El próximo capítulo nos mostrará cómo convertir en realidades esas proposiciones de la plataforma, mediante una combinación de investigación y desarrollo tecnológico y de mercados.

PONER «LA PIEL EN JUEGO»

Regresemos ahora a la forma de actuar para poner en práctica la estrategia de un nuevo producto. Numerosas corporaciones necesitan recuperar el espíritu empresarial de sus primeros tiempos: ganar en agilidad, conseguir la excelencia competitiva en tecnología y tener capacidad para desplazar los recursos comunes de unos productos a otros.

La actuación que proponemos para poner en práctica la estrategia de un nuevo producto cuenta con un sencillo principio guía: dejar anticuados los propios productos mediante su sustitución por otros mejores, debido a la continua renovación de la plataforma de producción. Aunque se puede convertir en una situación amenazadora para algunos de los empleados, los clientes y los distribuidores prefieren, por lo general, tratar con innovadores poderosos capaces de presentar mejores productos en el futuro.

Como idea que resume todo lo anterior, los equipos gestores de las empresas deben conseguir plataformas de producción poderosas mediante la estandarización, la modularidad y los beneficios económicos que supone el proveerse de componentes para sus subsistemas comunes en un volumen mucho mayor. Deben también diseñar las plataformas de producción con la mirada puesta en su capacidad de competir, obteniendo beneficios en aquellos sectores del mercado

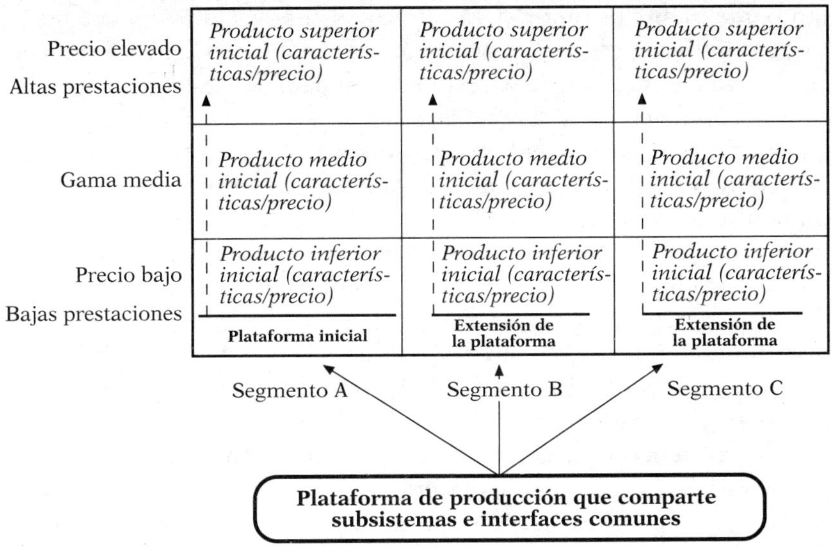

* Ejemplo hipotético de una estrategia de cabeza de playa para un mercado inicial de productos de gama baja. Ciertamente serían también posibles enfoques iniciales en sectores de productos de gama alta o superior.

Figura 3.12. Planificación de una familia de productos: definición de la plataforma inicial, de las extensiones de la plataforma y de los productos iniciales en los diferentes sectores del mercado.

ocupados por artículos de bajo precio y prestaciones limitadas, y en hacerlos escalar hasta las gamas de productos más caros, basándose en subsistemas y en procesos de fabricación comunes. Son muchas las empresas que han ido abandonando a otras firmas aquellos sectores del mercado ocupados por los productos bajos en precio y prestaciones, aunque precisamente en esos sectores, muy a menudo, el mercado presenta mayor tendencia al crecimiento.

Esta manera de actuar –caracterizada por la renovación de productos, la simplificación del negocio y el afán por competir en los sectores del mercado de más bajo coste y mayor volumen– puede llegar a significar un desafío a la burocracia y a la sabiduría tradicional de su empresa por lo que se refiere a los productos, la manufactura y la distribución. Se trata de una actuación que coloca una prioridad renovada en la propia capacidad interna de la empresa para conocer los cambios que ocurren en los mercados y para innovar continuamente en producción y en tecnología manufacturera. Es insuficiente tomar como base el volumen de compras procedentes del exterior en tanto que fuente primaria para introducir innovaciones en la empresa; esa innovación puede y debe proceder del interior. Esa forma de actuar plantea también la necesidad de que diferentes departamentos de la corporación consideren cuál sea la mejor manera de que puedan trabajar más estrechamente unidos, diseñando sus respectivas líneas de productos sobre la base de una plataforma y una tecnología manufacturera comunes.

Se considera vital que una empresa en expansión posea una cartera de producción en aumento. La reconsideración de esa cartera desde la perspectiva de las plataformas ofrece, sin embargo, una oportunidad única para volver a recoger el espíritu empresarial de la empresa al formular iniciativas decisivas que abarcan determinados productos, mercados y departamentos. El objetivo que domine tales iniciativas debería ser el de alcanzar un nuevo nivel de liderazgo en precios y costes para toda la cartera.

Eso no se puede conseguir sin la participación activa del consejo de administración. Por desgracia, hemos observado que los ejecutivos responsables del futuro de la corporación están habitualmente muy alejados de los productos nuevos. Pueden llegar a entusiasmarse con la iniciativa de fabricación de un producto determinado que les ha caído en gracia, pero es extraño encontrar ejecutivos que hayan «puesto en juego la piel» para ayudar a concebir y a apoyar el desarrollo y la introducción en el mercado de toda una nueva generación de productos.

Los ejecutivos tienen muchas otras responsabilidades: comprar otros negocios, ocuparse de Wall Street o aprobar importantes inversiones de capital para incrementar el volumen de los productos ya existentes. Sucede entonces con facilidad que quedan sin atender los propios clientes de la empresa y los nuevos productos que éstos necesitan. A su vez, esa situación hace descender las ganancias y convierte a Wall Street en un problema, que obliga, entonces, a la reingeniería del propio núcleo del negocio y a la adquisición de otras empresas con las que no se tiene relación alguna en mercados que se presentan ofreciendo mayores posibilidades. Se trata de un círculo vicioso.

Las estructuras de gestión, incluso las mejores, no son capaces de romper ese círculo. Sólo puede hacerlo un liderazgo ejecutivo. Una vez que el consejo de administración ha establecido una estrategia basada en la existencia de plataformas muy solicitadas por los mercados, el siguiente paso consiste en reunir un equipo que diseñe las nuevas plataformas y cree productos derivados a partir de ellas. El procedimiento para llevarlo a cabo constituye el tema del próximo capítulo.

4
LA ELEGANCIA DEL PRODUCTO CONSEGUIDA MEDIANTE EL DISEÑO

Los clientes reconocen la *elegancia* de diseño cuando contemplan o utilizan un producto. El aspecto del producto es agradable y está en consonancia con sus funciones. Es de fácil uso y cumple sus objetivos sin complicaciones. Si dispone de mandos para el usuario, tanto sus funciones como las operaciones que puede ejecutar se entienden fácilmente y se aprenden por sí mismas. La forma y la función poseen una total unidad. En *The Psychology of Everyday Things*, Donald A. Norman explica la diferencia entre productos pobres en diseño y aquellos que están bien diseñados desde el punto de vista del cliente:

> Los objetos bien diseñados son fáciles de interpretar y de comprender. Poseen guías de funcionamiento bien visibles. Los objetos pobres en diseño pueden llegar a ser difíciles de utilizar, al tiempo que frustrantes. Vienen sin guías y, cuando las proporcionan, en ocasiones son erróneas. Ponen trampas al usuario e impiden el normal proceso de interpretación y de comprensión.[1]

Los ingenieros reconocen también la elegancia de diseño, pero a un nivel más profundo, pues se centran más en las cualidades internas que en las externas: la adecuación de los materiales, la economía de los componentes y la facilidad con que se adaptan unos a otros y con que funcionan al unísono. Asimismo, los administradores encargados del proceso de manufactura distinguen la elegancia en el diseño al contemplar un aparato que exige un número de componentes mínimo y muy pocas fases de ensamblaje. Si el producto es una pieza de *software*, los ingenieros buscan interfaces de usuario que sean

1. Donald A. Norman, *The Psychology of Everyday Things*, Nueva York, Basic Books, 1988, pág. 2.

intuitivas, en las que las tareas sencillas sean fáciles de ejecutar y que, a partir de ellas, permitan al cliente realizar operaciones más complejas.

En suma, los productos bien diseñados alcanzan la elegancia tanto en la forma como en la función. Son eficaces, es decir, hacen lo que se supone que deben hacer y al usuario le parece que lo hacen con facilidad. Esto podemos observarlo hoy día en numerosos productos, tales como la maquinilla de afeitar Gillette Sensor, las impresoras de inyección de tinta de Hewlett-Packard, las cafeteras de Braun, el automóvil Lexus, el *software* de contabilidad personal Quicken y el Thinkpad de IBM, con su teclado «mariposa», por citar sólo unos pocos. En cualquier rama de la industria podemos encontrar productos que sean eficaces, al tiempo que elegantes.

En aquellas industrias dedicadas a la fabricación de productos de consumo, en las que esencialmente todos los artículos realizan las mismas funciones, la elegancia se encuentra ya en el propio proceso productivo. En este campo, las empresas consiguen ventaja si alcanzan una máxima eficiencia en la producción de los materiales, lo que redunda en una reducción del precio de venta del producto. Para los fabricantes de productos tales como, por ejemplo, los detergentes para lavadoras, la pasta dentífrica o el champú, el aprovechamiento de los materiales empleados y otras formas de optimización de la producción constituyen una de las piedras angulares de una dinámica sostenida de obtención de beneficios.

Los productos diseñados de forma elegante no aparecen sencillamente por casualidad. Son consecuencia de un proceso al que denominamos de *diseño compuesto*. La metodología del diseño compuesto trata de optimizar la arquitectura de una plataforma de producción mediante el análisis y el diseño de subsistemas que existen incluso en los productos más extraños. Definimos el diseño compuesto como *la identificación, el análisis (sobre la base de funciones y costes), la selección y la integración de subsistemas e interfaces para convertirlos en productos en los que se armoniza la forma y la función del sistema global*.

En los anteriores capítulos se ha insistido en la importancia que adquieren aquellas plataformas de producción sólidas que se renuevan de manera oportuna. Las plataformas de producción, y sus derivadas, creadas utilizando la metodología del diseño compuesto, poseen el potencial para alcanzar un auténtico liderazgo en precios y costes.

La importancia de optimizar la forma y la función de un sistema y de sus subsistemas e interfaces se puede observar en un producto tan sencillo como es una ratonera. La ratonera Victor, artículo familiar para numerosos lectores, se inventó en 1896 y no ha dejado de fabricarse desde entonces. Su más reciente configuración se patentó en 1913 y se ha convertido en el «símbolo» de las ratoneras. La figura 4.1 nos muestra este «sujeta ratones», así como la «trampa para ratas», producto derivado que se basa en la misma arquitectura de la plata-

Figura 4.1. Las ratoneras Victor para ratas y ratones.

forma. Para muchas personas, ambos productos constituyen las ratoneras mecánicas más sencillas y elegantes. Son baratas, de uso muy simple, siempre disponibles y muy precisas en su funcionamiento.

La ratonera Victor la produce una empresa de Estados Unidos, la Woodstream Corporation, que ha automatizado su fabricación hasta el punto de eliminar prácticamente todo el volumen de mano de obra. Woodstream protege cuidadosamente los procesos de fabricación que utiliza y no permite la presencia de observadores en su fábrica.

Como tantos otros, este producto cuenta con un sistema jerárquico que puede desmenuzarse en sus subsistemas componentes:

Subsistema	*Material*
base	pieza de madera rectangular
muelle	muelle de acero
placa de disparo	cobre bañado de acero
pieza de sujeción	muelle de cobre chapado en forma de alambre de acero
mordaza	muelle de cobre chapado en forma de alambre de acero
grapas	alambre de cobre chapado, dos tamaños
colores	rojo y negro
grapa de armar	alambre de acero

Es evidente que la forma final de la base de madera requiere un número significativo de fases en su procesado. El muelle necesita de un equipo de manufactura para darle forma al alambre, lo mismo que sucede con las demás partes metálicas. La máquina de ensamblaje del producto debe vérselas con una elevada complejidad, en la acción de unir los diferentes componentes, de orientarlos y de colocarlos en las cadenas de montaje. Ni qué decir tiene que esa máquina de ensamblaje debe ser una auténtica maravilla, fabricando millones y millones de ratoneras Victor cada año.

A pesar de su longevidad en los mercados, la ratonera Victor no está libre de defectos. La fuerza y la energía almacenada en esa ratonera puede causar lesiones a cualquiera que la haga saltar accidentalmente, por ejemplo, a la misma persona que está colocando la trampa, a un niño curioso o a cualquier animal doméstico de la familia. Más aún, el cebo debe estar muy bien colocado para asegurarse del adecuado funcionamiento del mecanismo de disparo. La placa que se dispara y amordaza a la presa queda fijada por un muelle muy fuerte que exige un tirón decidido para hacer saltar el mecanismo; por tanto, un ratón cuidadoso puede ir comiéndose el cebo sin llegar a hacer funcionar la trampa. Incluso cuando la trampa salta, los casi 180 grados de desplazamiento en arco de la mordaza de una Victor pueden ofrecerle, a un roedor ágil, la oportunidad de escapar.

Precisamente la identificación de estos problemas –es decir, el conocimiento de las características de la arquitectura de una plataforma existente, que provocan el descontento del usuario y que, por tanto, ponen al descubierto las necesidades latentes–, debería servir como objetivo prioritario en el diseño de una nueva plataforma.

En 1991, un inteligente inventor fue mucho más allá de la sencillez y eficacia de la ratonera Victor con su creación de la Better Mouse Trap, propiedad de y comercializada por Intruder, Inc. La figura 4.2 nos muestra la original ratonera Intruder y una trampa para roedores derivada de aquélla y que se basa en la misma plataforma de producción. Ambos productos constan únicamente de cuatro partes.

Subsistema	*Material*
mordaza inferior	plástico
mordaza superior	plástico
placa del gatillo/cebo	plástico
muelle elástico	acero

La manufactura de la ratonera Better Mouse Trap podría definirse como la propia sencillez en sí misma. Las partes plásticas se pueden fabricar en una fase única si se utiliza una matriz familiar. Sólo queda pendiente el etiquetado de la mordaza superior para acabar esas partes. Las fases de la manufactura se completan con el muelle elástico, elemento que se adquiere aparte. El ensamblaje exige únicamente unas manipulaciones elementales: separar el plástico de la matriz, imprimir sobre el plástico, unir las partes y empaquetar el producto resultante, todo lo cual lo realiza sin problema alguno la propia máquina de moldeado del plástico.

La sencillez de diseño y de manufactura de la Better Mouse Trap no disminuye su funcionalidad, que supera la del diseño de la antigua Victor. La placa que se dispara en la Better Mouse Trap es tan sensible que un simple mordisco del cebo la pone en funcionamiento. Una vez en marcha, la mordaza recorre un arco menor de la mitad que el de la Victor (70 grados contra los 180 de ésta), ofreciendo a la presunta víctima menos tiempo para huir.

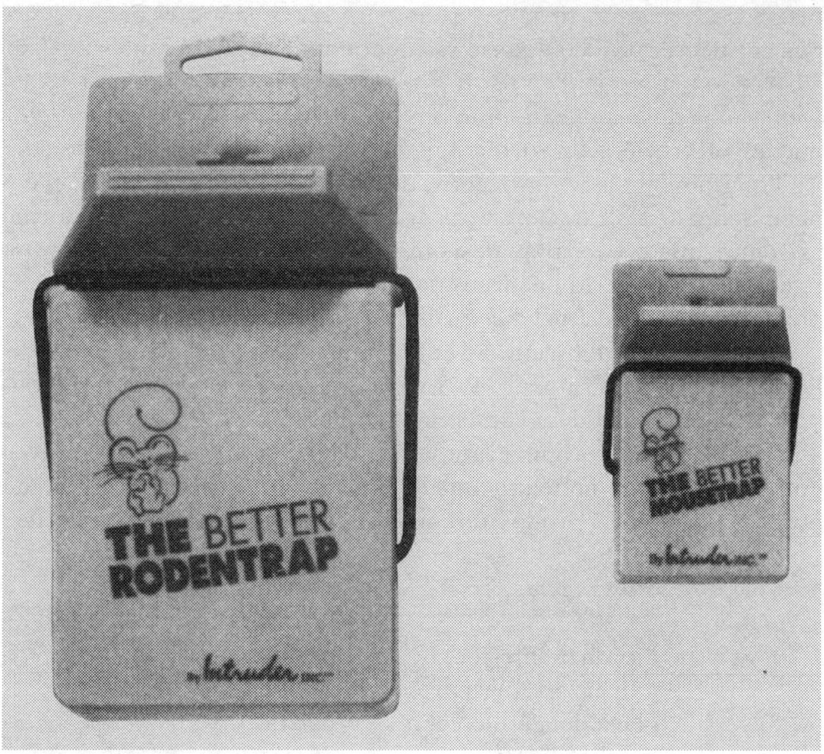

Figura 4.2. La ratonera y la trampa para roedores Intruder.™

Para las personas muy escrupulosas, la Better Mouse Trap posee otra característica valiosa: la geometría de la mordaza superior está diseñada de tal forma que el usuario no tiene por qué tocar con las manos el cuerpo del ratón; simplemente hay que aflojar la presión de esa mordaza superior y el ratón cazado irá directamente al cubo de la basura. A continuación se puede poner la ratonera en funcionamiento una vez más, a menudo sin que nos veamos obligados a colocar más cebo. Las partes de plástico se pueden limpiar simplemente con agua. Por el contrario, el usuario de una Victor debe hacer bastante fuerza para levantar la mordaza, liberando así el ratón muerto; a menudo esa mordaza se encuentra manchada de sangre, contaminando de esa forma la ratonera. Son numerosos los usuarios que deciden tirar la ratonera Victor una vez cazado un ratón. También es superior la seguridad de la Better Mouse Trap. La mordaza superior no acaba con el ratón por medio de un fuerte impacto, sino que queda atrapado y permanece allí quieto hasta que perece por asfixia en menos de treinta segundos. Ese pequeño impacto de la mordaza no causa daño alguno a cualquier niño curioso o a un animal doméstico que viniera a manipular la ratonera.

Por todo ello, la Better Mouse Trap vence a la Victor por un tanteo muy elevado: seguridad, sencillez de diseño, facilidad de fabricación, fiabilidad de los resultados, facilidad para armarla y colocarle el cebo, así como para deshacerse del cadáver del ratón y para reutilizarla. Es también claramente superior en términos de elegancia de diseño. En tanto que plataforma de producción posee también un potencial superior. Al estar fabricada de plástico, pueden realizarse sencillas variaciones en tamaño y color con el fin de crear productos derivados, tales como la trampa para roedores que aparece en la figura 4.2. Después de todo un siglo de producción, el único producto derivado de la ratonera básica Victor que conocemos es un artículo más grande y mucho más peligroso que lleva por nombre el de «trampa para ratas».

Podemos imaginarnos que el inventor de la Better Mouse Trap observó la trampa estándar de la Victor y vio en ella demasiados materiales, demasiados (o muy complejos) procesos de fabricación y todo un conjunto de tareas desagradables que había de realizar el usuario. Al observar estos factores de «desoptimización», inventó una ratonera mejor, que alcanza la armonía entre la forma y la función mediante la elegancia del diseño. En 1995 se vendieron varios millones de Better Mouse Trap.

Pocos productos son por sí mismos tan sencillos como una ratonera. Al otro extremo del espectro que discurre entre sencillez y complejidad se encuentran productos tales como una máquina reproductora de ultrasonidos que cuenta con más de treinta mil elementos componentes. Como cualquiera puede imaginar, el precio que se debe pagar por la elegancia de diseño se incrementa con la complejidad de un producto como ése. A pesar de todo, hay ingenieros que prefieren tomar el diseño de un producto existente y hacerlo aún *más* complejo aumentando el alcance y la potencia de determinados subsistemas o añadiéndole otros. La gestión eficaz de un proceso de diseño trata siempre de alcanzar el resultado opuesto. El principio que le sirve de guía es el siguiente: «Cuanto más sencillo, mejor; y mejor es más importante que nuevo». Ese principio lleva a fabricar productos atractivos, de uso fácil y precio razonable.

Una empresa, cuando trata de diferenciar sus productos de los de sus competidores mediante la incorporación de una discontinuidad en la arquitectura de la plataforma, puede realizar un mejor trabajo diseñando su plataforma de producción mediante el uso de la metodología del diseño compuesto. Éste consta de seis fases:

1. Establecer los fines del sistema en términos de prestaciones y precios, es decir, lo que Deming denominaría el «objetivo» del sistema global.[2]
2. Clasificar y analizar los subsistemas de su propio diseño y los de sus competidores.
3. Llevar a cabo una medición de la complejidad del diseño propio y la de los productos de los competidores.
4. Observar su diseño y los de los competidores directos a la luz de un modelo estándar de funciones y costes.
5. Rodear el diseño de grados de libertad que permitan la expansión de la línea de producción.
6. Integrar los procesos de fabricación para conseguir un descenso de los costes.

Pasemos ahora a considerar cada una de estas fases.

Fase 1. Establecer el objetivo del sistema global

Ningún viaje tiene éxito si no se especifica previamente el destino. De la misma manera, quienes se dedican a la fabricación de productos deben haber definido con claridad el objetivo de los sistemas globales: la fabricación en ese mismo momento a un coste inferior; el aumento de prestaciones al coste del producto actual; la sustitución de controles mecánicos por otros electrónicos, digitales o analógicos, y así sucesivamente. El objetivo puede consistir también en la creación de maneras nuevas y mejores para resolver el problema de un cliente; por ejemplo, la sustitución de la película fotográfica por imágenes digitalizadas. Cualquiera que sea el objetivo, debe ser específico y debe basarse en el conocimiento que poseamos del cliente.

2. W. Edward Deming, *The New Economics*, Cambridge, Massachusetts Institute of Technology Center for Advanced Engineering Study, 1993.

Las formas críticas, las características o las funciones necesarias para optimizar los sistemas se convierten en los «impulsores» de las actividades de diseño. Por ejemplo, si el *tamaño* constituye el factor de mayor importancia en un sistema o subsistema determinado, será él entonces el que se convertirá en el impulsor del diseño. Otros factores, tales como el coste, quedan subordinados a él en toda una serie de operaciones. La figura 4.3 clasifica algunos de los factores que las empresas toman en consideración para optimizar sus sistemas.

La elección de los impulsores *adecuados* puede marcar la diferencia entre el éxito y el fracaso. Esto nos lo ilustra el desarrollo del Dustbuster, otro de los artículos de Black & Decker. Un equipo de ingenieros superiores se dio cuenta de que la gente tenía verdadera aversión a limpiar aquellos pequeños espacios donde había caído algo de polvo o de suciedad, porque era un fastidio sacar la aspiradora del armario, desenrollar el cable, encontrar un enchufe y conectarla a la red. Esa aversión llevó a considerar como impulsor de diseño la *disposición para entrar en funcionamiento*: «Cuando el usuario está dispuesto a utilizarme, yo estoy preparada para entrar en funcionamiento». El Dustbuster se concibió a partir de este impulsor de diseño con maravillosa sencillez. Los subsistemas con que contaba eran un motor, un ventilador, un interruptor, una boquilla, una bolsa con filtro y una batería con acumulador de carga o un enchufe al encendedor de cigarrillos en la versión para automóviles. Hoy en día, el Dustbuster continúa siendo un producto verdaderamente eficaz, que proporciona una solución muy portátil y conveniente para aquellos lugares inaccesibles a una toma de corriente eléctrica.

Las cañas para la pesca con mosquito nos ofrecen otro ejemplo de la importancia que alcanzan los impulsores de diseño. En este caso, el uso de nuevos materiales permite al pescador lanzar mucho más lejos, ya sea para pescar más o para impresionar a los vecinos. Durante décadas, los fabricantes de cañas utilizaron el bambú y otras maderas. Después se pasaron a la fibra de vidrio y, finalmente, al grafito de alto coeficiente. Lo que les impulsó a buscar y adoptar materiales nuevos fue el reto de fabricar cañas de pescar con las que poder lanzar el cebo mucho más lejos. De hecho, un profesor en ingeniería comprobó la capacidad de lanzamiento de varias generaciones de cañas para la pesca con mosquito, examinando la «frecuencia de la caña», es decir, la velocidad del sedal que una caña podía generar con la misma fuerza en un lanzamiento. La figura 4.4 muestra los extraordinarios avances en la capacidad de lanzamiento de las cañas de pescar, a lo largo de todo un siglo, mediante la utilización de materiales nuevos.

Costes	• directo e indirecto • transporte	• tiempo y trabajo • materiales • capital	
Complejidad	• número de subsistemas	• partes y componentes	• procesos
Elementos comunes	• elementos similares • procesos similares	• materiales similares	• interfaces similares
Seguridad y calidad	• funcionamiento • vida de servicio	• solidez • fallos	• seguridad (sin fallos) • estilos
Dimensiones	• peso	• masa	• volumen
Flexibilidad y variabilidad	• Riqueza en la capacidad para proporcionar funcionamientos y características extremos sin pérdida del grado de optimización del sistema ni tampoco pérdida de «elegancia». Ejemplo: una de las características que ha reforzado el sistema operativo Unix reside en su «cubierta», pues el usuario tiene la capacidad de mezclar y ajustar cualquier cantidad de módulos de programa (conocidos también como «utilidades») para alcanzar el resultado deseado. Esto es posible porque la interfaz universal entre todos los módulos comprende corrientes de caracteres de texto, de tal manera que la salida de un módulo puede convertirse en la entrada del siguiente.*		
Modularidad	• Los subsistemas con una arquitectura de interfaces elegantes permiten una rica variedad en el seno de la subfunción sin provocar la desorganización de ningún otro subsistema. Ejemplo: el carrete de película de 35 mm es universal para todas las cámaras con un sistema de 35 mm. Sin embargo, la película del carrete puede ser una de las numerosas películas diferentes que no desorganizan otros subsistemas de la cámara.		
Sencillez	• Un nivel de características y de variabilidad que complazca al cliente, con una cantidad mínima de elementos y de interfaces. Ejemplo: como ya hemos comentado con anterioridad, Swatch ofrece una increíble variedad de relojes basada en una plataforma de producción de unos cincuenta elementos diferentes, mientras que la mayor parte de los modelos de sus competidores cuentan con más de ciento cincuenta piezas.		

* Rod Manis y Marc H. Meyer, *The Unix Shell Programming Language*, Indianápolis, Howard W. Sams & Company, 1986.

Figura 4.3. Diferentes impulsores de diseño.

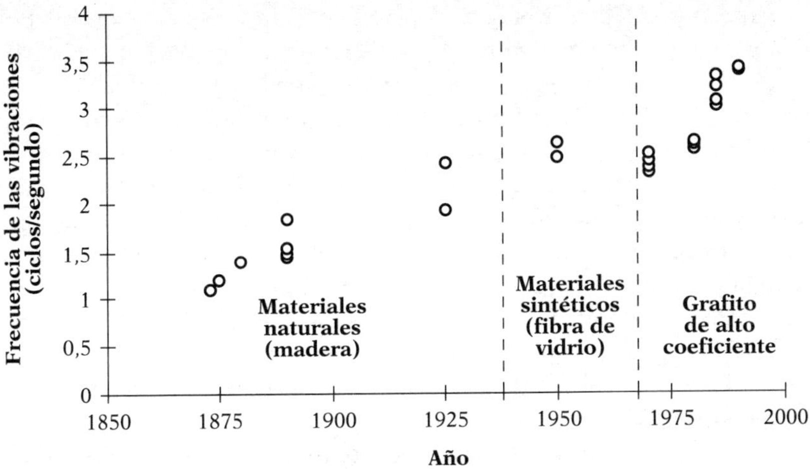

Fuente: elaborado a partir de datos de Graig Spolek, «Fly-rod Evolution», *Fly Fisherman Magazine* (diciembre de 1995), págs. 12-16.

Figura 4.4. Evolución de la capacidad de lanzamiento de las cañas para la pesca con mosquito.

Sony Corporation ha alcanzado grandes éxitos con claros impulsores de diseño. En 1970, su fundador y presidente decidió que el objetivo prioritario de Sony era el de convertirse en la primera empresa en conseguir una estructura formada por circuitos en todos sus productos. Las lámparas de vacío consumían demasiada energía y, lo mismo que sucede con los filamentos de las bombillas, se quemaban después de un determinado número de horas en funcionamiento. La electrónica de circuitos se convirtió entonces en el impulsor en I + D del nuevo producto de Sony. Aunque el grupo inicial de artículos fabricados en la empresa exclusivamente con circuitos integrados salían más caros que aquellos que utilizaban lámparas de vacío, esa desventaja quedó compensada cuando Sony comenzó a adquirir experiencia en la fabricación de transistores. A continuación, tras el dominio en el diseño de circuitos, Sony determinó el impulsor de su próximo diseño: la «miniaturización». Las iniciativas de miniaturización de Sony progresaron hasta tal punto que las personas dejaron de poder ensamblar los componentes del producto de una manera fiable. Pero, a su vez, afrontar ese reto condujo hasta el siguiente impulsor de la corporación: el ensamblaje automático de sistemas miniaturizados. En la actualidad, la empresa no sólo utiliza en sus propios productos sistemas de ensamblaje robotizados, sino que, además, vende esos sistemas de manufactura a un amplio abanico de industrias.

Una empresa puede elegir, con facilidad, impulsores *erróneos*. Por ejemplo, una firma dedicada a la fabricación de herramientas eléctricas rival de Black & Decker, con el objetivo de hacerse con la cuota de mercado que había perdido en beneficio de ésta, adoptó como impulsor de diseño el «bajo coste» y se dedicó a copiar en lo esencial los productos de B&D. Sin embargo, al tiempo que optimizaba el bajo coste, ese competidor se olvidaba de la fiabilidad y el funcionamiento. En sus diseños utilizó cojinetes muy baratos y otros componentes de baja calidad, hasta el punto de que las herramientas se estropeaban después de unas cuantas horas de funcionamiento continuado. Los fallos de los productos llegaron a ser de tal magnitud que ese competidor se vio obligado a retirar todas sus herramientas eléctricas de los puntos de venta.

Una empresa puede elegir conscientemente optimizar uno de los subsistemas de un nuevo producto a expensas de otros. Por ejemplo, las cámaras fotográficas automáticas de «apuntar y disparar», tan en boga en la actualidad, han simplificado hasta extremos notables la interfaz del usuario. Esas cámaras han eliminado la necesidad de enfocar el objetivo, de elegir la apertura del diafragma y el tiempo de exposición según las condiciones de luminosidad, así como el avance de la película después de haber tomado una fotografía. No obstante, esta simplicidad en cuanto al uso ha aumentado la complejidad de otros sistemas de la cámara. Los ingenieros se han visto obligados a diseñar en ese artículo un enfoque automático, un sensor fotoeléctrico con un control de cierre motorizado, así como un motor para hacer avanzar la película, añadiendo costes y complejidad. Por tanto, basándose en las preferencias del usuario, los fabricantes de cámaras han hecho un trueque entre la sencillez de uso y la complejidad de costes y del propio producto.

La lección que debemos aprender de estos ejemplos es la de que no podemos optimizar un subsistema e ignorar otros. En lugar de eso, se deben considerar todos los sistemas como un conjunto y prepararse a hacer intercambios.

En los capítulos precedentes se han descrito las necesidades «percibidas» y «latentes» de los consumidores. Las necesidades que los clientes perciben de manera consciente se pueden descubrir, directamente, por medio de los tradicionales estudios de mercado e, indirectamente, a través de sus elecciones de compra. Las necesidades latentes, aquellas que los clientes no son capaces de expresar, son mucho más difíciles de determinar. Sin embargo, el descubrimiento de esas necesidades latentes proporciona enormes oportunidades para llevar a cabo una auténtica revolución en los productos. Ese descubrimiento exige un conocimiento mucho más profundo de las interioridades del cliente. Como afirmó en una ocasión Gerald Zaltman, de Harvard, «cuando las necesidades no han sido bien articuladas o comprendidas por el propio mercado, es obligado desarrollar un profundo conocimiento del pensamiento y la conducta del cliente».[3]

Si bien un estudio en profundidad sobre la manera como las empresas pueden llevar a cabo esta comprensión se escapa a los límites de este trabajo, permítasenos decir, cuando menos, que entre las técnicas eficaces se incluye el uso de grupos concretos, de estudios sobre los primeros usuarios de nuevas tecnologías y de informes de clientes a quienes se ha obligado como usuarios a decidirse por características y precios, para analizar a continuación todos esos resultados con métodos de análisis conjuntos. En el capítulo de necesidades, los equipos de diseño de plataformas globales deben también tener en cuenta las diferencias existentes entre usuarios que residen en regiones del mundo diferentes.

Hemos observado que los equipos multidisciplinares, si se les proporcionan las condiciones de espacio y de autonomía que les permita pensar de manera creativa y sin presiones, pueden llegar a advertir, a menudo, un grupo numeroso de necesidades percibidas y latentes. Estas percepciones deben quedar validadas con aquellos estudios externos de mercado a los que hemos hecho referencia anteriormente. Si el consejo de administración puede conseguir que los ingenieros «compren» esos estudios y que participen de manera activa en grupos concentrados y en diseños de investigación, el desarrollo de la plataforma contará con un punto de partida muy bueno y estará bien encaminada para conseguir éxitos.

Fase 2. Clasificar y analizar los subsistemas

En el transcurso de esta fase, cualquier empresa debe descomponer sus productos y los de la competencia en subsistemas lógicos. El objetivo de esta actividad consiste en determinar cuáles de esos productos pueden fabricarse a menor coste, cuál es el uso hasta de las partes más diminutas y de los diferentes tipos de componentes, cuáles de entre ellos son los más fáciles de fabricar y cuáles ofrecen una fiabilidad y unas prestaciones superiores. Es evidente que los

3. Gerld Zaltman y Robin H. Higie, «Seeing the Voice of the Customer», informe 93-114, Cambridge MA, Marketing Science Institute (septiembre de 1993), pág. 7.

análisis destinados a diseccionar los productos de la competencia, o los otros cuyo objetivo consiste en llevar a cabo un proceso de ingeniería invertida, no constituyen novedad alguna. Pero sí que es un hecho bastante excepcional el de examinar esos mismos productos de los competidores como compuestos por sistemas y subsistemas.

Hemos definido ya la arquitectura de una plataforma de producción como aquel instrumento compuesto de subsistemas y de interfaces entre ellos y el usuario. Toda la plataforma, y por extensión los productos que se basan en ella, deben entonces contemplarse como un «sistema». En palabras de W. Edward Deming:

> un sistema constituye una red de componentes interdependientes que trabajan juntos para tratar de alcanzar el objetivo del sistema... Un sistema debe gestionarse desde el exterior, pues no puede gestionarse a sí mismo.[4]

El sistema global y sus subsistemas componentes poseen una estructura jerárquica. Si llevamos a cabo la partición de un sistema, encontraremos por lo común que contiene numerosos subsistemas y que, a su vez, muchos de éstos pueden descomponerse en elementos. Por ejemplo, para un fabricante de motores de transmisiones, la caja de cambios es un sistema compuesto de varios subsistemas: cambios, ejes, carcasas, precintos, embragues, lubrificantes, cojinetes, y así sucesivamente. A su vez, muchos de estos subsistemas pueden dividirse aún más. Se considera un subsistema mínimo al elemento que se está estudiando en el momento arbitrario en que uno decide no seguir adelante con la disección. Por lo que se refiere a la jerarquía de la caja de cambios, los cojinetes pueden constituir el subsistema mínimo, es decir, el punto en el que ya no es posible, o no es práctico, continuar realizando descomposiciones de elementos. Sin embargo, el fabricante de cojinetes podría contemplar ese elemento como otro sistema jerárquico. Sus subsistemas podrían ser, por ejemplo, el canal exterior, el canal interior, las bolas o ruedas, los precintos y los lubrificantes.

La figura 4.5 muestra la naturaleza jerárquica de los sistemas, ilustrada con el ejemplo de una sencilla silla de oficina. La base del diseño compuesto es el análisis de sistemas y subsistemas, en el sentido de que tratamos de entender el grado de optimización requerido para cada uno de los subsistemas y de sus interfaces relacionadas con el fin de producir un sistema óptimo global, que sea elegante y consiga el liderazgo en precios y costes.

4. Deming, *New Economics*, págs. 50-51.

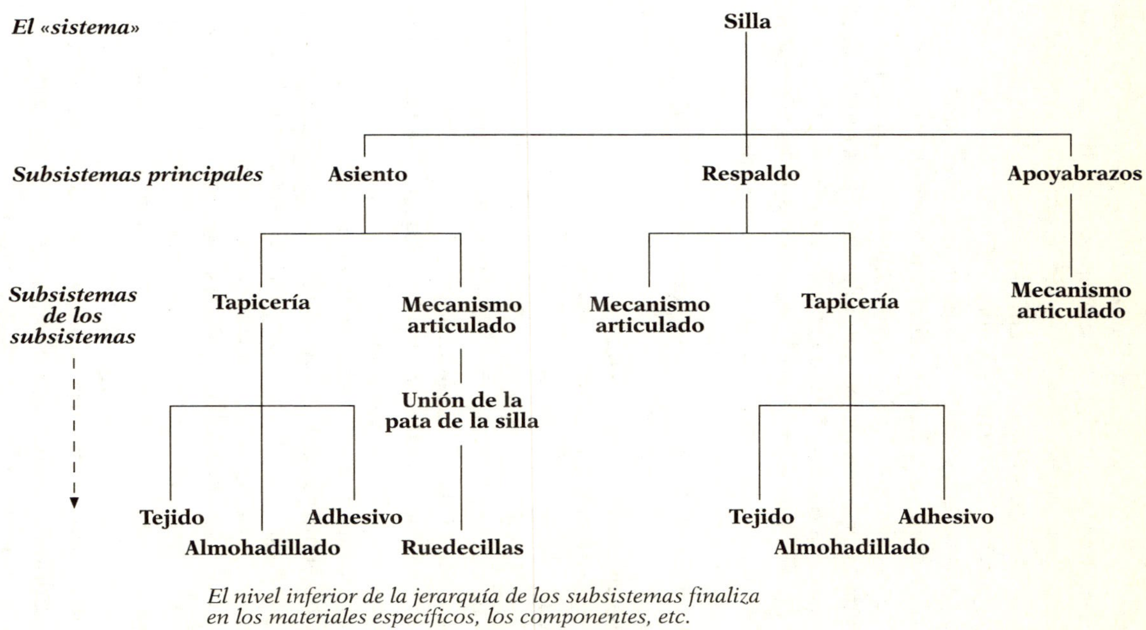

Figura 4.5. Jerarquía simbólica de sistemas, tomando como ejemplo una sencilla silla de oficina.

Si tenemos en cuenta esta definición, un sistema optimizado es aquel en el que todos los subsistemas, tomados en conjunto, consiguen la mayor cantidad de *output* con el mínimo *input*. Además, sirve también como una buena definición operativa para la elegancia en el diseño. Podríamos ilustrarlo, por ejemplo, a partir de una sierra circular eléctrica que ofrece prestaciones superiores de funcionamiento con un menor peso físico, con un número inferior de elementos componentes o con costes más bajos.

En el caso de uno de los productos que nosotros mismos creamos, se le encargó a un empleado de mercadotecnia adquirir tres unidades de cada uno de los artículos más importantes de la competencia. Se examinó a fondo la primera de las unidades de cada competidor hasta el punto de llegar a destruirla con el fin de determinar su fiabilidad y sus límites. La segunda se diseccionó para identificar y analizar los diferentes subsistemas de la manera en que hemos sugerido más arriba. La tercera de las unidades de cada competidor se expuso en una sala adyacente al departamento de ingeniería, junto con lo que quedaba de las examinadas en profundidad y con las partes desmontadas de las segundas unidades. Este método proporcionó a los diseñadores una buena fuente de información.

La definición de subsistemas clave puede también considerarse muy útil en los estudios de mercado. Se presentó a los principales usuarios otra de nuestras creaciones (una herramienta de desarrollo de aplicaciones para Internet), en forma de diagrama conceptual de los de más alto nivel de la plataforma de producción. A continuación se les pidió que ellos mismos sugirieran las características y las prestaciones que les gustaría que tuvieran cada uno de los subsistemas principales, y que enumeraran los productos comerciales ya existentes a los que otorgarían el calificativo de excelentes en cualquier área dada. Sucesivas repeticiones de esta investigación ofrecieron al equipo de desarrollo una lista ordenada de las características deseadas, subsistema por subsistema, así como otra extensa lista de productos de la competencia que deberían estudiarse más profundamente y, quizás incluso, integrarse (bajo licencia) en el nuevo diseño. Una vez más, la clave del éxito residía en contar con un equipo de ingenieros y otro de mercadotecnia que trabajaban juntos para dirigir y evaluar la investigación sobre el usuario más importante.

Fase 3. Medir la complejidad

El diseño superior que hemos presentado en el ejemplo de las ratoneras posee un bajo nivel de complejidad en cuanto al número de elementos y es fácil de fabricar. Quienes se hallan a cargo de la creación de productos deben tratar de minimizar una de las dimensiones del diseño, la de la complejidad inútil. Pero, para conocer el grado de complejidad, es necesario contar con un instrumento de medida objetivo y estándar. Por fortuna, Boothroyd y Dewhurst (de la Universidad de Rhode Island) han desarrollado un instrumento de medición práctico para evaluar la complejidad de los productos manufacturados.[5]

Estos autores calculan la complejidad utilizando tres factores: el número de componentes (N_p), el número de tipos de partes (N_t) y el número de interfaces de cada una de las partes (N_i). Se suman uno por uno los conjuntos N_p, N_t y N_i, es decir, se halla la suma de N_p, la suma de N_t y la suma de N_i. A continuación, se multiplican los resultados de esas sumas, y se calcula la raíz cúbica del producto de esta multiplicación con el fin de determinar el *factor de complejidad*. Si aplicamos este sistema a la ratonera Victor, el resultado es el siguiente:

N_p = 12 partes
N_t = 10 tipos de partes
N_i = 27 interfaces

$12 \times 10 \times 27 = 3.240$

La raíz cúbica de 3.240 es igual a 14,51, que constituiría el factor de complejidad de la ratonera Victor. Si aplicamos el mismo sistema a la ratonera Intruder, el resultado sería el siguiente:

N_p = 5 partes
N_t = 5 tipos de partes
N_i = 12 interfaces

$5 \times 5 \times 12 = 300$

Extrayendo la raíz cúbica de 300, obtenemos un factor de complejidad de 6,69. Por tanto, el Intruder es mucho menos complejo

5. G. Boothroyd y P. Dewhurst, *Product Design for Assembly*, Wakefield, RI, Boothroyd & Dewhurst, Inc., 1987.

que la ratonera Victor. Cuanto más pequeño es el *número* de partes, es el número de *tipos* de partes y el número de *interfaces*, menor es la complejidad de diseño.

De la misma forma, una empresa puede aplicar la medida de la complejidad a los productos de la competencia. Los ingenieros pueden utilizar este enfoque para medir la complejidad de una manera reiterativa, es decir, calculando el grado de complejidad de cada diseño y, a continuación, volviendo a diseñar el artículo para reducir ese grado. Ese proceso debería continuar hasta que se alcanzase un punto en el que sería ya prácticamente imposible reducir aún más la complejidad del producto. Al mismo tiempo, hay que tener cuidado de no detener el proceso demasiado pronto, puesto que cada una de las reducciones que se realizan en el grado de complejidad del diseño conlleva una reducción paralela de otros muchos costes, una vez comenzada la producción.

Los errores se han convertido, muy a menudo, en fuente de sabiduría. Nos viene a la memoria un producto de consumo que contribuimos a diseñar, cuya arquitectura original constaba de treinta y una partes. Estudios posteriores redujeron esa cifra primero a dieciocho y, finalmente, a once; llegados a este punto, el consejo de administración insistió en que el proyecto debería pasar ya a la fase de producción. Una revisión *post mortem* del artículo indicó que la inversión de un tiempo adicional al diseño podía haber reducido el número de partes a cuatro, ahorrando así a la empresa costes sustanciales en materias primas y en ensamblaje.

Boothroyd y Dewhurst utilizan métodos similares para evaluar la complejidad de los procesos de fabricación. Sin entrar estrictamente a realizar este tipo de cálculos, baste decir que, siguiendo ese método, la ratonera Intruder alcanza una puntuación muy por debajo de la Victor. Solamente las fases de fabricación a que debe someterse la base de madera del modelo Victor sobrepasan en número *todas* las fases de fabricación del Intruder.

El ejemplo de las ratoneras, si bien muy elemental, sirve, no obstante, para entender todo este tema: unos bajos niveles de complejidad en el diseño del producto y en el proceso de fabricación constituyen elementos tangibles de la elegancia del mismo. Es evidente que las virtudes que supone la reducción de la complejidad van mucho más allá del plano puramente estético; ésta va acompañada, casi siempre, de una reducción directa e indirecta de costes. La complejidad alimenta esos costes, que aumentan, como mínimo, de forma geométrica, si no exponencial. Cada parte adicional requiere un proceso de fabricación o de adquisición, exigiendo, por tanto, tiempo, personal y capital. Una mayor complejidad significa más órdenes de compra y más espacio de almacenaje. Además, estamos convencidos de que la complejidad de la arquitectura de una plataforma será el espejo de la complejidad organizativa de la empresa.

Fase 4. Evaluar los subsistemas según funciones y costes

La próxima tarea consiste en evaluar ordenadamente, o colocar en un índice, los diseños de los productos en curso comparándolos con los de los principales competidores en términos de funcionalidad y costes. Una vez que cada uno de los subsistemas de un diseño se encuentran situados en ese índice ordenado, a continuación se pueden agregar esos resultados para determinar un índice global de funciones y costes con el fin de evaluar el diseño en conjunto.

Nos gustaría que se prestara mucha atención a la figura 4.6, pues muestra unos índices hipotéticos de una plataforma de producción que usted mismo podría llegar a crear en su propio negocio. El diseño de esa plataforma cuenta con seis subsistemas principales y, para cada uno de ellos, se pueden usar índices de función y de costes de dimensiones variadas. Tradicionalmente la función se ha considerado un aspecto clave en el capítulo de prestaciones del producto, y debe evaluarse con toda precisión. El coste se considera en términos de coste de materiales, de producción o de manufactura, es decir, constituye cualquier elemento que sea estrictamente necesario para el funcionamiento de aquel determinado subsistema, en particular, y para el negocio, en conjunto. Los valores del índice de función y costes se pueden deducir haciéndose con los productos de los principales competidores, desmontándolos y estudiando sus subsistemas en los aspectos de función, materiales y costes. El mejor de los subsistemas del producto de su propia industria debería recibir, a continuación, una puntuación «1,00», y juzgar todos los subsistemas de la competencia en relación con él.

A partir de este proceso, es posible conseguir un conocimiento claro de los principales subsistemas de esa industria, en términos de función y coste. Es probable que su propia tecnología sea superior a la de los competidores en ciertos aspectos de algunos de los subsistemas, mientras que será similar en otros. De hecho, usted *no tiene por qué ser superior en todos y cada uno de los subsistemas*.

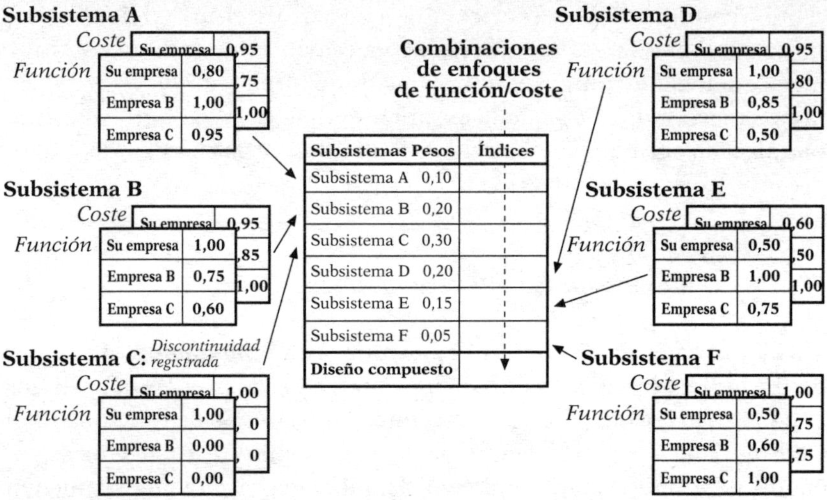

Figura 4.6. Diseño compuesto: índice según función y coste.

La clave consiste en determinar aquellos subsistemas del diseño de la plataforma en los que su producto puede ser auténticamente superior para colocar así a la competencia en una clara situación de desventaja. Por ejemplo, en la figura 4.6, el subsistema C se presenta como una innovación importantísima –una discontinuidad–, ante la que los competidores no cuentan con una respuesta inmediata.

Por tanto, *no es necesario optimizar todos los subsistemas para conseguir una capacidad de funcionamiento superior*. Por ejemplo, los motores para automóviles Toyota comenzaron a utilizar, en la década de 1980, un sistema de correas dentadas bastante complicado (parecidas a las que se usaban en la regulación del encendido o en la transmisión de los pistones), para transmitir la potencia del motor al alternador, a la bomba de agua, al compresor de aire acondicionado y a otros subsistemas. Tradicionalmente, este objetivo había estado cubierto por correas de goma en V, mucho más ligeras y baratas. Los competidores de la industria automovilística de Estados Unidos contemplaron inicialmente la innovación de Toyota como demasiado cara y complicada en cuanto a su mecánica para lo que se esperaba de ella. Sin embargo, un examen más profundo reveló que esas correas dentadas, y mucho más pesadas, de Toyota exigían una tensión considerablemente menor de la correa que las tradicionales en V, para realizar la función de transmisión de potencia.[6] Con una tensión mucho menor de la correa, los restantes componentes no tenían por qué ser tan sólidos y fuertes, lo que daba como resultado un sistema que contenía ejes, poleas, tambores, cojinetes, monturas y otros elementos relacionados mucho más pequeños y ligeros. Por tanto, mientras que uno de los subsistemas –la correa de transmisión– era mucho más costoso, la desventaja que suponía ese coste superior venía compensada por posibles mejoras en los restantes subsistemas en términos de tamaño, coste y peso.

El paso siguiente consiste en la creación de diseños compuestos. En la figura 4.6, el diseño compuesto viene representado por el bloque central integrador de todo el esquema. Desde el momento en que no todos los subsistemas poseen una importancia igual en el diseño global, quizá fuera deseable asignar un peso específico a cada uno de ellos. Esos pesos específicos pueden descomponerse en factores en el cálculo global de función y coste.

Los diseños compuestos serán susceptibles de sufrir múltiples renovaciones. En primer lugar, debemos realizar un sencillo cómputo del valor total reflejado en los índices de función y coste de los productos actuales de su propia empresa y de los de sus principales competidores. Por ejemplo, podemos encontrarnos con que, según los diseños actuales, su producto es líder del mercado en cuanto al total del apartado función, pero va por detrás en costes. O puede ser líder en costes, pero cae muy abajo en el total del capítulo de función. Es evidente que el objetivo consiste en crear un nuevo diseño compuesto que llegue a convertirse en el líder en precios y costes de la industria correspondiente.

Aquí comienza la diversión. Utilizando la figura 4.6 como ejemplo, si fuera posible combinar el subsistema A de la empresa B y el

6. La tensión de la correa en las aplicaciones de transmisión de potencia con una correa en V exige mantener sus caras en permanente contacto con las poleas de transmisión en V, enclavando la correa en la ranura de la polea con la mayor fuerza posible para ofrecer superficie de fricción y evitar el deslizamiento. Los factores de transmisión de energía son la tensión, la superficie de contacto con la correa con la polea, la robustez de la correa y su flexibilidad. Si la correa o la polea están húmedas o han sido manchadas por lubrificantes, aquélla patina y chirría. La fricción de la correa sobre la polea ocasiona el calentamiento de la primera, provocando un envejecimiento, una pérdida de flexibilidad y de elasticidad y, en consecuencia, un estiramiento. Cuando disminuye la tensión de la correa, ésta comienza a patinar, se genera un calentamiento, la superficie de la correa en V se afina y se endurece, y se reduce la capacidad de transmitir potencia. En el caso de las correas dentadas, el contacto de la correa con la polea se obtiene por el engranado de los dientes de ambas. Se requiere una tensión mínima; simplemente la suficiente para mantener la correa en contacto con las poleas cuando éstas se hallan en funcionamiento.

subsistema F de la empresa C con los subsistemas B, C, D y E de su propia empresa, el resultado sería que usted dispondría de una plataforma de producción superior. Sin embargo, un miembro del equipo podría advertir que el subsistema F de la empresa C puede ser funcionalmente superior al suyo, pero tiene una importancia tan marginal, si tenemos en cuenta el diseño compuesto global, que no merece la pena mejorar los nuevos procesos de manufactura necesarios. Debemos repetir una vez más que *no es esencial ser superior en todos y cada uno de los subsistemas, sino únicamente demostrar la superioridad en el sistema global*. Después de haber creado un diseño compuesto teniendo en cuenta la función, deben investigarse a continuación las implicaciones de ese diseño en el capítulo de costes, preguntándose en todo momento si las mejoras en la manufactura y la gestión de una plataforma común, destinada a la fabricación de numerosos productos derivados, podría reducir de manera significativa los costes originados al solucionar la situación de desventaja en que se encuentra un determinado subsistema. Es evidente que el personal de manufactura y de mercadotecnia necesita trabajar codo a codo con los ingenieros de diseño para convertir en eficaz el proceso.

Después de llevar a cabo numerosas modificaciones sobre el papel, ha llegado el momento de evaluar su diseño compuesto comparado con los valores de función y coste de los productos habituales de la competencia. La figura 4.7 muestra una comparación realizada entre la nueva plataforma de herramientas eléctricas de Black & Decker con el producto que en ese momento tenía en el mercado la propia B&D y con los de dos de sus competidores internacionales. Para el análisis, se consideraron los costes del producto ya existente en el mercado de Black & Decker, concediéndole un valor 1,00. Se puede observar en la figura que, con anterioridad a la entrada en funcionamiento del nuevo diseño compuesto, Black & Decker vendía sus productos a precios inferiores, pero obtenía unos márgenes de beneficios muy pobres. Mediante el procedimiento del diseño compuesto, el equipo aprendió a partir del análisis de componentes y de procesos utilizados por los competidores A y B. Al combinar ese conocimiento con nuevos materiales y con una mejora de los rendimientos, Black & Decker fue capaz de invertir aquella situación caracterizada por la obtención de escasos márgenes de beneficios. Después de haber efectuado la operación de rediseño, vendía ese producto a un precio incluso inferior al de los competidores A y B, consiguiendo, no obstante, un margen de beneficios muy superior.

Costes corrientes de B&D
utilizados como base del índice

Costes corrientes de B&D	Índice
Materiales	1,00
Tiempo de trabajo	1,00
Coste laboral	1,00
Gastos generales	1,00
Precio en catálogo	1,00

Líder en precios, pero escaso margen

Líder en precios con elevados márgenes

Competidor A	Índice
Materiales	0,85
Tiempo de trabajo	0,43
Coste laboral	0,59
Gastos generales	0,60
Precio en catálogo	1,08

Diseño compuesto	Índice
Materiales	0,66
Tiempo de trabajo	0,43
Coste laboral	0,59
Gastos generales	0,60
Precio en catálogo	0,92

Nuevas tecnologías
Nuevos procesos
Volumen de gestión

Competidor B	Índice
Materiales	0,84
Tiempo de trabajo	0,52
Coste laboral	0,72
Gastos generales	0,79
Precio en catálogo	1,15

Figura 4.7. Análisis de costes de herramientas eléctricas.

Volvemos a insistir en que ese ejercicio, consistente en ordenar en un índice los diferentes elementos, puede tener un valor incalculable para evaluar los diseños de un producto común de una empresa al compararlos con los de los competidores. Servirá además para centrar la atención en aquello que es realmente importante en el diseño de una nueva plataforma: que sirva como base de la fabricación de productos de calidad.

Fase 5. Rodear el diseño de grados de libertad

Cuando se comienza a pensar en las propias líneas de productos en términos de plataformas de producción y de subsistemas, se puede tener la oportunidad de singularizar una o varias áreas en las que crear un fuerte desplazamiento si se rodea ese diseño con diferentes grados de libertad; y eso quiere decir únicamente que se ha diseñado un subsistema determinado, dotándole de espacio suficiente para crecer y expansionarse. Se trata de un concepto sencillo y poderoso, a un tiempo.

En el caso de Black & Decker, la carcasa del motor universal se diseñó con un tamaño superior al necesario para albergar los primeros artículos derivados de la familia de productos. Al ampliar el tamaño de los motores para ofrecer mayor potencia, no fue necesario cambiar la propia carcasa ni los procesos de manufactura asociados a ella. Si volvemos al mundo de los ordenadores, la belleza del PC original de IBM consistía en que se presentaba con «enchufes» suplementarios en la propia caja, lo que permitía a numerosas empresas dedicarse a la fabricación de productos basados en cuadros de circuitos impresos que el usuario debía, sencillamente, añadir a su PC. De forma parecida, uno de los elementos más prestigiosos de Internet reside en que una página *web* puede acceder virtualmente a un número ilimitado de páginas *web*. Estas relaciones se consiguen por un sencillo medio de programación estandarizado. De manera similar, numerosas empresas de *software* permiten a los usuarios añadir con gran facilidad sus propios programas al *software* que «ya viene en la caja». Estos ejemplos ilustran que la flexibilidad debería ser altamente apreciada en la creación o la selección de interfaces entre los subsistemas del diseño de una plataforma.

En cualquier caso, no sería del todo conveniente añadir amplios grados de libertad a cada uno de los subsistemas de la arquitectura de una plataforma, puesto que el resultado final tendería a desembocar en un diseño muy caro en términos de ingeniería y de manufactura. Sin embargo, si usted consigue determinar cuáles son los subsistemas que, al proporcionarles espacio suficiente para expansionarse y crecer, pueden ofrecer una clara situación de ventaja, ya sea para sus propias creaciones en el futuro o para las de los usuarios, habrá conseguido descubrir uno de los ingredientes clave para construir una plataforma auténticamente sólida.

Fase 6. Integrar la manufactura

Una vez que se ha conseguido un diseño, mejorado mediante sucesivas modificaciones siguiendo la metodología de «clasificar, medir, ordenar en índice» de las fases 2, 3 y 4 que acabamos de describir, ya sólo queda preguntarse «cuál es *la mejor manera* de fabricarlo». Contar aquí en el equipo con la presencia de personal de manufactura puede llegar a ser crucial para conseguir el éxito definitivo de todo el esfuerzo desplegado hasta el momento, porque ese personal sabe mejor que nadie lo que supone construir un determinado diseño.

Al mismo tiempo, los ingenieros en manufactura pueden también dificultar ese éxito si influyen de una manera indebida sobre el diseño tratando de realizar ajustes en la operación de fabricación en curso. Las empresas del campo de la manufactura dedican enormes inversiones a las plantas que ya poseen en funcionamiento, incluyéndose en este capítulo el equipamiento para fines especiales. Mediante su preparación y su experiencia, los equipos gestores en el campo de la manufactura tratan de sacarle el mayor partido posible al uso de esos equipamientos. Es difícil que dejen de aportar los equipos con los que ya cuentan al proceso de desarrollo del producto, pues no son capaces de contemplarlos como un obstáculo al diseño. No obstante, sólo es posible la creación de buenos productos cuando las empresas diseñan artículos nuevos para servir a los consumidores, y no cuando se dedican a diseñar productos que sirven al equipamiento que ya posee la corporación.

Con el fin de encontrar esa «mejor manera», animamos a los equipos de producción a creer que están comenzando ante una pizarra limpia, en la que no hay nada escrito, como si todos los equipamientos de fabricación con los que contaban hasta el momento se hubieran destruido por completo. Es evidente que cualquiera que comienza un negocio lo hace con una «pizarra limpia». En numerosos casos, un nuevo estado de la planta de fabricación, construida específicamente para producir una nueva línea de producción, no sólo reducirá de manera extraordinaria los costes por unidad, sino que actuará como barrera a la penetración en el mercado de competidores menos decididos. Si esos competidores consideran que un nuevo equipamiento productivo forma parte de los costes que supone la penetración en un mercado, es probable que muchos de ellos se mantengan enteramente al margen de intervenir. Ése fue el caso de Black & Decker cuando construyó un equipo de producción muy caro para fabricar sus herramientas eléctricas de doble aislamiento. También fue el caso de Gillette cuando puso en marcha el proceso de fabricación de los cartuchos de las afeitadoras Sensor. En ambos ejemplos, el coste del equipamiento para llevar a cabo el proceso era tan elevado que la competencia se asustó.

El proyecto de plancha global de la Sunbeam Appliance Company

Con el fin de poder apreciar la potencia de esas seis fases del diseño compuesto, revisemos a continuación la creación de un producto que las utilizó con gran eficacia: la plancha eléctrica de la empresa Sunbeam.[7]

A comienzos de la década de 1980, el mercado de planchas de vapor/seco en Estados Unidos se había estabilizado ligeramente por encima de los diez millones de unidades vendidas al año. Parecía poco probable la posibilidad de llevar alguna animación al mercado de un producto que había alcanzado el fin de su desarrollo y que se encontraba en una situación de estabilidad. Los fabricantes lo consideraban «un plan de valor cero», en el que sólo se conseguiría una mayor participación en el mercado mediante la apropiación de la cuota de los competidores a través de la reducción de precios, los descuentos y el añadido de algunas características que ofrecieran mejoras a la producción marginal: planchas de teflón, «rocío de vapor», mayor cantidad de vapor saliendo por los orificios de la suela de la plancha, etc. Una vez presentadas, todos los fabricantes copiaban esas características rápidamente.

Si el mercado de planchas había quedado estancado, no era debido a la existencia de una demografía desfavorable. En un estudio de datos sobre el mercado para el período de 1964 a 1982, la Sunbeam Appliance Company descubrió que, mientras el volumen de unidades anuales de planchas vapor/seco había permanecido prácticamente inalterable, el número de viviendas de Estados Unidos había crecido en un 60 % y la población en un 30 %. Por tanto, ¿cuál era la causa de que las ventas de planchas no aumentaran? Sunbeam concluyó que, simplemente, el producto fracasaba porque no inspiraba interés alguno.

Durante las décadas anteriores, los fabricantes de planchas estaban empeñados en una carrera sin precedentes por «los orificios de

7. Algunos de los datos de esta parte del capítulo se encuentran en «The Global Iron Proposal», Harvard Business School Case 9-688-082. Alvin Lehnerd era el vicepresidente ejecutivo de Allegheny International Appliance Group U.S., durante la época de proyecto de «plancha global».

salida de vapor» y trataban de diferenciar sus productos por el incremento del número de orificios para el vapor en la suela de la plancha. Se pensaba que los consumidores relacionarían un mayor número de agujeros con una mejora en la calidad del planchado. Comenzaron a fabricarse planchas que contaban con más de una cincuentena de orificios para el vapor. Sin embargo, Sunbeam advirtió la falacia de ese impulsor de diseño, puesto que, en realidad, en el momento en que había más de treinta de esos orificios, decrecía la velocidad con la que el vapor podía penetrar la tela. El equipo de gestión reconoció la necesidad de encontrar un elemento competitivo de otra clase para diferenciar sus productos.

Con el fin de investigar este problema, se reunió un equipo multidisciplinar formado por personal de mercadotecnia, de ingeniería y de manufactura. En una desinhibida sesión de lluvia de ideas se siguió el principio de «ocupar el papel del propio producto y determinar así hasta qué punto se frustraba al usuario». Afloraron a la superficie varias necesidades inadvertidas hasta el momento.

1. A menudo los usuarios estaban intranquilos porque no recordaban si habían dejado desconectada la plancha. Tan pronto como se habían ido a la cama, de compras o de vacaciones comenzaba a martillearles en la cabeza el siguiente pensamiento: «¿He dejado la plancha desenchufada?». A esto seguía la visión de la casa ardiendo desde los cimientos.

2. Cada clase de tejido –algodón, lino, seda, poliéster, rayón– exigía una temperatura diferente para evitar que llegara a chamuscarse. Pero las planchas de uso habitual no ofrecían indicador alguno para saber cuándo se había excedido, o no se había alcanzado todavía, la temperatura deseada.

Los ingenieros de Sunbeam respondieron a estos problemas añadiendo al producto dos nuevas características:

1. Cierre automático. Se incorporó al diseño un interruptor sensible al movimiento; la plancha se desenchufaba si permanecía inmóvil durante treinta segundos con la suela hacia abajo, es decir, en posición horizontal (de planchado), o si se encontraba quieta durante diez minutos en posición vertical. Se volvía a reactivar moviéndola.

2. Indicador de «dispuesta». Se diseñó un sensor electrónico incorporado al producto para seis posiciones de temperatura. Una luz roja indicaba que la suela no había alcanzado aún el grado de calor

adecuado a la pieza que se deseaba planchar; una luz verde comunicaba al usuario que la tela y la temperatura coincidían.

Sunbeam patentó el cierre automático y el indicador de «dispuesta», y los presentó en la plancha Monitor a un de precio tan elevado del que no se tenían precedentes, hasta el punto de que los grupos de mercadotecnia y de ventas temieron que fuera rechazado por los propios comerciantes y por los compradores. No sólo no sucedió así, sino que las ventas despegaron. En lugar de las setenta mil unidades que el propio equipo gestor de Sunbeam había previsto vender, en el año de introducción del producto se comercializaron casi ciento ochenta y cinco mil planchas Monitor. La popularidad de la plancha entre los distribuidores estimuló las órdenes de pedidos de otros productos Sunbeam, hasta el punto de llegar a doblarse la participación de la empresa en el mercado, alcanzando el 20 %.

La competencia reconoció pronto el valor de las innovaciones de Sunbeam, hasta el punto de que las copió sin violar ambas patentes. La figura 4.8 muestra el impacto del desarrollo de diseños sobre el volumen de ventas de planchas en Estados Unidos anualmente. Aquel, en otro tiempo, mercado moribundo había vuelto a la vida, con unas ventas que crecieron en más de un 50 % entre 1980 y 1994.

La única contrariedad seria de Sunbeam en el caso del modelo Monitor fue que su éxito no se extendiera a los sectores del mercado situados por debajo de los de gama alta. De hecho, el precio de catálogo efectivo de la Monitor la confinó a la franja del mercado de gama más elevada. Era de esperar, porque la Monitor constituía simplemente un producto derivado, mediante el añadido únicamente de dos características a una plataforma de producción que no había sido rediseñada globalmente. Esas nuevas características añadían un coste por unidad superior a los siete dólares y medio. En ausencia de un nuevo diseño básico, el coste total de producción por unidad de la Monitor era el más elevado de ese sector industrial.

Hacia la globalización

Dado el éxito de la plancha Monitor, Sunbeam y su filial internacional, Rowenta, crearon un diseño capaz de cubrir un mercado global mucho más amplio que, por entonces, suponía unas ventas de planchas que se aproximaban a los cincuenta millones de unidades anuales. El aparato que proyectaban había de ser de bajo coste y fa-

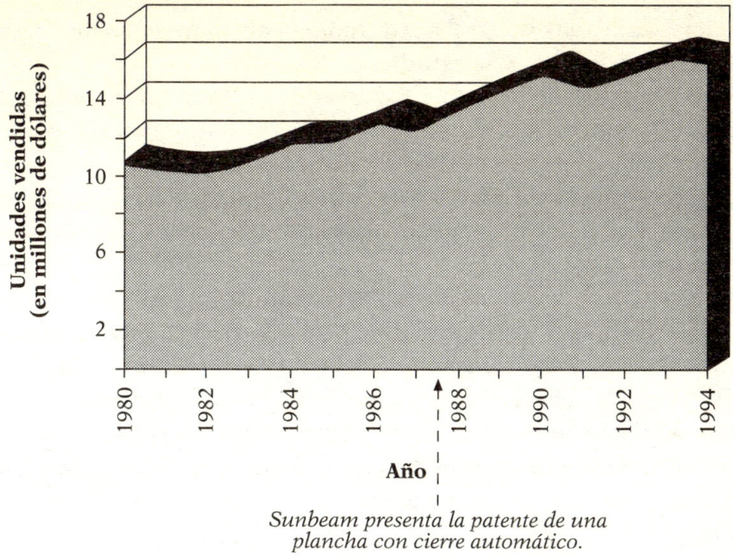

Fuente: informes anuales sobre aparatos de Estados Unidos.

Figura 4.8. Ventas de unidades anuales de planchas de vapor/seco, en Estados Unidos, entre 1980 y 1994.

bricado en grandes cantidades en fábricas situadas por todo el planeta. Su base estaría constituida por una plataforma de componentes y subsistemas comunes, provista de adaptaciones para dar respuesta a las preferencias de los mercados locales. Debería también hacer frente a las normas de seguridad y a las exigencias de los organismos competentes de numerosas jurisdicciones.

El desarrollo de un producto que cumpliese esas expectativas exigiría mucho más que un simple añadido de timbres y silbatos avisadores, como había sido el caso en el proyecto Monitor. Se necesitaba nada menos que un rediseño fundamental de la arquitectura del producto. Con el fin de alcanzar ese objetivo, ambas empresas se embarcaron en el «proyecto de plancha global», utilizando las técnicas de diseño compuesto que hemos descrito ya en este mismo capítulo.

La primera iniciativa del proyecto consistió en reunir a todos los ingenieros, especialistas en mercadotecnia y ejecutivos implicados en el sector de las planchas de la empresa de Estados Unidos, Canadá, Europa y el Reino Unido. En el curso de un encuentro de dos días se presentaron y analizaron las investigaciones sobre el mercado de las planchas realizadas por ese sector industrial y por la propia empresa; se tuvieron en cuenta y se estudiaron los subsistemas de la Monitor y de otras planchas de la propia Sunbeam, así como también los de las principales competidoras mundiales. Se desmontaron todas y cada una de las planchas con el objetivo de determinar los mejores subsistemas en términos de costes y de funcionalidad. Para su desilusión, Sunbeam estaba decidida a convertirse en uno de los productores de más elevado coste.

El acta final de la conferencia creaba un comité técnico de la «plancha global» y una comisión paralela dedicada al estudio de asuntos de mercado. La primera debería desarrollar un diseño que minimizara los costes y satisficiera todas las exigencias de los organismos oficiales, al tiempo que establecería un liderazgo en cuanto a prestaciones y a satisfacción del cliente. El grupo de estudio de mercado determinaría el conjunto de características exigidas por los clientes.

Una de las tareas clave de la comisión de mercados consistía en determinar el conjunto de características que satisfarían de la mejor manera posible las preferencias de clientes de países muy distintos. Para la mentalidad de los gestores en mercadotecnia no se trataba precisamente de una tarea sencilla, pues consideraban que las preferencias de estadounidenses y europeos diferían en gran medida. Esta comisión se dedicó a llevar a cabo análisis conjuntos en cada una de las regiones con el fin de comprender mejor las preferencias de la clientela. Una selección de los resultados de los estudios de mercado llevados a cabo se resumen en la figura 4.9; en ella, los valores positivos son «buenos» y los negativos, «malos».[8]

La investigación dejó al descubierto algunas sorpresas importantes. Previamente, los especialistas en mercadotecnia habían considerado como asuntos clave en la preferencia de los consumidores el número de orificios de vapor en la suela de la plancha y el lugar de ubicación de los controles (en la parte superior de la empuñadura –Estados Unidos– o en la parte posterior de la suela –Europa–). Habían insistido en que los temas clave debían tratarse sobre una base regional. Sin embargo, no se había contemplado ninguno de los dos como impulsor del diseño. Si nos referimos al ítem de la figura 4.9

8. El propio estudio examinó trece características diferentes y un total de cuarenta y ocho opciones. Se seleccionó Francia como representante del mercado europeo, aunque se tratara de un mercado pequeño, por dos razones: costes y tiempo. Las mismas razones que se aplicaron en el caso de la elección de México como representante de los países en vías de desarrollo.

	Estados Unidos	Francia	México
Precio			
15$	0,65	1,51	0,89
30$	0,32	1,18	0,02
55$	-0,40	-2,68	-0,90
Número de orificios de vapor:			
7	-0,99	-0,69	-0,34
15	0,15	0,59	0,72
29	0,29	0,49	0,29
60	0,72	-0,43	-0,65
Posición del control de temperatura:			
Cuerpo de la plancha	-0,12	0,27	-0,36
Empuñadura	0,12	-0,27	0,36
Minutos de vapor:			
15	-0,31	-0,49	-0,78
30	0,49	0,59	0,83
60	-0,17	-0,10	-0,05

Fuente: Sunbeam Appliance Company.

Figura 4.9. Resultado de los análisis conjuntos para las planchas vapor/seco.

que aparece bajo el título «número de orificios de vapor», el conjunto de los valores muestra que la «gran carrera por el orificio» sólo era importante en Estados Unidos; pero incluso aquí, ya hubiera sido suficiente con treinta agujeros. De forma parecida, los datos sobre la «ubicación del control de temperatura» indicaban que los encuestados de Estados Unidos solamente mostraban una ligera preferencia por un mando de control situado en la empuñadura; eso permitió que los ingenieros colocaran el mando de control en el lugar donde sería menos probable que sufriera algún desperfecto, fabricarlo con el menor número de elementos y con una interfaz que aceptara los termostatos fabricados tanto en Estados Unidos como en Europa. El termostato debería quedar asegurado a la suela, por lo que el emplazamiento más lógico del mando de control sería directamente conectado al termostato en el propio cuerpo de la plancha y no en una ubicación tan lejana como la parte superior de la empuñadura.

El estudio de mercado mostró con toda claridad aquello que *realmente* preocupaba a los usuarios y que otros estudios previos no habían conseguido descubrir: el tiempo de duración de la cantidad de vapor de sus planchas. La mayor parte de las planchas vienen provistas de un pequeño depósito de agua capaz sólo de ofrecer entre siete y diez minutos de vapor, exigiéndole al usuario que se detenga y vuelva a llenar el depósito hasta tres veces durante cada sesión de planchado. Como se indicaba en la figura 4.9 (en el apartado «minutos de vapor»), los usuarios de las tres regiones querían una plancha que les ofreciera, *al menos*, quince minutos de capacidad de vapor, y sus preferencias se decantaban claramente por los treinta minutos. Ese descubrimiento tuvo un importante impacto en el diseño del producto y se convirtió en un impulsor del mismo. Los ingenieros de la Sunbeam integraron el depósito de agua en la empuñadura de la plancha, añadiendo así una mayor capacidad de agua y obteniendo como resultado unos períodos de salida de vapor mucho más prolongados.

Los datos del estudio de mercado mostraron también que los usuarios de todas las regiones preferían sobre todo un control de temperatura variable («control de temperatura» en la figura 4.9), que también fue recogido por el diseño en la nueva plataforma de producción. Todos estos datos justificaron el descubrimiento, por parte del equipo, de necesidades latentes, y ofrecieron algunas guías con respecto a las necesidades percibidas, tales como el número deseado de orificios en la suela o el precio de venta de la plancha. Utilizando la metáfora de Deming, quedó establecido con toda claridad uno de los «objetivos» del sistema.

La creación del diseño compuesto

Un equipo de la Sunbeam-USA desarrolló, a continuación, un diseño compuesto «sobre el papel». El enfoque consistía en desmontar la arquitectura de la plancha en sus subsistemas e interfaces clave. Se tuvieron en cuenta diferentes alternativas para cada uno de los subsistemas en términos de electrónica y de materiales. De forma parecida, las interfaces se examinaron en profundidad y se diseñaron con el fin de ofrecer la mayor facilidad de ensamblaje. Se llevaron a cabo numerosos ajustes para incorporar los niveles de seguridad más rígidos exigidos por las normativas oficiales. El equipo utilizó un mapa conceptual para representar la arquitectura de la plataforma con la finalidad de ayudar a organizar su pensamiento (la figura 4.10 muestra una versión sencilla de ese mapa). El esquema proporcionó a los diseñadores una representación gráfica de las alternativas disponibles en los principales subsistemas de la plancha. El mapa conceptual que se utilizó en realidad (demasiado extenso y detallado para poder incluirlo aquí) contenía numerosas alternativas de diseño para cada uno de los subsistemas principales, ya sea de materiales, electrónica, acabados o procesos de manufactura.

El equipo sabía que sería esencial una reducción drástica en coste de materiales y en tiempos de trabajo si se quería que la nueva plataforma de producción constituyese una solución para la «gama baja, con posibilidad de ascenso». Se desmontaron y analizaron, según costes de materiales y contenido en trabajo, los productos ya existentes de Sunbeam y los de sus principales competidores (fig. 4.11). El equipo determinó a continuación el impacto que tendría una actuación sobre los materiales y el trabajo para mejorar los diseños existentes sin llegar a cambiar su arquitectura básica. Utilizando esas especificaciones como punto de referencia, el grupo se metió de lleno en el diseño de la nueva plancha global. El resultado fue que los elementos y las uniones de la Sunbeam se redujeron a solamente cincuenta y dos y tres, respectivamente. En la figura 4.11, el producto A era la plancha para vapor/seco de la Sunbeam en el momento de la iniciación del estudio de la «plancha global». El líder en el capítulo de costes era el producto B, una plancha para vapor/seco de la General Electric, que se fabricaba en tres factorías situadas todas ellas en el exterior del país (Singapur, México y Brasil). Los productos del C al I eran todos ellos de Estados Unidos, Europa y Japón.[9]

Con respecto a la simplicidad y a la reducción en el cómputo de elementos, se puede advertir con rapidez la potencia de esta fase del proceso del diseño compuesto. Ese nuevo diseño redujo el número de elementos de Sunbeam en un 46 % y el número de uniones en un 84 %, así como en otro 80 % los tipos de esas uniones. Colocó también a Sunbeam por delante de la unidad de General Electric (líder en costes) por un amplio margen. El diseño de la «plancha global» se comportó incluso mejor si se le compara con los competidores C a I.

La reducción de elementos y uniones permitió a Sunbeam rebajar sustancialmente sus costes en materiales y en trabajo. La figura 4.12 muestra la extraodinaria naturaleza de esas reducciones en los costes, mediante la comparación del nuevo diseño de Sunbeam con los de otros competidores globales en el mercado de las planchas de vapor/seco, basándose en el hecho de desmontar y estudiar sus productos, así como los procesos manufactureros que los hacen posibles.

9. A mediados de la década de 1980, Black & Decker adquirió la división de artículos para el hogar de la General Electric. El nombre de la línea de la plancha GE es, en la actualidad, Black & Decker.

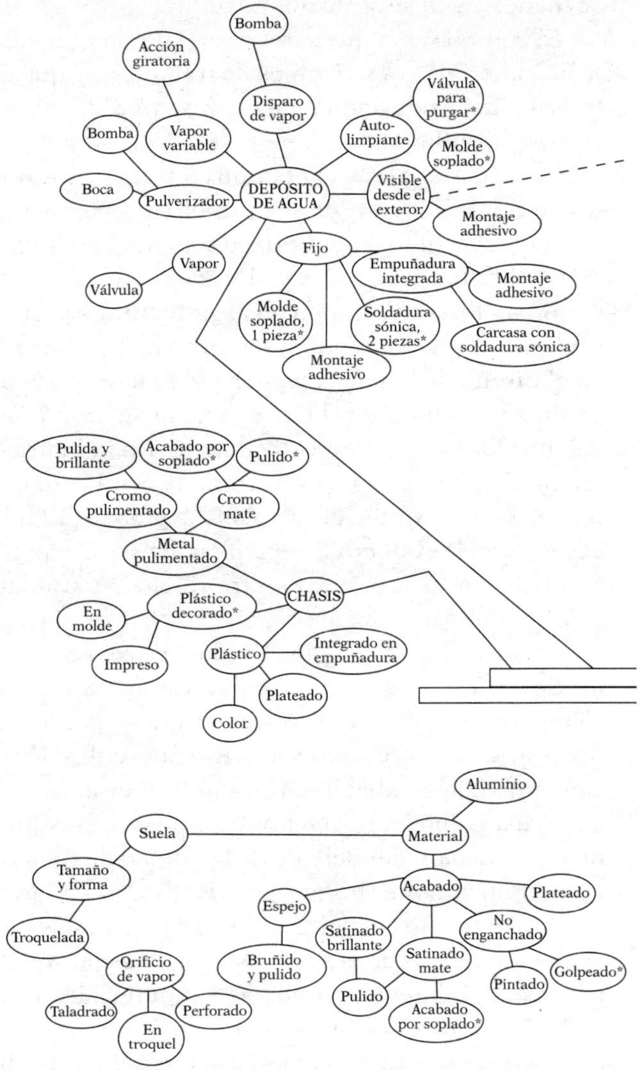

*Estas características están aún por desarrollar.

Figura 4.10. Mapa conceptual de los subsistemas de la plancha global.

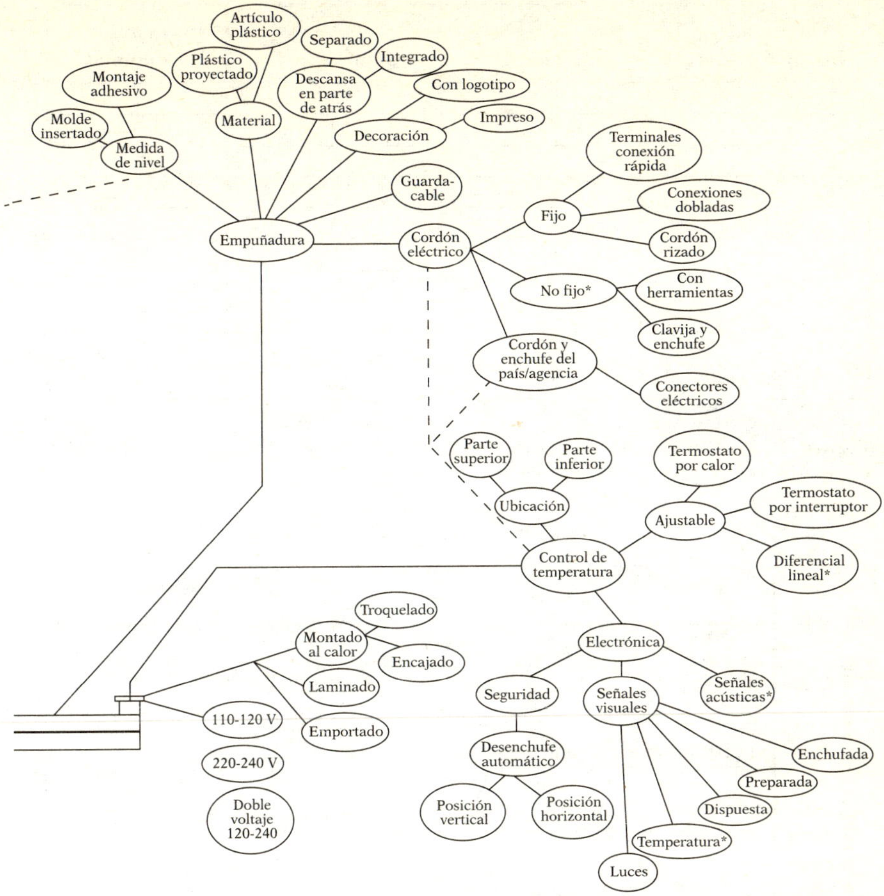

Opciones de manufactura de la plancha Equipo de choque de la plancha global

*Estas características están aún por desarrollar.

Producto de los competidores	Elementos	Uniones	Clases de uniones
A	97	18	10
B	74	19	9
C	75	16	7
D	115	20	8
E	147	24	15
F	140	21	10
G	144	30	15
H	103	18	9
I	134	24	12
Plancha global	52	3	2

Figura 4.11. Número de elementos y uniones de las planchas de los principales competidores.

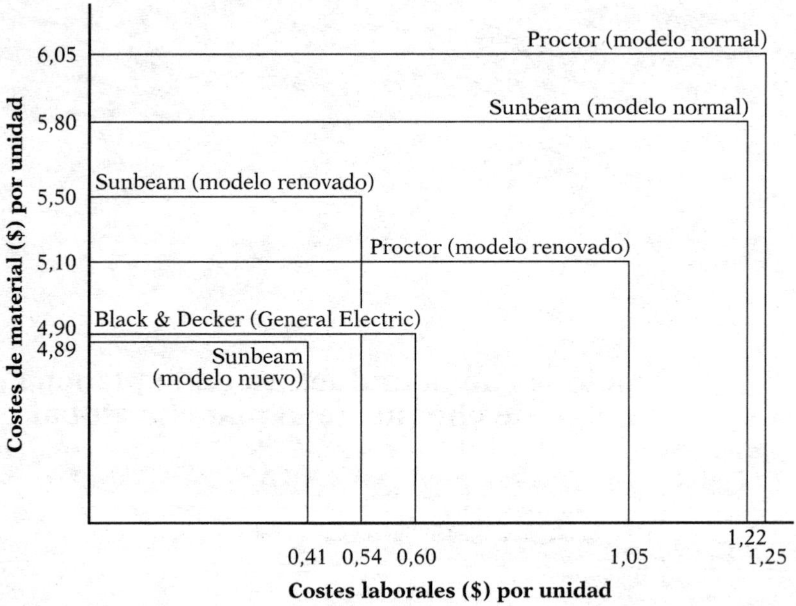

Figura 4.12. Comparación de los costes de fabricación de diseños alternativos.

Según muestra la figura, se estimaron los costes de materiales del modelo normal de Proctor Silex en 6,05 dólares por unidad, y en 1,25 los costes laborales. El modelo normal de Sunbeam no era mucho mejor. Aunque una mejora en los diseños y en los procesos de fabricación de estos modelos normales daría también como resultado otra mejora en el capítulo de costes en material y en trabajo, el líder en cuanto a costes seguía siendo el producto de la General Electric (4,90 dólares en costes de material y 0,60 en costes laborales, por unidad). Sin embargo, el nuevo diseño de un producto entendido como un todo y del proceso de manufactura colocó al frente del pelotón a la «plancha global» de Sunbeam, en término tanto de costes de material (4,85 dólares) como de costes laborales (0,41 dólares por unidad).

La nueva plataforma poseía otra gran ventaja. Al ser tan modular y contar con unas interfaces tan claras entre los subsistemas, era capaz de crear un amplio abanico de planchas de vapor/seco, derivadas de ella. En otras palabras, permitía desplazamientos verticales hacia arriba. Los diferentes productos derivados, fabricados a partir de la plataforma básica, eran susceptibles de ofrecer respuestas a las necesidades específicas de numerosos segmentos del mercado, desde las gamas inferiores hasta aquellas otras situadas en la parte más elevada de la escala, así como también de las diferentes regiones, manteniendo siempre una clara ventaja global en el capítulo de costes.

El impacto de la «plancha global»

La «plancha global» Sunbeam se puso a la venta en 1986 a partir de un nuevo diseño realizado en la planta que la empresa tiene en Estados Unidos y disfrutó de un éxito enorme en los mismos Estados Unidos, Canadá y América Latina. Sin embargo, la política interna de la propia empresa impidió la introducción del diseño en Europa, pues el consejo de administración de Rowenta insistió en crear el suyo propio.

No obstante, las ventas de planchas de Sunbeam pasaron de unas ochocientas mil a algo más de tres millones por año. La nueva plataforma de producción se convirtió en la base de una familia completa de planchas que se vendían en los principales segmentos del mercado, incluido el amplísimo segmento de gama baja en el que Sunbeam nunca había intentado intervenir de manera efectiva. Los productos derivados se creaban siguiendo una línea de progreso; a medida que iban apareciendo, se suspendían los diseños de las planchas más antiguas de la empresa.

Los ingenieros en desarrollo de productos no podían recoger los beneficios de las iniciativas de diseño compuesto sin contar con la colaboración de los ingenieros de fabricación y procesos, trabajando con ellos codo a codo. Mientras que los ingenieros de diseño del producto avanzan, pasando de un diseño a otro –tratando de conseguir la función para la que debe crearse e intentando, a continuación, encontrar «la mejor manera» de diseñarlo para que funcione–, los ingenieros en manufactura deben determinar «la mejor manera» de producir el diseño. Los esfuerzos en favor del diseño compuesto quedarán cortos si el personal de manufactura insiste en compatibilizar el nuevo diseño con la capacidad de producción del modelo que se tiene en ese momento. Si el grupo de manufactura se siente satisfecho con el simple hecho de alcanzar la paridad con la competencia, entonces los diseñadores del producto podrían muy bien tirar la toalla. El diseño compuesto reclama soluciones óptimas para el producto, el proceso de fabricación y la mercadotecnia con el fin de conquistar un liderazgo incontestable en precios y costes. La paridad es inaceptable. El diseño compuesto descubrirá la paridad dondequiera que exista: en el diseño del producto, en el proceso de fabricación, en la mercadotecnia y en la distribución. Después de haber conseguido esa paridad, una empresa puede, a continuación, tratar de alcanzar una solución superior.

Sugerimos que esas mismas técnicas que hemos descrito en el caso del diseño de la plataforma de producción se apliquen con provecho al estudio en profundidad de los procesos de manufactura. En ocasiones estos procesos se contemplan como operaciones monolíticas, inalterables, secuenciales. Al desmenuzarlos y representarlos en forma de diagramas de bloques, en los que se muestran los principales subsistemas del proceso y las interfaces que se establecen entre ellos, estaríamos en el principio de situar todos los procesos en un índice ordenado para compararlos con los de otros fabricantes. Se podrían examinar así factores tales como la producción de materiales, las materias primas procesadas en un tiempo dado, los costes en equipamiento, las inversiones de capital o los ritmos de fabricación. A partir de ahí, se podría comenzar a considerar qué elementos del proceso tendrían que contar con un equipamiento adecuado para un objetivo especial como opuesto al equipamiento general. Todas estas consideraciones ayudarían a producir un proceso más flexible, al tiempo que eficaz, por lo que se refiere al capítulo de costes.

Por lo general, los artículos se crean como productos de función única que, con el paso de los años y, en ocasiones, de las décadas, van mejorando de manera constante en prestaciones, costes y calidad. Por ejemplo, la radio AM, inventada hace ya décadas, siguió su camino como un producto de función única. Más tarde se inventó la radio FM y, de forma parecida, discurrió también por el camino del producto singular durante bastantes años. Finalmente, alguien advirtió el beneficio que causaría la fabricación de una radio AM/FM, y eso representó ya el camino de un nuevo producto.

Después de la Segunda Guerra Mundial hizo aparición el magnetófono portátil, otro producto de consumo del mundo de la audición. Alrededor de cuarenta años después aparecieron los discos compactos (CD) y los reproductores de compactos (*CD players*). Finalmente, estas tecnologías de productos únicos se combinaron en un producto multifuncional «híbrido»: un sistema estéreo, con radio AM/FM, magnetófono y reproductor de discos compactos. En gran medida, cada uno de los sistemas que antes se encontraban separados se benefició de la integración de subsistemas comunes: la electrónica, los altavoces, los conjuntos de cables, los diales, la toma de corriente, los chasis, etc. El resultado fue un producto nuevo y más dinámico.

Hewlett-Packard demostró también la hibridación de productos en su presentación de la OfficeJet. Este aparato incluía funciones que originalmente sólo se encontraban en productos separados: impresora de ordenador, máquina de fax, fotocopiadora y escáner óptico. Todos estos productos compartían una serie de subsistemas en común. Por ejemplo, el subsistema que ofrecía la impresión del ordenador podía cubrir asimismo las necesidades de papel liso de la fotocopiadora y la máquina de fax. A partir de diseños que tenían por objeto estos subsistemas comunes, HP fue capaz de fabricar una máquina de oficina de cuatro funciones que ocupaba muy poco espacio y con un precio de salida muy atractivo. Para quienes tienen la oficina en casa, y cuentan con espacio limitado y múltiples demandas, la OfficeJet les proporcionaba un gran servicio con un volumen mínimo.

La hibridación sucede cuando los ingenieros y el personal de mercadotecnia encuentran la oportunidad de crear un más amplio servicio para el destinatario final, reduciendo los costes y el tamaño de aparatos que, en conjunto, ofrecen las mismas funciones. En el ejemplo de Hewlett-Packard, las cuatro funciones a las que hemos hecho referencia anteriormente las contiene un producto de 42 x 40 x 28 cms, significativamente más pequeño que el conjunto de los cuatro elementos que hacen esas mismas funciones por separado. Y el precio de venta al público, en 1995, de unos seiscientos dólares por el aparato de la gama básica, era muy inferior a lo que costaban, adquiridos por separado, una impresora, un fax, una copiadora y un escáner.

La hibridación no es exclusiva de las industrias de alta tecnología. Pensemos en la pesca con mosquito que antes hemos mencionado. El Pak-Vest, manufacturado por Patagonia, combina un chaleco de pesca con una mochila para el caso de que el pescador se aleje mucho del punto de partida. Esa unidad puede servir sólo como chaleco, sólo como mochila o como una combinación de ambos, unidos por una de esas correas de plástico con hebillas que se pueden encontrar en docenas de otros productos.

Las técnicas de diseño compuesto potencian nuestra capacidad para crear productos híbridos sin abandonar por ello los elegantes subsistemas que habían sido esenciales en el desarrollo de los productos de función única.

La lucha por el pragmatismo en el diseño de nuevas plataformas de producción

Russell Ackoff (graduado por la Universidad de Pennsylvania) observó que aquellas empresas que hacen planes de producción para un plazo de cinco años pasan un auténtico calvario al intentar predecir la tecnología adecuada para esos cinco años y basar, a continuación, esos nuevos planes de producción en aquellas prediciones. En las industrias dinámicas, esos pronósticos quedan pronto anticuados, volviendo obsoletos los nuevos planes de producción, y eso conduce de inmediato al inicio de un ciclo inacabable de planificación y replanificación que, a su vez, produce la parálisis. Las empresas acaban trabajando sobre bases más seguras, sobre todo mediante la fabricación de productos derivados creados a partir de plataformas y tecnologías ya existentes.

Ackoff sugiere un enfoque más pragmático que él denomina de «diseños idealizados». «Un diseño o un rediseño de esa clase –afirma Ackoff–, es una concepción de un sistema que a sus diseñadores les gustaría tener *ahora mismo*, y no en fecha futura. Por tanto, no es necesario predecir el medio en el que ese sistema debería operar; es el medio normal del momento.»[10]

En su aplicación concreta a los productos, la esencia del diseño idealizado es la siguiente: en lugar de diseñar nuevos productos basados en tecnologías de las que nos gustaría disponer dentro de cincuenta años, construyamos un diseño compuesto, que no es otra cosa que la combinación efectiva de los mejores subsistemas y componentes de su categoría disponibles en todo el mundo, *en la actualidad*. El nuevo diseño es aquel que los diseñadores elegirían para sus clientes si tuvieran la libertad de decidir alguna solución, a partir de los enfoques y los productos existentes en ese momento en la empresa. El razonamiento básico se argumenta como sigue: existen esparcidos por el mundo numerosos elementos que constituirían excelentes soluciones, pero ¡es necesario que salgas de tu oficina para dar con ellos!

Un diseño idealizado de una nueva plataforma de producción no tiene por qué ser «perfecto», ya que quienes lo desarrollan continuarán aprendiendo cosas sobre nuevas tecnologías e incorporándolas a las sucesivas generaciones de la plataforma. Es importante prever tecnologías de más amplio radio en tanto que proceso continuo que sirve para empapar de cierto frescor el inventario de sillares de construcción de la empresa; la construcción rigurosa de las necesarias plataformas de producción no debería seguir una senda crítica.

En nuestros propios términos, el «diseño idealizado» de una nueva plataforma podría ser la síntesis del subsistema X –tomado de una de nuestras propias líneas de productos (o una tecnología dispuesta para su uso y procedente del laboratorio)–, del subsistema Y –de otra empresa del mismo ramo de la industria– y del subsistema Z –de una empresa situada fuera de nuestro ramo industrial–. Como esos subsistemas ya existen, en realidad crear la nueva plataforma es una tarea que puede conseguirse empleando una cantidad de tiempo razonable.

La experimentación y el aprendizaje constituyen unas de las fuerzas más importantes del enfoque del diseño compuesto. Cuando un equipo comienza a realizar el esfuerzo que significa enfrentarse a esa clase de diseño, de manera invariable tendrá muchas más preguntas que respuestas. Deberían tenerse muy en cuenta estos «no sé», porque las respuestas que se les den pueden convertirse en los impulso-

10. Russell Ackoff, *Creating the Corporate Future: Plan or Be Planned For*, Nueva York, Wiley, 1981, pág. 105.

res clave que se encuentren en la base de una plataforma de producción auténticamente exitosa.

Unas palabras de advertencia. Las empresas están recurriendo a la «estandarización» de componentes para conseguir así una disminución de los costes de gestión y de los costes de producción. Se deberían tener en cuenta ciertos elementos antes de comenzar una carrera que nos lleve a la manía de la estandarización, pues estandarización y plataformas de producción no son sinónimos; la primera puede alcanzarse mediante la utilización de sólidas plataformas, pero estas mismas plataformas sólidas no se consiguen únicamente a través de la estandarización. Más aún, la estandarización de todos los componentes usados en una cartera de productos puede conducir a la rigidez de las plataformas subyacentes y a la inflexibilidad, precisamente cuando su objetivo no es otro que adelantar diseños de productos para el futuro. Por sí misma, la estandarización puede sólo conducir también a los productos del tipo «yo también lo tengo», iguales a los ya existentes, es decir aquellos productos que se encuentran en paridad con los de la competencia. Por ejemplo, muchos fabricantes de PC clónicos tienen dificultades para diferenciarse entre sí, excepto por el precio, y ése es un camino muy escasamente fructífero para sobrevivir.

El enfoque eficaz que lleva hasta la estandarización es muy selectivo, eligiendo cuidadosamente aquellos elementos que deberían estandarizarse. En primer lugar y por encima de todo, tenemos las interfaces de los subsistemas (y las interfaces de usuario para los sistemas y el *software*). Una vez que se han diseñado o se han obtenido de otros ramos industriales sólidas interfaces, y una vez que se las ha puesto en el lugar que les corresponde, los creadores cuentan con un cierto grado de libertad para mejorar determinados subsistemas o para añadir algunos otros enteramente nuevos.

En segundo lugar, y a un nivel de importancia parecido al del punto anterior, una empresa debe examinar su arquitectura productiva para identificar aquellos determinados subsistemas que poseen el potencial de contar con la única tecnología y el único proceso productivo apropiados, es decir, para *no encontrarse en paridad* con el resto del mundo. Esos subsistemas clave pueden convertirse en los impulsores de toda la cartera de producción y podrían, por lo tanto, estandarizarse. Una vez identificados, el consejo de administración puede destinar recursos a esos subsistemas que tienen una elevada capacidad de desplazamiento por los segmentos productivos y convertirlos en poderosos activos de la empresa. Esta clase de estandarización es una forma interna que se basa en una tecnología propia de alto valor añadido.

La otra clase de estandarización es la forma externa más convencional, donde componentes y módulos de terceros que son válidos para todos, se integran en subsistemas propios con el fin de crear diversos productos. No obstante, si una empresa concentra sus esfuerzos únicamente en esta segunda clase de estandarización, con el fin de reducir costes y la complejidad de los elementos, le será muy difícil conseguir ventajas competitivas sostenidas. Hemos de insistir una vez más en que *el valor, en forma de función que proporciona utilidad y placer al usuario, debe existir también a bajo coste.*

Es evidente que el diseño compuesto no constituye el único ingrediente para construir nuevas plataformas de producción marcadas por el éxito, sino que debe combinarse con un plan eficaz de desarrollo del mercado. Eso significa conocer con toda claridad los «puntos débiles» del cliente mediante un estudio de grupos e investigaciones de mercado, y trasladarlos a los productos promocionales y a las campañas de propaganda. Quiere decir también la potenciación de los canales de distribución de la empresa para poder manejar la nueva corriente de productos. Asimismo, podría significar el desarrollo de nuevos canales de distribución. Y no queda todo ahí, porque la expansión de un mercado sólido puede considerarse como el genio oculto en la lámpara de la creación de productos. Sin su existencia, ni siquiera el mejor de los productos nuevos conseguirá alcanzar el completo potencial de mercado que le correspondería.

5

ORGANIZARSE PARA RENOVAR

La prioridad máxima de una empresa, en cualquier rama de negocios, es la de seguir prosperando a lo largo del tiempo. Como esa responsabilidad recae firmemente sobre el consejo de administración, es de esperar que sea él quien organice la empresa de manera que pueda asegurar una cartera de productos viva y sólida. Por desgracia, se trata de un caso poco frecuente, particularmente entre aquellas firmas cuya creación viene de antiguo. Mucho más a menudo, el «automantenimiento» –la conservación del *statu quo*– asume la máxima prioridad, absorbiendo la energía y los recursos que deberían destinarse a la renovación. En el peor de los casos, sólo es capaz de encontrar innovaciones, que la hagan crecer más allá de sus antiguos límites, en proyectos de trabajos marginales y en empresas más pequeñas y menos burocratizadas que trata de adquirir por todos los medios.

Al reconocer la necesidad de generar la renovación desde dentro, los teóricos de la administración han recomendado diferentes enfoques para organizar las actividades empresariales: según la función, según el tipo de producto y mediante el uso de matrices.[1] Todos estos enfoques han sido experimentados, pero ninguno de ellos ha demostrado que se podría convertir en una especie de «receta mágica» universal. Las empresas se han organizado y se han vuelto a organizar, pero la estructura ideal para alimentar y comercializar la innovación ha continuado manteniéndose esquiva.

Durante la década pasada se han creado equipos autónomos, formados por personal de diferentes áreas, con el fin de servir de antí-

1. Una excelente exposición del impacto de los diferentes enfoques organizativos, formales e informales, para conseguir la efectividad de los estudios y el desarrollo de actividades, puede encontrarse en Thomas Allen, *Managing the Flow of Technology*, Cambridge, MIT Press, 1977, págs. 206-228.

doto al incómodo problema que supone el estancamiento de la cartera, a menudo con notable éxito. Uno de los más memorables fue, sin duda, el «Equipo Taurus», que aportó lo mejor y lo más brillante a la Ford Motor Company, bajo la jefatura de un fuerte y autónomo líder de grupo, el malogrado Lew Veraldi. El Equipo Taurus creó la plataforma del vehículo que, a comienzos de la década de 1980, sacó a la Ford del borde de la quiebra del negocio en la que se encontraba e insufló a la empresa un nuevo hálito de vida. Otros casos célebres de innovación productiva basada en la existencia de grupos de trabajo en equipo han sucedido en IBM, Kodak y Boeing, por citar sólo unos pocos.

La idea de atacar los problemas mediante la utilización de equipos no es nueva. Hace más de una década, Takeuchi y Nonaka, profesores de la Universidad de Hitotsubashi, publicaron un informe sobre la eficacia de los equipos en las empresas japonesas, en contraste con los enfoques tradicionales del desarrollo productivo:

> La secuencia tradicional, o enfoque de la «carrera de relevos», para producir desarrollo puede entrar en conflicto con los objetivos de máxima rapidez y flexibilidad. En su lugar, un enfoque holístico, o de «rugby» –en el que un equipo trata de correr la distancia como unidad, pasándose la pelota hacia atrás y hacia adelante– puede ser mucho más positivo en el competitivo medio del mundo de hoy. En aquel antiguo enfoque, el proceso de desarrollo de un producto avanzaba siempre como en una carrera de relevos, en el que un grupo de especialistas en una única función pasaba el testigo al grupo siguiente. El proyecto iba avanzando siempre de una manera secuencial, de fase a fase: desarrollo del concepto, comprobación de posibilidades de éxito, diseño del producto, procesos de desarrollo, producción piloto y producción final... Con el enfoque «rugby», el proceso de desarrollo del producto surge de la interacción constante en el seno de un equipo escogido escrupulosamente, multidisciplinar, cuyos miembros trabajan estrechamente unidos desde el principio hasta el final. En lugar de avanzar siguiendo estadios perfectamente definidos y altamente estructurados, el proceso camina mediante las acciones recíprocas de los miembros del equipo.[2]

Más recientemente, Katzenbach y Smith, consultores en administración de empresas, han observado que «los equipos constituyen la unidad fundamental de funcionamiento en un número creciente de

2. Hirotaka Takeuchi e Ikujiru Nonaka, «The New New Product Development Game», *Harvard Business Review* (enero-febrero de 1986), pág. 137.

empresas [y] esos equipos integran de manera natural el funcionamiento y el aprendizaje».[3]

A pesar de las señales de aprobación que reciben estas novedades, son numerosas las empresas que se encuentran agobiadas por el peso de burocracias lentas que toman como base exclusivamente la funcionalidad y que impiden la aparición de innovaciones tecnológicas, de nuevas plataformas de producción y de futuras corrientes de novedosos y llamativos productos. Incluso aunque los equipos hagan aparición en su seno, muy pocos están provistos del grado de autonomía que exige un verdadero éxito. En otros casos, el ejecutivo principal abandona para dedicarse a otros proyectos, o los esfuerzos del equipo se ven minados por los comités y los procedimientos de la corporación, así como por la existencia de funcionarios que protegen su propio territorio.

Durante los últimos años se ha escrito mucho sobre la utilidad de los equipos multifuncionales y cualquiera que intente un estudio en detalle cuenta con un cierto número de libros y de artículos disponibles. El objetivo de este capítulo consiste en resaltar algunos aspectos de la renovación de la línea de productos basada en la existencia de equipos que, a menudo, se ignoran: la propiedad del destino de los proyectos; el número óptimo del personal técnico del equipo; y la importancia de la ubicación.

Los enfoques organizativos de la renovación

La experiencia nos dice que una innovación coronada por el éxito mediante la utilización de equipos cuenta con tres ingredientes: la propiedad, la potenciación y la constancia. Propiedad significa control, es decir, el privilegio de tomar las decisiones que exige la tarea impuesta. La potenciación proporciona a los equipos el tiempo y los recursos necesarios para realizar el trabajo. Constancia quiere decir que la propiedad y la potenciación garantizan la duración completa de un proyecto, desde la conceptualización hasta el momento en que ese concepto ha tenido éxito o ha fracasado en el mercado.

La importancia de estos tres elementos esenciales se ve confirmada en el caso de un fabricante de mobiliario. Esta empresa, fundada hacía setenta y cinco años, vendía anualmente por un valor de

3. Jon Katzenbach y Douglas Smith, *The Wisdom of Teams*, Boston, Harvard Business School Press, 1993.

varios miles de millones de dólares y había finalizado en ese momento una década de crecimiento sin precedentes. En un descanso de su principal convención anual, el presidente de la empresa se acercó al vicepresidente de I + D, recientemente contratado, y le planteó esta pregunta: «Bueno, George, ahora que ya llevas entre nosotros unos cuantos meses, ¿qué piensas de nuestros productos y de la manera como trabajamos aquí? Si sólo pudieras citar una cosa, ¿cuál sería?».

George se quedó pensativo por un momento. «¿Sólo una cosa?», preguntó.

«Sí, sí, sólo una», dijo el presidente al tiempo que asentía con la cabeza.

«¡No hay nadie que se considere propietario de la línea de producción!»

El presidente le observó confuso. «¿Qué quieres decir? Todos somos propietarios de la línea de producción de esta empresa, George.»

«Muy bien –contestó George–; después de pasarme tres meses dando vueltas por la empresa, no soy capaz de encontrar a nadie que se considere responsable de la línea de producción o de un producto en particular. ¡A nadie!» Gesticulando en dirección a los productos que se mostraban en los expositores situados detrás de ellos, continuó: «Ésta es nuestra línea de productos más importante –nuestro mayor generador de ventas y beneficios– y ya tiene diez años de antigüedad, parece cansada y está perdiendo el atractivo del mercado. Y a pesar de eso, he sido incapaz de identificar a ninguna persona que se levante cada día de la cama, venga a trabajar y diga: "Esta línea de producción es de mi entera responsabilidad".».

«Me parece que no lo entiendes, George –el presidente dejó escapar una sonrisa–. Todo el mundo tiene en la cabeza esta línea de producción. Cada uno de nosotros es responsable y debe rendir cuentas.»

Animado por la posibilidad que se le ofrecía de tener ante él al propio presidente, George continuó: «Muy bien, señor; en los debates que he ido manteniendo, reuní una lista de preguntas muy sencillas y directas sobre la línea de producción. No encontré a nadie que pudiera contestar a *ninguna* de ellas. Quizás usted pueda hacerlo.»

George dio un repaso mental a la lista de preguntas que había estado planteando de una manera reiterativa en aquellos primeros meses en la empresa:

- ¿Cuál ha sido la situación de toda la línea de producción, por lo que se refiere a ventas y beneficios, a lo largo de los últimos diez años? ¿Han aumentado las ventas y los beneficios año tras año, se han mantenido o han disminuido? ¿Y qué sucede con la cuota de mercado?

• ¿Quién es el que decide en I + D, diseño, mercadotecnia y manufactura en esta línea de productos?

• ¿Pone el mercado al descubierto las necesidades de los clientes hasta el punto de que éstas servirán de impulsores de la próxima generación de esta línea de producción? Y si el mercado se está comportando de esa manera, ¿hay siquiera una persona que se preocupe de atender a esas necesidades?

• ¿Conoce el personal de ingeniería las nuevas tecnologías que se usan fuera de nuestra industria, capaces de mejorar nuestra elección de materiales, de componentes, etc.?

• ¿Hay alguien de fuera del departamento de manufactura que se haya dedicado a revisar las decisiones sobre la propia manufactura que puedan afectar a esta línea de producción?

«Siempre que he hecho estas preguntas –le comentó George al presidente–, sólo he conseguido miradas de asombro y una única respuesta: "No lo sé".»

Es posible que su empresa sea como la de George, una en la que el crecimiento, la complejidad y el descuido de las relaciones humanas han conspirado para oscurecer una línea clara de control y de responsabilidad entre los individuos y los productos que proporcionan ingresos. De aquí se deduce sencillamente que cuando *todos* son responsables, *nadie* en concreto es responsable. Es habitual que las respuestas a preguntas como las formuladas por George se puedan encontrar *en alguna parte* de la empresa, pero no en un solo lugar. Con demasiada frecuencia, las únicas personas que poseen un conjunto de respuestas completas son los consultores de gestión exteriores a la propia empresa.

El fracaso de la administración en instalar la propiedad de una línea de producción en una localización única conduce finalmente a un retroceso del negocio, a una llamada a «despertar» que acaece después de que la línea de producción desatendida ha perdido de manera irreversible su poder en el mercado. La ironía reside en que la mayoría de esos retrocesos podrían haberse evitado. *Todas* las empresas cuentan con empleados informados y comprometidos que advierten cómo van quedando anticuados los peores productos, así como de la erosión gradual de la cuota de mercado. Son muchos los que tienen excelentes ideas para corregir esa situación y volver a conseguir beneficios en los mercados; pero no se sienten capacitados para actuar debido a que no se sienten «propietarios» del producto o de la familia de producción.

Proporcionar la propiedad a todos los niveles

En el caso de las familias de productos, la propiedad se le debe ofrecer a aquellos equipos que desarrollan cada una de las plataformas de producción y sus respectivos productos derivados. Desde una perspectiva organizativa, eso quiere decir que las empresas deberían «parecerse» a las cosas que tratan de fabricar. Según han señalado Morris y Ferguson (consultor en administración de empresas, el primero, y empresario tecnológico, el segundo), «la arquitectura organizativa y la toma de decisiones» *deberían* «ser un espejo de la arquitectura técnica». Ambos describen el «modelo del Silicon Valley», donde los equipos se forman siguiendo «una clara separación entre funciones para cumplir objetivos generales centralizados (del tipo de los desarrollos de plataformas que hemos descrito en este trabajo) y funciones para cubrir objetivos especiales o descentralizados» (tales como los productos derivados específicos), de tal manera que, «sin necesidad de volver a hacerlos, se puedan intercambiar determinadas tecnologías, componentes o productos». Continúan diciendo que, en estas firmas de elevada movilidad, «las empresas son muy precisas y los grupos de desarrollo se unen entre sí por medio de interfaces simples y limpias, determinadas por los límites de su arquitectura».[4]

Por ejemplo, Microsoft tiene diferentes unidades de negocios responsables del desarrollo del *software* de sus sistemas operativos y de aplicaciones de *software*, y diferentes grupos en el seno de esas unidades de negocios que trabajan en el desarrollo de nuevas plataformas en el interior de cada área. Al mismo tiempo que la empresa consigue un alto grado de sinergia en el mercado procedente de ambos grupos, obtiene también flexibilidad estratégica. Por poner un ejemplo, las aplicaciones de *software* de Microsoft se desarrollan para su uso en diferentes sistemas operativos. La comunicación frecuente entre los equipos implicados en desarrollos paralelos de ambos grupos contribuye a mantener sincronizados los desarrollos respectivos de Microsoft.[5]

4. Charles Morris y Charles Ferguson, «How Architecture Wins Technology Wars», *Harvard Business Review* (marzo-abril de 1993), págs. 94-95.

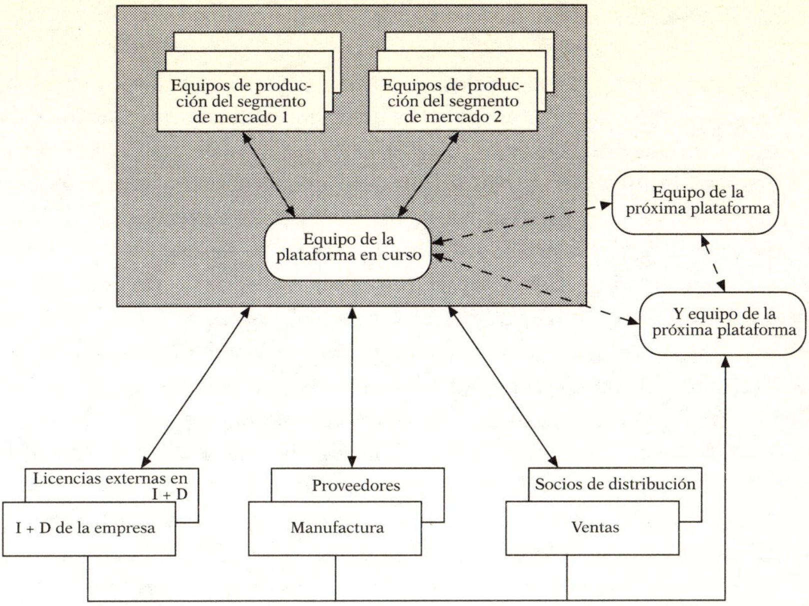

Figura 5.1. Organización «telaraña» para el desarrollo y la renovación de una familia de productos.

Una organización basada en las plataformas se asemeja a la estructura en «telaraña» de James B. Quinn,[6] que se muestra en una adaptación en la figura 5.1. En ella, los diferentes equipos de la plataforma forman una red entre sí y con los equipos de fabricación de productos derivados. Cada vez que hace aparición una nueva plataforma, se forman grupos de trabajo de productos derivados. Como es natural, cada uno de los equipos debe contar con un estatuto claro que, entre otras cosas, marque los límites de su trabajo y evite conflictos con otros grupos. De esta manera, cada equipo se halla perfectamente enfocado. Lo mismo que en el ejemplo de Microsoft, es necesario que los líderes de cada grupo mantengan una coordinación y una comunicación continuas con el fin de sincronizar las actividades de los equipos de la plataforma y de los equipos de producción.

5. Michael Cusumano y Richard Selby, «How Microsoft Competes», *Research-Technology Management*, vol. 30, nº 1 (enero-febrero de 1996), págs. 26-30.

6. James Brian Quinn, *The Intelligent Enterprise*, Nueva York, Free Press, 1992.

Evitar el síndrome de la cuadratura del círculo

Aunque parecería lógico que las empresas se organizaran siguiendo vías que reflejasen los productos o servicios que están tratando de producir, no siempre sucede así. Un gran fabricante que conocemos ha desarrollado un importante negocio en películas y cámaras con una estructura organizativa en forma de chimenea funcional (I + D, manufactura y distribución). Una organización de esa clase se ajustaba a la perfección a la tradición productiva de artículos de consumo de gran volumen de aquella empresa. Sin embargo, con el fin de hacer frente a un descenso en ese negocio principal, el consejo de administración comenzó a pensar en iniciativas destinadas a crear sistemas que fueran esencialmente de productos de pequeño volumen y de elevado valor añadido que requerían la integración de numerosas tecnologías periféricas, de ordenadores y de *software*. Todas esas iniciativas recibían su impulso a través de la organización funcional existente. No sorprende, entonces, que sólo se crearan unos pocos sistemas que alcanzaran éxito. En su lugar, se produjo un nuevo conjunto de periféricos que consumían los productos de consumo tradicionales de la empresa. Ignorando las demandas del mercado en favor de sistemas integrados, un consejo de administración tan funcional guió sus pasos por la senda que conducía al desarrollo de productos periféricos únicos, que reflejaban las clases de ingeniería, manufactura y distribución con los que ellos se encontraban cómodos. El resultado neto fue la inversión, por parte de la empresa, de enormes recursos al tratar de fabricar «unas clavijas cuadradas para un enchufe redondo».

Evitar la pseudo-propiedad

Quizá no exista otro pecado organizativo más desmoralizador para los equipos que aquel al que acostumbramos a denominar como la «pseudopropiedad». Con este concepto entendemos aquella condición en la que los equipos consideran que poseen la capacidad de tomar decisiones críticas, cuando en realidad son otros los que han reservado para sí mismos esa autoridad. La pseudopropiedad se muestra por lo común en las interfaces del proyecto y en las funciones corporativas que lo apoyan: I + D, diseño, pruebas y evaluación, mercadotecnia, catalogación, servicio del producto, control de calidad y compradores. Cada una de esas funciones posee sus normas y procedimientos y asume la autoridad sobre todas las decisiones que se toman en el terreno de su propia jurisdicción. Cada una de las funciones detenta un control temporal; por ejemplo, un equipo que considera que posee la propiedad efectiva de un proyecto de desarrollo puede encontrarse con que el sector de mercadotecnia ha tomado unilateralmente decisiones sobre precios y distribución. Esas prácticas son antitéticas con la noción de propiedad y, por tanto, el consejo de administración debe eliminarlas.

Volvamos a aquella analogía de Takeuchi y Nonaka con la carrera de relevos, con el fin de sugerir alguna solución al problema de la propiedad. Pero imaginémonos ahora que el consejo de administración entrega el testigo encadenado con unas esposas a los miembros del equipo de producción. Cuando ese testigo (el proyecto) necesita energía o servicios de un departamento específico, por ejemplo, el de precios, el equipo visita al grupo que tiene por función marcar los precios para discutir con él la estrategia correspondiente. El testigo no se entrega y queda abandonado en el área del departamento de precios, sino que permanece con seguridad al equipo. La decisión final sobre precios la toma el equipo y no el departamento encargado de su estudio.

De esta manera, el grupo va pasando de departamento en departamento, consiguiendo así los recursos necesarios para la realización del proyecto. Actuando así, el equipo puede seguir siendo de pequeño tamaño y puede moverse con velocidad y eficacia por toda la empresa. El grupo mantiene bajo mínimos la implicación de las funciones externas, consigue que las reuniones sean mínimas, y evita las maniobras y las segundas intenciones que pueden impedir fácilmente su progresión.

La formación de equipos que crean productos

El personal técnico de los equipos de desarrollo de la plataforma

Los equipos de diseño de la plataforma y de los productos derivados acostumbran a ser reducidos y multifuncionales, es decir, limitados a personas dedicadas que representan de manera colectiva un amplio abanico de capacidades funcionales y de intereses. El proceso de selección debe gestionarse cuidadosamente y se debe evitar la aceptación de aquellas personas que

- no son activas,
- no son críticas con la empresa, y
- están disponibles.

Existen muchas posibilidades de que las personas que participan de esa descripción no sean precisamente los campeones del cambio. Como norma general, si el jefe de un departamento funcional permite que se le reclute uno de sus miembros sin oponer argumento alguno, eso querrá decir que no se ha elegido a la persona más adecuada. Los mejores candidatos para integrarse en un equipo son aquellas personas a las que les atraen los desafíos y que no tienen una excesiva aversión a asumir riesgos. Son aquellos que desean distinguirse y que realizan contribuciones significativas a la empresa y a sus propias carreras. En numerosas ocasiones, esas personas se hallan frustradas porque están infrautilizadas y no se les permite asumir riesgos, se hallan ligadas a un trabajo de tecnología anticuada y en unos negocios que van a la quiebra. Forman aquella clase de personas a las que pretende la competencia. ¿Por qué no poner ante ellas un nuevo desafío importante?

El primer miembro del equipo debería ser un individuo con potencial suficiente para sacar adelante el proyecto desde el origen hasta la comercialización. Tenemos claros prejuicios ante el personal emprendedor, capaz de trabajar cómodamente con investigadores, ingenieros, científicos, diseñadores, personal financiero, personal de ventas y, por supuesto, con los clientes. Esas personas deben formular la «arquitectura de pensamiento» del proyecto y utilizarlo como vehículo para compartir la visión, el sueño y el potencial del programa renovado.

El número uno del equipo trabaja con los ejecutivos de la empresa para seleccionar y reclutar a los demás componentes, con el fin de equilibrar el grupo con otras personas procedentes de los diferentes sectores clave: el diseño del producto, su manufactura y el desarrollo de la estrategia de mercado. Una vez establecido el equipo encargado de poner en marcha la plataforma central, cada uno de sus componentes debe quedar liberado de todas las obligaciones anteriores; su atención a la tarea que tiene entre manos debe ser total. Deben informar directamente al (o a los) ejecutivo(s) patrocinador(es), que son los que supervisan el trabajo del equipo y dirigen las revisiones salariales anuales.

No es necesario decir que es importante la selección y el reclutamiento de personal con la cualificación adecuada. Menos evidente es la importancia que tiene el colocar juntas personas que pueden compartir una visión común. Un grupo de individuos que no persiguen un objetivo común o que no lo persiguen juntos, no constituye un equipo.

El ejecutivo patrocinador

Los equipos multifuncionales se ven amenazados, con frecuencia, por su propio éxito. Particularmente en aquellas empresas con una larga tradición de existencia de departamentos como islas de poder, aquellos equipos que usurpan aunque sólo sea una fracción del poder de toma de decisiones, territorio de los ejecutivos de esos diferentes departamentos, están destinados a padecer humillaciones y a crearse adversarios. Se hallan también destinados a desafiar la tecnología existente, los procedimientos y las estrategias de mercado.

Cada uno de los equipos debe estar relacionado directamente con un director gerente encargado de solucionar los conflictos organizativos, alguien que posea a un tiempo el poder y el compromiso de ofrecerle un «balón de oxígeno» al equipo. Ese papel no deja de tener ciertos riesgos para el ejecutivo, cuya reputación (y quizá toda su carrera posterior) pueden depender del éxito de esa aventura. El ejecutivo patrocinador debe estar dispuesto también a «dejar la piel en el juego»; al mismo tiempo, debe evitar la tentación de tomar la responsabilidad o la propiedad del proyecto manteniendo el equipo al margen. Llegados a este punto, nuestro consejo sería:

- Insistir en que sea el equipo quien tome las decisiones de importancia, y hacerse responsable de las consecuencias.
- Si se necesita personal nuevo, debe ser el propio equipo el que lo seleccione.
- Ofrecer dirección, participar en la resolución de problemas y proporcionar un «balón de oxígeno», pero sólo cuando sea necesario.
- Hacer visible su apoyo a los miembros del equipo y al resto del personal de la empresa.

El compromiso y la autoridad del equipo deben quedar reflejados en una carta estatutaria del mismo, o documento firmado por el consejo de administración, en el que se recojan los objetivos y la autoridad del grupo. Provisto con una carta de esa clase, el grupo de trabajo puede recordarse a sí mismo y a los demás que sus objetivos se encuentran legitimados y están autorizados por el consejo de admi-

La carta del proyecto de «plancha global» tenía por finalidad desarrollar una nueva línea de productos de planchas de vapor/seco que deberían conseguir los siguientes objetivos:

	Realidades actuales	Deseos para mañana
Productos	Convencional Diseño anticuado Costes elevados Línea de productos amplia y compleja	Chasis global Modelos modulares Liderazgo en características/costes Línea de productos más sencilla, con funciones progresivas
Participación en el mercado	Dispersa en diferentes mercados En algunos fuerte, en la mayoría débil	Fuerte en todos los mercados selectos Superior al 30 % de participación en el mercado mundial
Equipamiento y manufactura	Anticuada y pasada de moda Volumen elevado de trabajo fijo	Flexible y modular Volumen de trabajo absoluto mínimo
Tecnología	Vulgar	Según el estado de los materiales y los procedimientos

El equipo tenía también delimitados con claridad sus propios compromisos con la dirección, estaba obligado a preparar y presentar los plazos de tiempo y los presupuestos al consejo de administración, y a mantener el control de la toma de decisiones en toda la línea de producción, a medida que ésta avanzada hasta llegar a la producción y la distribución.

Figura 5.2. Carta del equipo de la «plancha global» de Sunbeam.

nistración. En la figura 5.2 se muestra la carta de equipo firmada por el consejo de administración de Sunbeam para el proyecto de «plancha global» descrito en el capítulo 4. Era una declaración concisa de la situación de Sunbeam en aquel momento y de a dónde pretendían ir a parar.

Aceptar el reto

Maquiavelo hizo una afirmación a propósito de la vida organizativa que sigue siendo tan cierta hoy día como lo era en la Florencia renacentista: «No existe nada más difícil de cumplir, o de más dudoso éxito, ni más peligroso de dominar, que el inicio de un nuevo orden de cosas. Puesto que el reformista tiene enemigos en todos aquellos que se aprovechan del viejo orden».

Ese orden de cosas no cambia de manera fundamental sin afectar por completo la situación de algunos. Los equipos creados con el fin de renovar o sustituir los productos o los servicios en curso cuentan con bastantes probabilidades de verse obligados a enfrentarse a la hostilidad activa o al desinterés. Es muy difícil que consigan la cooperación de los ejecutivos a cargo de las líneas de producción en fabricación. Para éstos, los recursos destinados al equipo estarían mucho mejor invertidos en sus proyectos en marcha, aunque se encuentren ya perdiendo cuotas de mercado. «Después de todo –afirmarían–, nosotros somos los que proporcionamos la mayor parte de los beneficios de esta empresa.» Y, a menudo, tienen razón... por el momento. Es posible que otros miembros de la empresa sean simplemente incapaces de advertir la importancia de los objetivos del grupo de trabajo. Ambos problemas subrayan la importancia de que el equipo tenga por aliado un alto ejecutivo con prestigio en el interior de la empresa.

Incluso contando con apoyos al más alto nivel, el desarrollo de un producto implica «la aceptación de un reto», es decir, el ser capaces de pasar a través de barreras y de obstáculos destinados a minimizar errores, y asegurarse de que se toman en consideración todas las variables posibles. Numerosos productos se muestran incapaces de recorrer ese camino.

La lista de obstáculos al desafío, que se muestra a continuación, se ha diseñado con la finalidad de ayudar a los ejecutivos a preparar al equipo para su prueba de fuego. Cada respuesta negativa del cuestionario debe considerarse como una seria barrera colocada contra la posibilidad de triunfar. El patrocinador debe eliminar los «noes» o, como mínimo, su capacidad de torpedear o dañar irremediablemente el proyecto. Si ese proyecto no es suficientemente importante como para merecer «síes», el ejecutivo patrocinador y el propio equipo pueden estar engañándose a sí mismos a propósito de la significación o del pragmatismo de la tarea proyectada.

1. ¿Hay algún ejecutivo de alto nivel y con poder a quien le guste el proyecto y esté dispuesto a respaldarlo personalmente? Sí ___ No ___.

2. ¿Hay otros ejecutivos de alto nivel comprometidos con el proyecto? ¿Han asignado un líder de altura y con fuerza para dirigir y gestionar el empeño? Sí ___ No ___.

3. ¿Se contempla el proyecto como algo esencial para el éxito de la empresa? Sí ___ No ___.

4. ¿Tiene (o podría tener) el proyecto un potencial global? Sí ___ No ___.

5. Si tiene éxito en su desarrollo y puesta a punto, ¿tendrá el proyecto un impacto significativo sobre/marcará diferencias en:

La línea de productos? Sí ___ No ___.
El usuario final o cliente? Sí ___ No ___.
Los beneficios, la cuota de participación en el mercado, el crecimiento de la empresa? Sí ___ No ___.
La competencia de la empresa? Sí ___ No ___.

6. ¿Son accesibles tecnologías nuevas, que no se aplicaban con anterioridad, capaces de enriquecer y extender su capacidad o de crear nuevas características y funciones (no disponibles hasta el momento o integradas en nuestros productos o en el de nuestros competidores)? Sí ___ No ___.

7. ¿Creará este proyecto una discontinuidad o un nuevo nivel de realización del producto? Sí ___ No ___.

8. ¿Cubrirá este proyecto las necesidades latentes de los usuarios finales o de los clientes? Sí ___ No ___.

9. ¿Puede aislarse el proyecto de la maraña burocrática de la empresa y gestionarse por la vía rápida? Sí ___ No ___.

10. ¿Se hallan implicadas todas las funciones críticas y existe el compromiso de contemplarlas desde el estadio conceptual hasta el de comercialización del proyecto?

I + D Sí ___ No ___.
Mercadotecnia Sí ___ No ___.
Ingeniería del producto Sí ___ No ___.
Manufactura Sí ___ No ___.
Diseño/forma Sí ___ No ___.

Cuando el equipo de renovación de una plataforma comienza su trabajo, la mayor parte del tiempo se dedica a discutir diferentes opiniones. En ese debate inicial, un conjunto específico de preguntas puede centrar y servir al objetivo propuesto:

1. ¿Cómo definimos nuestro negocio y nuestro mercado? ¿Lo hacemos de una manera extremadamente estrecha, basándonos de

forma estricta en las actividades tradicionales de la empresa? ¿Somos capaces de adoptar decisiones que ofrezcan futuras posibilidades en el mercado y en la tecnología? ¿Cuál es la parrilla adecuada de segmentación del mercado (véase de nuevo el capítulo 3) en ese negocio?

2. ¿Deberíamos estar metidos en ese negocio? ¿Podemos participar en él obteniendo beneficios? ¿Puede el mercado ofrecer los niveles de crecimiento y de beneficio necesarios para dar apoyo a una iniciativa arriesgada y a todo el durísimo trabajo que estamos a punto de comenzar? ¿Cuáles son los «lugares dulces» del mercado, es decir, aquellos sectores situados en el seno de un mercado mucho más amplio que ofrecen los mayores ingresos a nuestros esfuerzos?

3. ¿Se mantendrán fieles nuestros clientes ante las soluciones que pretendemos dar a los bienes o servicios existentes?

4. ¿Cómo nos ven nuestros competidores a nosotros y a nuestros bienes o servicios: como unos «derrotados», como unos «también-funcionan» o como unos competidores formidables?

5. ¿Cómo se realizan las funciones de nuestros bienes o servicios a lo largo y a lo ancho del planeta? ¿De cuántas maneras diferentes se puede servir al cliente con la funcionalidad equivalente de nuestros propios bienes o servicios?

6. ¿Tienen los clientes problemas para que les sea ofrecido algún producto en cualquier parte del planeta? De todas esas necesidades no satisfechas, y si pudiéramos satisfacerlas, ¿cuáles de entre ellas podrían ir a engrosar el capítulo de los «deben tener» como opuesto al de los «sería agradable tener»? ¿Qué posibilidades tenemos de aportar a nuestros mercados nuevos niveles de animación?

7. ¿Qué producto o qué proceso tecnológico está en la base del conjunto de productos deseados, es decir, de la nueva plataforma de producción? ¿En qué áreas somos claramente competentes? En comparación con los demás, ¿qué empresas o qué proveedores son también competentes en el mismo ramo? ¿Cómo podemos evaluar sus tecnologías de la manera más rápida y eficaz?

En su búsqueda de respuestas, todas estas preguntas motivarán al equipo a implicar a los clientes, a los socios potenciales y a los proveedores. En otras palabras, la investigación del equipo debe concentrarse en el exterior. A partir de estas preguntas básicas, aparece un cierto número de «normas» que, más adelante, ofrecerán una guía al esfuerzo. Esa combinación de respuestas y de normas derivadas se convierte en la arquitectura de pensamiento del equipo, que debe situarse en lugar preeminente en la sala de trabajo; es también la base del proceso de diseño compuesto que hemos descrito en el capítulo anterior. Estas preguntas pueden servir asimismo como primer boceto de un resumen inicial dirigido al consejo de administración.

La importancia de la ubicación

Durante el momento más intenso de la guerra relámpago llevada a cabo por el ejército alemán, en 1940, el 10 de Downing Street fue considerado poco seguro, y el entonces Primer ministro, Winston Churchill, su esposa y todo el gabinete se trasladaron a unas habitaciones a prueba de bombas, situadas en los sótanos del edificio del Ministerio de Comercio, dominando St. James Park. Conocido como el «Anexo del nº 10», esas habitaciones se convirtieron en lugar de trabajo y en hogar de Churchill hasta finalizar la guerra. Algunas de las habitaciones del edificio se transformaron en salas de mapas, dedicadas cada una de ellas a un determinado teatro de operaciones del conflicto. Otras contenían los equipos de radio y de comunicaciones. En este laberinto, Churchill creó un centro vital en el que el equipo de planificadores de la guerra y los líderes políticos disponían de todos los informes de la inteligencia, los mensajes interceptados por radio, los informes procedentes del teatro de operaciones y toda la restante información relacionada con la guerra.[7] En ese lugar, él y su gabinete comían, dormían y se reunían con los personajes clave que representaban a los británicos y a las fuerzas aliadas. A medida que se iban presentando planes, todo lo que sabían los británicos sobre movimientos de tropas y su localización, sobre producción de guerra, la posición de los barcos y la aviación alemana, y mil detalles más, pasaba a disposición de quienes tomaban las decisiones.

Otros dos elementos claves –el mando de combate de la RAF y la «sala 39» del almirantazgo– siguieron el mismo modelo de situar grupos multidisciplinares de toma de decisiones en medios ricos en informaciones de toda clase. En esos lugares, hilos perdidos de información, de escaso significado por sí mismos, podían tejerse con otros para formar un tapiz coherente que todos podían compartir. Ese sistema demostró ser muy superior al utilizado en aquel tiempo por las instituciones militares norteamericanas. Debido a las rivalidades

7. Martin Gilbert, *Churchill: A Life*, Nueva York, Henry Holt & Company, 1991, pág. 677.

existentes entre los diferentes servicios y a la falta de coordinación, los planificadores y diplomados de guerra americanos no disponían, en 1940-1941, de ningún sistema eficaz para reunir personal e información. De hecho, una de las lecciones más sorprendentes de la catástrofe de Pearl Harbor consistió en que el Departamento de Estado, lo mismo que determinado personal militar, conocían retazos de información que hubieran servido para determinar el cuándo, el dónde y el cómo del ataque japonés por sorpresa, pero aquellas informaciones nunca se integraron para adquirir un significado coherente. Según el ya desaparecido Gordon Prange, una de las mayores autoridades en la guerra del Pacífico, «Pearl Harbor constituyó menos un fracaso de la inteligencia que un fracaso en el uso de los excelentes datos de que se disponía».[8]

En el mundo de los negocios son también importantes esos mismos principios, consistentes en la ubicación de los equipos, en exponerlos a una gran variedad de informaciones, y en proporcionarles un conjunto persistente de esas informaciones. Simplemente el hecho de situar juntos, en el mismo espacio físico, a los miembros de un equipo ha demostrado que mejora la comunicación y la participación en la información. Allí, trozos sueltos de conocimiento y de información, que por sí mismos carecen de significado, pueden unirse a otros trozos hasta formar conjuntos significativos. La ubicación del equipo fomenta también los lazos entre los diferentes miembros, así como el compromiso necesario para ejecutar, con rapidez, proyectos de alto riesgo.

Ciertas investigaciones académicas han evaluado los aspectos comunicativos de la ubicación. Después de documentarse por extenso sobre la comunicación específica entre los ingenieros y los ejecutivos en ingeniería de un fabricante importante, Thomas Allen, uno de los investigadores del MIT, subrayó la importancia que adquiere la proximidad física para dos personas que necesitan hablarse.[9] Allen encontró que si dos personas que han de informar a ejecutivos diferentes se encuentran separadas por diez metros de distancia, la posibilidad que tienen de comunicarse ¡desciende hasta un insignificante 5 %! Si comparten el mismo jefe, esa posibilidad ascendía sólo hasta el 15 %. Si tenemos en cuenta que los departamentos de I + D, de manufactura y de ventas se encuentran, a menudo, ubicados en diferentes edificios (si es

8. Gordon W. Prange, *Pearl Harbor: The Verdict of History*, Nueva York, Penguin Books, 1991, pág. 290.

9. Allen, *Managing Flow of Technology.*

que no lo están en diferentes países), podemos imaginarnos fácilmente las dificultades de conseguir la cantidad y la calidad de comunicaciones necesarias para realizar diseños simultáneos y para renovar las líneas de producción.[10]

El interior de la sala del equipo

Los miembros de un equipo con dedicación exclusiva deben contar con oficinas o despachos adyacentes. Deben tener también una sala de reuniones abierta y de amplia superficie en la que disponer de gran cantidad de información en hojas sueltas o en notas enganchadas en los tablones de anuncios. También deben tener a su disposición los productos de la competencia, montados y desmontados, con notas donde se indiquen sus proveedores y los costes en material y de trabajo aproximados. Las salas del equipo proporcionan la cohesión y el fértil cruce de ideas esencial para la construcción del grupo, incluso en las grandes corporaciones.

Takeuchi y Nonaka describieron una sala de equipo utilizada por Fuji-Xerox para fabricar la copiadora de tamaño medio FX-3500 (presentada en 1978). Los miembros del equipo, procedentes de los departamentos de planificación, diseño, producción, ventas, distribución y evaluación, se reunieron en una gran sala. Según descripción de uno de los miembros de ese equipo:

10. Algunas empresas se han dedicado a buscar alternativas a la ubicación de empleados de diferentes países en un espacio físico único. Así, algunas de las situaciones más curiosas son aquellas que implican soluciones basadas en la informática. Por ejemplo, IBM-Lotus Development (Cambridge, MA) ha desarrollado una aplicación de «sala de trabajo en equipo» como elemento fundamental de uno de sus productos de agrupamientos informáticos, el Notes, en el que una gran variedad de documentos electrónicos de diferentes formatos pueden distribuirse electrónicamente y coordinar su edición para los diferentes miembros del equipo. Otras empresas, como Intervista Software (San Francisco), han desarrollado prototipos de salas de trabajo en equipo, utilizando tecnologías de realidad virtual tomando como base Internet, en el que los individuos «entran» en salas y edificios de tres dimensiones para revisar la información que se halla colgada de paredes virtuales y sobre mesas de reuniones. También es posible el enlace mediante vídeo entre numerosas personas a través de Internet. No obstante, incluso con esas tecnologías basadas en la informática, los miembros del equipo, tomados individualmente, deben desarrollar aún un cierto nivel de confianza mutua y explorar nuevas ideas mediante una estrecha interacción. El contacto por redes de ordenadores sólo pueden aumentar –pero nunca sustituir– el contacto humano directo, como elemento de creatividad del equipo.

> Cuando todos los miembros del equipo están situados en una gran sala, la información de uno cualquiera se convierte en tuya, incluso sin que lo pretendas. A continuación, comienzas a pensar en lo que es mejor o en lo que tendrías que situar en segundo plano para el grupo en conjunto, y no sólo para el departamento del que formas parte. Si cada uno entiende la posición del otro, entonces todos nosotros estamos más dispuestos a ceder o, al menos, a tratar de hablar con los demás. El resultado no es otro que la aparición de iniciativas.[11]

Una sala de equipo sirve no sólo como lugar de encuentro, sino también como depósito físico de las diferentes preguntas y respuestas con las que debe tratar un grupo en el curso de la realización de un proyecto. Todas esas cuestiones han de permanecer siempre en lugar bien visible y no almacenadas en manuales del proyecto o dentro de archivadores. En la iniciación del proyecto, somos partidarios de bautizar la sala del equipo como sala del «no lo sé». Una lista de los «no lo sé» ha de estar enganchada de manera bien visible en los tablones de anuncios de las paredes, y debería mantenerse allí hasta que se conviertan en «ya lo sé» o hasta que se determine que carecen de importancia. A medida que van apareciendo, las respuestas deben engancharse también en las paredes de la sala del equipo. Esas respuestas deberían incluir:

- Los resultados de los estudios de mercado.
- Los detalles de todos los productos de la competencia, subsistema por subsistema.
- La estrategia de la plataforma, tal como quedó definida en el capítulo 3, en términos de parrilla del mercado de la plataforma.
- Los diseños de ingeniería de los subsistemas clave y de las interfaces de la nueva plataforma de producción.
- Datos de manufactura y diseños de procedimientos.
- Inventarios de ingeniería y otros.
- Presupuesto del proyecto, proyecciones de ventas y demandas de los directivos.
- Planificación desarrollada de una familia de productos.
- Comentarios de ejecutivos de la empresa y de visitantes.
- Una sección especial del tablón de anuncios reservada a notitas «*Post-it*» para cuestiones todavía sin resolver.

11. Takeuchi y Nonaka, «New New Product Development Game», pág. 140.

El trabajo del equipo, lo mismo que cualquier otra tarea, requiere una estructura que recoja las interacciones entre los miembros del mismo. La figura 5.3 presenta un marco para estructurar su trabajo, bajo la forma de círculos representando la mercadotecnia, la ingeniería y la manufactura que se cortan entre sí. (Podría darse el caso de necesitar un cuarto círculo que representaría a las finanzas.)

El centro de la figura, allí donde se entrecruzan los tres círculos, representa aquel conjunto de actividades en las que deben colaborar las tres funciones. Se trata del «equipo totalmente integrado», al que nos referimos como tipo de trabajo 1 en la figura 5.3. Adyacentes a esa zona central de la figura, se encuentran tres áreas en las que sólo comparten el mismo espacio dos de los tres círculos. En la misma figura se muestra como tipo de trabajo 2: la mercadotecnia interactúa con el desarrollo del producto; la manufactura con la mercadotecnia, y la manufactura con el desarrollo del producto. En la periferia de la estructura se encuentran aquellas tareas que cada función realiza por sí misma y que, después, revierte en el equipo para su integración

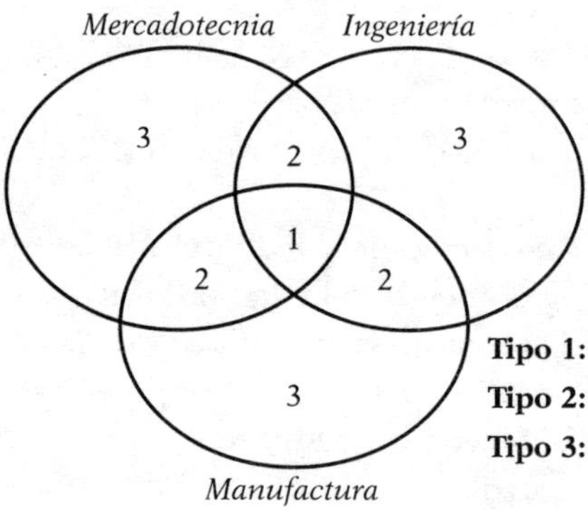

Tipo 1: equipo totalmente integrado
Tipo 2: equipo interfuncional
Tipo 3: equipo intrafuncional

Actividades del equipo totalmente integrado
Definición de la dirección a seguir
Alineamiento de prioridades
Estudio exploratorio del mercado
Investigación exploratoria técnica
Desarrollo de conceptos
Experimentación
Validación
«Funciona; podemos hacerlo; podemos venderlo.»

Figura 5.3. Estructura del trabajo del equipo: círculos de colaboración.

subsiguiente. Sería el tipo de trabajo 3: aquella tarea que los miembros del equipo ejecutan por sí mismos. En este tipo de estructuración del trabajo se da una gran dosis de eficacia, pues no todos sus componentes se ven obligados a implicarse en todo, sino solamente en aquellas tareas que requieren un conocimiento común y la integración consiguiente. Es evidente que una de las tareas esenciales del líder del equipo consiste en ayudar a que el propio grupo defina esas actividades específicas en el desarrollo de una nueva plataforma, formada por los tipos 1, 2 o 3.

Vincent Barabba, de General Motors, ha descrito esas zonas en las que se solapan las actividades (tipos 1 y 2 de las actividades de trabajo) como áreas de «conocimiento organizativo compartido». El conocimiento organizativo se define, según Barabba, como

> la parte convenida, compartida (la intersección), de la que los individuos, trabajando sobre un problema específico, saben que es relevante para su actuación colectiva. Se establece mediante un diálogo en el que cada uno de los miembros presenta su conocimiento al grupo, conocimiento que, entonces, de consuno, se convierte en compartido, en relevante desde el punto de vista organizativo.[12]

Precisamente esta actividad, consistente en compartir los conocimientos individuales en esas áreas que se solapan, es la que enriquece el saber de todo el equipo. En estas áreas se crea el conocimiento común. Y en ninguna otra parte ese conocimiento es más rico que en la intersección central (el tipo 1). El tipo 1 es también la zona crítica en la que el líder y el ejecutivo patrocinador deben fijar las prioridades y los centros de interés.

El trabajo de un equipo multidisciplinar

Steelcase, el mayor fabricante de mobiliario de oficina de Estados Unidos, nos proporciona un interesante caso de estudio para comprender hasta qué punto la ubicación de los equipos multidisciplinares puede servir a la renovación de las líneas de producción, dados los recursos adecuados y un elevado nivel de autonomía de trabajo.

Steelcase había fabricado durante mucho tiempo lámparas fluorescentes para su mobiliario de oficina, pero apenas se le había dedi-

12. Vincent P. Barabba, *Meeting of the Minds: Creating the Market Based Enterprise*, Boston, Harvard Business School Press, 1995, págs. 161-162.

cado atención alguna a esta línea de producción o a sus procesos de manufactura. A lo largo de los años, esa línea de productos había crecido hasta el punto de que, en 1993, constaba de cuatro plataformas de producción y un total de doscientos veintiocho modelos diferentes. No es sorprendente, de todas formas, que la línea de producción se tradujese sólo en beneficios marginales, sobre todo en las plataformas de gama inferior. Entretanto, habían entrado en el negocio tres fabricantes procedentes del exterior, que habían captado aproximadamente un 65 % del mercado con diseños de coste inferior.

El consejo de administración de Steelcase estuvo a punto de abandonar toda la línea de artículos eléctricos, convencido de que su adquisición en el exterior de la corporación podía convertirse en una solución viable. No obstante, y antes de que eso sucediese, uno de los vicepresidentes tomó la iniciativa de investigar, por un lado, el mercado y, por otro, un producto disponible y una tecnología del proceso que pudiese utilizarse para llevar a cabo una renovación de la familia de productos eléctricos. Los datos le convencieron de que Steelcase podía conseguir una buena ventaja sobre sus competidores en el capítulo de costes, si aceptaba dedicar esfuerzos a renovar la línea de producción. Desarrolló una «arquitectura de pensamiento» para ese proyecto que hacía hincapié en muchas de las ideas que se exponen en este trabajo:

- Una plataforma sólida que pudiera graduarse en una amplia variedad de productos derivados, y que –en virtud de la función, las características, el estilo y el coste– pudiera revitalizar la línea de producción.
- El grado más elevado de modularidad y de flexibilidad en el diseño de la plataforma, que eliminara componentes allí donde fuera posible.
- Una reducción de costes por unidad mediante una manufactura integrada, un incremento de los medios materiales y el suministro de un elevado volumen de partes esenciales y de materiales directamente de los fabricantes, y no de los distribuidores.
- Un equipo multidisciplinar con una auténtica autonomía productiva, desde la fase de desarrollo hasta la de comercialización, mediante subsecuentes generaciones de la plataforma.

Se reclutó un equipo multidisciplinar formado por cinco personas para trabajar de manera exclusiva en el proyecto; una de ellas era el líder del grupo que informaba directamente al vicepresidente. Las disciplinas con representación en el equipo eran las de mercadotecnia, diseño de productos, manufactura y desarrollo de mercados. El jefe era el miembro de mercadotecnia, y todos los demás componentes se situaron muy próximos unos a otros y al lado del despacho del vicepresidente. Se dedicó una «sala de operaciones» del proyecto para uso exclusivo del equipo.

Al grupo se le concedió total responsabilidad en el diseño, el equipamiento, la manufactura, los estudios de mercado y el desarrollo de ese mercado, la política de precios, la propaganda y la promoción, la preparación, etc., y, lo que no deja de ser tan importante como lo anterior, el equipo recibió suficientes recursos financieros para cumplir con todas las responsabilidades anteriores. Tenía, por ejemplo, recursos para acometer un estudio de mercados y de la situación en que se encontraba la competencia. Se aplicaron de manera rigurosa técnicas, como la del análisis conjunto, en indagaciones a propósito del conocimiento de las expectativas de los clientes en características y beneficios para sí mismos, así como de lo que estaban dispuestos a pagar por los productos. Poseía también autoridad para contratar y pagar a expertos del exterior de la empresa con el fin de que realizasen contribuciones en aspectos puntuales de diseño y equipamiento.

El equipo estaba decidido a crear una línea de aparatos de iluminación que pudieran integrarse en el mobiliario de oficina y en los módulos diseñados por Steelcase y por otros fabricantes importantes. Más aún, estaba claro que sólo una combinación de demanda interna y externa podría desembocar en una producción de volumen suficiente para justificar la automatización y para conseguir economizar en el capítulo de suministro de materiales. Con el fin de alcanzar ese objetivo, el equipo diseñó un plan de todo el negocio en conjunto, un plan de obtención de capitales, una relación previa de pérdidas y beneficios, un detallado plan de mercadotecnia y documentación complementaria. Además, el grupo de trabajo se contempló a sí mismo como una nueva empresa, en la que Steelcase cumpliría el papel de socio capitalista de la aventura.

Trescientos sesenta y siete días después de la conceptualización del proyecto, llegó a manos de los clientes iniciales una nueva línea de aparatos de iluminación eléctrica. Ya con la producción en marcha, el equipo se reubicó *en masse* en la planta de manufactura, donde continuó su íntima unión con el «nuevo negocio» que había creado. Siguió conservando el control incluso aunque otros departamentos de la propia Steelcase se habían visto implicados en la manufactura y la distribución de la nueva línea de productos.

En tanto que negocio, la nueva línea de aparatos de iluminación gozó de un éxito temprano. Sólo dieciséis meses después de su primer lanzamiento y a seis meses vista de su primer año completo de producción, el equipo del proyecto podía presentar unos resultados impresionantes:

- El volumen de unidades anuales casi doblaba el de la vieja línea de producción.
- Las ventas de aquel año eran superiores en un 38 % a las previstas en el plan, y los beneficios estaban un 90 % por encima de las expectativas.
- Prácticamente no existían defectos, lo que permitió eliminar las revisiones de los productos acabados.
- La reposición del inventario de elementos manufacturados se realizaba unas sesenta veces al año, y la de los bienes adquiridos, unas cuarenta veces.
- Los doscientos veintiocho modelos originales habían quedado reducidos a setenta y cuatro.

Equipos multidepartamentales

Como ya hemos afirmado, si las empresas crean los productos, es también lógico que la propia estructura organizativa sea compatible con los productos que la empresa trata de crear. Cuando los clientes integran en un «sistema» todos aquellos productos que han sido creados por departamentos independientes de la empresa, la gestión debe asegurarse de que esos artículos sean compatibles entre sí y se hallen combinados armoniosamente. Para conseguirlo, los grupos de la plataforma pueden verse obligados a extenderse por diferentes entidades organizativas.

Por ejemplo, numerosas firmas de *software* necesitan que sus variadas aplicaciones compartan una interfaz de usuario común o un conjunto también común de procedimientos, para acceso de datos o para comunicarse en las redes. Si no existe un grupo único responsable del diseño, el mantenimiento y el progreso de esos sillares constructivos comunes, es decir, precisamente lo que de común tienen las aplicaciones, ese progreso al que nos referíamos sucederá sólo por puro azar. De forma parecida, los fabricantes de equipamiento industrial han vuelto su mirada, cada vez con mayor intensidad, a la actividad consistente en proporcionarles «sistemas» a los clientes –o sea, combinaciones integradas de instrumentos de adquisición de datos, de controladores y de ordenadores–. No obstante, todavía son numerosos los fabricantes que continúan organizados siguiendo estrictamente las líneas ya existentes, con predominio de una separación de equipamientos. Al carecer de un grupo único, concentrado en la integración de esas diferentes máquinas, la integración de sistemas sólo sucede siguiendo paso a paso toda la corriente de productos, de uno en uno y con un volumen de gastos considerable.

Según hemos plasmado gráficamente en la figura 5.4, con frecuencia, en lugar de círculos de colaboración, lo que uno encuentra en el seno de la corporación es precisamente todo lo contrario, es decir, un círculo de no colaboración. Esta situación permite que los flancos

Figura 5.4. Un círculo de no colaboración.

de la empresa sean vulnerables al ataque de la competencia. Los grupos principales se dedican más a la protección de sus propios intereses respectivos que a comprometerse en el conocimiento de las actividades de los competidores y de las necesidades de los clientes. La política resultante puede desbaratar con facilidad una iniciativa destinada a crear y a utilizar subsistemas comunes y capacidad manufacturera entre diferentes familias de productos. El círculo de no colaboración constituye uno de esos elementos complejos que llega a convertir en borrosa la visión de un futuro mejor que puedan tener los gestores de una empresa.

Una cosa es hablar de sistemas y otra muy diferente es conseguir que se hagan presentes. Sólo los ejecutivos de la empresa pueden destruir las barreras y, para ello, deben tomar en consideración la formación de grupos de desarrollo de plataformas multidisciplinares, cuyo personal proceda de todos los departamentos de la empresa.

6
LA MEDICIÓN DEL NIVEL DE FUNCIONAMIENTO DE LAS FAMILIAS DE PRODUCTOS

Hasta este momento, hemos presentado un conjunto de conceptos de gestión unificados alrededor del tema de las plataformas y las familias de productos: el enfoque estratégico, el diseño de la arquitectura de la plataforma y la organización del esfuerzo de desarrollo. En este capítulo ofrecemos herramientas prácticas para evaluar el nivel de funcionamiento de la plataforma y de la familia de productos. Las formas de medición tradicionales rara vez son útiles con este propósito, por la sencilla razón de que se centran en productos y proyectos únicos.

El estado actual de las mediciones

La unidad de medida más ampliamente utilizada para evaluar el desarrollo de un producto es la que se conoce con el nombre de «tasa de deslizamiento», que se define, por lo general, como la distancia aplicada que separa los valores esperados de los valores reales, al tiempo invertido en el proyecto y al presupuesto del proyecto. El atractivo de esta unidad de cálculo es evidente para los consejos de administración: la tasa de deslizamiento mide el progreso del proyecto en marcha en relación con el plan previo. Por desgracia, la tasa de deslizamiento sólo es, de hecho, un excelente elemento de medida de la capacidad del gestor administrativo para calcular aproximadamente el plan de realización y el presupuesto de un proyecto. El hincapié puesto en las tasas de deslizamiento sirve, sin duda, para que los gestores del proyecto se animen a «hinchar» los tiempos de realización y los presupuestos. Y lo que es más, nadie ha sido capaz de demostrar a nuestra entera satisfacción que la adecuación en las predicciones de los tiempos de ejecución constituye una garantía significativa de realización técnica y comercial.

La experiencia nos dicta que las empresas prosperan, a menudo, gracias a proyectos tardíos y con presupuestos excesivos, proyectos que no podrían evaluarse utilizando como vara de medir la tasa de deslizamiento. Por ejemplo, un estudio realizado sobre una exitosa empresa farmacéutica mostró que la firma presentaba una producción excedentaria en el 80 % de sus nuevos esfuerzos productivos, con una media de deslizamiento de 1,78 veces los costes planificados y un 1,61 de los tiempos de realización previstos. No obstante, la empresa prosperó de manera consistente gracias a esos productos tardíos y de presupuesto excesivo.[1]

La medición de las tasas de deslizamiento alejan también a los gestores empresariales de los esfuerzos renovadores de las plataformas y les impulsan hacia la fabricación de productos derivados, cuyos costes y tiempos de realización son mucho más previsibles. La estructura en escala de la familia de productos (según se ha representado con anterioridad, en el capítulo 2) muestra que el hecho de que los ritmos temporales sean rápidos depende de aquello que la empresa está tratando de desarrollar. Los proyectos que contienen unos niveles elevados de familiaridad en el aspecto tecnológico y en el de conocimiento del mercado –es decir, los clásicos productos derivados– pueden y deben ejecutarse con toda rapidez. En el polo opuesto, aquellos proyectos que cuentan con un alto grado de incertidumbre en los aspectos tecnológico y de conocimiento de su mercado –marca de calidad de las nuevas plataformas de producción– requieren una superior dosis de paciencia. La exigencia de tiempos de realización estrictos, sin que exista ningún margen de maniobra, puede convertirse en autodestructora para tales proyectos. Esta situación la hemos comprobado en un estudio sobre una gran empresa del aluminio, en la que los gestores empresariales buscaban la fabricación de productos industriales más allá de su tradicional negocio de fundición. En este caso, la fijación de unos tiempos de realización estrictos para poder desarrollar una nueva plataforma condujo a unos pobres resultados financieros.[2]

La paciencia exigida por el desarrollo de productos y procesos revolucionarios desafía, a menudo, las prescripciones de los defensores del «ya llegó el momento de su presentación en el mercado». Sin embargo, las recompensas de un esfuerzo paciente y persistente se co-

1. E. Mansfield, J. Rapoport, J. Schnee, S. Wagner y M. Hamburger, *Research and Innovation in the Modern Corporation*, Nueva York, Norton, 1971.

2. James M. Utterback, Marc H. Meyer, T. Tuff y L. Richardson, «When Speeding Concepts to Market Can Be a Mistake», *Interfaces*, vol. 22, nº 4 (julio-agosto de 1992), págs. 24-37.

bran, a menudo, por las vías más sorprendentes. Este caso lo ejemplifica de manera notable el desarrollo de un proceso tecnológico de fundición continua, llevado a cabo por la británica Pilkington Glass Company. La fabricación de planchas de vidrio había implicado un cierto número de fases independientes y, a menudo, laboriosas: mezcla y fundición de las materias primas en un horno, moldeado del vidrio fundido haciéndolo pasar entre un conjunto de rodillos, recocido del vidrio resultante en otro horno, éste de secado, y, finalmente, esmerilado y pulimentado del cortante y sólido producto hasta conseguir una suavidad próxima a la perfección. En la década de los años 1950, Pilkington invirtió enormes sumas y casi toda una década en desarrollar el proceso tecnológico para fundir una banda continua de vidrio sobre un lecho de estaño fundido, con el fin de eliminar los procedimientos de esmerilado y pulimentado, al tiempo que conseguía un vidrio perfectamente suave y en condiciones muy ventajosas. El éxito en esa difícil aventura porporcionó a Pilkington un liderazgo en cuanto a calidad y unos costes imposibles de mejorar. Sin embargo, los instrumentos tradicionales de medición de la realización de proyectos hubieran señalado que este proyecto de creación de una plataforma para fabricar vidrio en flotación generaría pérdidas durante su desarrollo y la etapa inicial de comercialización. De hecho, los resultados financieros del proyecto fueron negativos durante los doce primeros años, lo que llevó al presidente de la corporación, Alastair Pilkington, a afirmar que «si vas a ver a un auditor contable y le dices: "He tenido una gran idea para conseguir, con total seguridad, un movimiento de caja negativo masivo, pero que, si algún día llega a convertirse en un gran éxito, puede ser que incluso se consiga cambiar ese movimiento de caja negativo en unos doce años", no creo que hubiera muchos auditores contables que respondieran: "Eso es exactamente lo que estaba deseando".».[3]

Algunas corporaciones incrementan la tasa de deslizamiento llevando a cabo una medición de la realización del producto a más largo plazo. Por ejemplo, en la década de 1980, Hewlett-Packard introdujo una serie de mediciones innovadoras tanto en I + D como en el proceso de manufactura. Una de ellas fue el BET (*break-even time*). Según la definición de HP, el BET mide el tiempo que discurre entre el comienzo de un proyecto y el momento en que el beneficio acumulado neto, resultante de las ventas de los productos nuevos y adopta-

3. James Bryan Quinn, «Pilkington Brothers, Ltd.», Case Study B.P. 78-0148, Amos Tuck School of Business Administration, Dartmouth College, 1978.

dos por el proyecto, igualan las inversiones netas acumuladas en el propio proyecto, utilizando los costes de capital de la empresa, después de impuestos, para deducir los movimientos de caja.[4] De forma parecida, IBM utiliza la relación de ventas para fijar los costes de desarrollo de sus productos.

Algunas empresas tienen en cuenta también el porcentaje de ingresos procedentes de los productos presentados en los últimos años como suplemento a los sistemas de medición tradicionales, tales como las tasas de deslizamiento y el tiempo transcurrido hasta colocar el producto en el mercado. Las investigaciones han mostrado una fuerte correlación entre liderazgo industrial y elevado porcentaje de ingresos generados por los productos más recientemente introducidos. Por ejemplo, un estudio reciente ha demostrado que Hewlett-Packard consiguió un 60 % de sus ingresos anuales de los productos presentados en el período de cinco años anterior; la relación existente en empresas tales como Gillette, 3M, Corning y Johnson & Johnson se sitúa en porcentajes que se encuentran entre el 25 y el 35 %.[5]

En el mundo de la industria se han utilizado otros sistemas de medición del capítulo de I + D. Algunas firmas hacen un recuento de las patentes que han sido aplicadas por sus ingenieros y las que han desarrollado esos mismos ingenieros. Otras utilizan métodos de puntuación subjetivos para determinar si sus equipos han cumplido los objetivos de los proyectos en curso.[6] A pesar de la abundancia de los sistemas de medición utilizados, un informe realizado a partir de las respuestas de unos doscientos cincuenta ejecutivos en I + D, llevado a cabo por el Industrial Research Institute, demostró que «los elementos de medida y la mejora de la productividad y la eficacia en I + D» continúa siendo «el principal problema», lo que no deja de ser un descubrimiento notable, dado que la creación de nuevos y atractivos productos constituye el fluido vital de la mayoría de las corporaciones.[7]

4. Para una completa exposición del sistema de medición BET de Hewlett-Packard y para saber cómo se institucionalizó, véase Gregory H. Watson, *Strategic Benchmarking*, Nueva York, Wiley, 1993, págs. 93-107.

5. Product Development and Management Association informa de doscientas empresas, 1991.

6. Para una categorización específica de diferentes sistemas de medición de I + D, así como para una exposición más detallada de los que presentamos en la sección siguiente, véase Marc H. Meyer, Peter Tertzakian y James M. Utterback, «Metrics for Managing Product Development Within a Product Family Context», en prensa en *Management Science* y disponible en *Working Paper*, págs. 95-100, Center for Technology Management, 213D Hayden Hall, Northeastern University, Boston.

7. Industrial Research Institute, informe no publicado de doscientos cuarenta y ocho directores de investigación, 17 de mayo de 1993.

Por fortuna, existen métodos fiables para calcular el proceso de realización desde la perspectiva de una familia de productos. Hemos desarrollado y utilizado esos instrumentos de medida en media docena de grandes corporaciones, y numerosos ejecutivos participantes en nuestros programas de administración empresarial las han aplicado en sus propias empresas. Los ejemplos utilizados para explicar nuestros instrumentos de medición proceden, de hecho, de este grupo de empresas, pero todos los casos se presentan de manera encubierta con el fin de respetar el secreto de esa información.

Fase 1. La recopilación de los datos necesarios

Es evidente que no se puede llevar a cabo ninguna medición del desarrollo de productos sin contar con datos relevantes. La recogida de datos comienza con el levantamiento de un mapa de las familias de productos de la empresa. El lector recordará el mapa de la familia de productos de las impresoras de inyección de tinta de Hewlett-Packard que hemos presentado en el capítulo 2, en el que se muestran las plataformas de producción, las extensiones de esas plataformas y los productos derivados. Como enfoque pertinente, recomendamos seleccionar una familia de productos inicial, reunir todos los datos relacionados con ella, levantar un mapa de su evolución y, a continuación, volver a realizar ese mismo proceso con otras familias de productos de la empresa.

La creación de un mapa adecuado de una familia de productos implica distinguir entre: a) la versión inicial de una plataforma de producción; b) las extensiones de la plataforma; c) las nuevas plataformas completas o las arquitecturas de producción creadas para sustituir una ya existente; y d) los productos específicos relacionados con cada una de las generaciones de la plataforma. En el capítulo 2 hemos ofrecido definiciones de aquellos elementos que, por coherencia, deben seguirse con todo rigor. En ese esfuerzo, son de enorme utilidad los diagramas del nivel más elevado de ingeniería de la arquitectura de producción.[8]

Una vez diseñado el mapa de la familia de productos, comienza el

8. El lector deberá volver a las figuras 2.1, 2.2 y 2.5, del capítulo 2, para llevar a cabo una breve revisión de los conceptos clave.

proceso de asociación de ciertos costes e ingresos con diferentes elementos del propio mapa. Entre los conjuntos de datos requeridos para el análisis se incluyen:

• Costes de ingeniería: la suma de dinero invertida en el desarrollo de las plataformas (y de los componentes de esas plataformas) y de los productos derivados específicos. Si una empresa no conserva los datos referidos a la asignación de recursos para el desarrollo de la plataforma, podría llegar a tener lugar una sustitución de los costes de desarrollo, utilizando los costes que acompañan al primer producto fabricado a partir de una versión particular de una plataforma dada. Algunas de las empresas con las que hemos trabajado diferencian entre costes «de ingeniería del producto» y costes «de manufactura del producto». Es importante no dejar al margen estos últimos.

• Tiempo de desarrollo: tiempo invertido, desde el principio hasta el final, al desarrollo de la plataforma y del producto derivado. En la práctica, los esfuerzos dedicados a la plataforma acaban cuando el primer derivado de la plataforma ofrece una producción a gran escala. En el caso de los productos derivados, el ciclo temporal de desarrollo comienza en el momento en que se inician los trabajos de ingeniería específicos para el propio producto, y acaba también en el momento en que se le deja preparado para iniciar el proceso de manufactura.

• Costes de manufactura: en numerosas empresas, el coste derivado de las mejoras en el equipamiento para tratar nuevos productos inundan las inversiones en ingeniería. Por tanto, si la manufactura es una actividad significativa, tiene sentido llevar a cabo un seguimiento y realizar un análisis detallado de sus costes. Éstos pueden incluir las inversiones de capital en nuevo equipamiento, la sustitución de maquinaria y los elevados costes asociados con la fabricación de nuevos productos.

• Costes de desarrollo del mercado: estos datos pueden incluir las inversiones realizadas en campañas promocionales específicas de un nuevo producto, los gastos derivados del desarrollo de canales de comunicación y los programas de preparación del personal de ventas.

• Datos de ventas: los datos de ventas de cada uno de los productos de una familia se suelen ir sumando a lo largo de todo el ciclo de vida comercial. Nosotros preferimos utilizar las ventas netas para dar cuenta así de los descuentos y las devoluciones.

• Márgenes: las ventas son una cosa, los beneficios otra muy distinta. Mientras que las corporaciones suelen conservar los datos de beneficios por unidades de negocio, muy pocas son las que relacionan esos beneficios con determinados productos. En ausencia de un control de beneficios/pérdidas para productos específicos, debe buscarse algún medio capaz de evaluar el nivel de beneficio de varios productos. Los márgenes totales de los productos individuales nos proporcionan, a menudo, un punto de partida para llevar a cabo un análisis de esa clase.

Con el fin de conservar todos estos datos, se puede utilizar una simple tabla o una base de datos, donde la primera columna o espacio muestra cada una de las versiones de la plataforma de la familia de productos, y la segunda los productos derivados específicos que se presentan al mercado. Las sucesivas columnas o espacios contendrán la información sobre ingeniería, manufactura, mercados, ventas y márgenes de cada uno de los productos. Las filas individuales, o los registros, de cada producto pueden entonces acumularse en cantidades agregadas, formadas a partir de los resultados de las diferentes versiones de la plataforma. Desde el momento en que los datos representan una corriente de productos que se han ido presentando en el mercado a lo largo del tiempo, todas las cantidades se deben ajustar teniendo en cuenta la inflación para convertirlas en valores monetarios actuales. También se deben incluir en el conjunto de datos las plataformas canceladas y los esfuerzos invertidos en la producción. Muchos observadores han señalado que las empresas aprenden tanto, si no más, de sus fracasos que de sus éxitos.[9]

Las reuniones de datos pueden convertirse en una simple acumulación de la información existente en sistemas informáticos más amplios. Por otro lado, el proceso puede llegar a ser laborioso, particularmente cuando esa responsabilidad por el desarrollo y la manufactura de familias de productos se encuentra dispersa por todo el mundo. Por ejemplo, en una determinada empresa dedicamos casi un mes a inspeccionar los cuadernos del proyecto antiguo que se encontraban en las estanterías de los despachos de sus gestores empresariales en I + D. Con la ayuda de esos mismos gestores, nos llevó aún más tiempo determinar los costes del proyecto en referencia a plataformas y productos específicos. Aunque se trató de un trabajo tedioso, proporcionó a la empresa una aproximación bastante ajustada de las cantidades que

9. M. A. Maidique y B. J. Zirger, «The New Product Learning Cycle», *Research Policy*, vol. 14 (1985), págs. 299-314.

realmente había invertido en la creación de sus productos, algo que nunca había hecho.

Los equipos de estudio que llevan a cabo esta clase de investigaciones sobre una familia de productos deberían parecerse a aquellos equipos de diseño de la plataforma que hemos descrito en el capítulo precedente, formado por personal de ingeniería, de manufactura, de mercadotecnia y de finanzas. Ellos pueden facilitar el proceso de recogida de datos y «disgregar» la información por plataformas individuales y proyectos de productos derivados.

También hemos de tener en cuenta el caso de aquella corporación que, para evaluar su forma de trabajar, integra sistemáticamente toda la información de los capítulos de ingeniería, manufactura y mercados. Estos datos se encuentran habitualmente dispersos en diferentes unidades operativas de la empresa, lo que tiene como consecuencia dos desafortunados resultados: a) numerosas personas contemplan un fragmento del cuadro, pero no pueden observar el cuadro completo; y b) muy pocos ejecutivos advierten las consecuencias negativas de sus decisiones. Pero, ¿podría un ingeniero que ha estado trabajando en un nuevo producto llegar a conocer las ventas finales y los beneficios que genera? ¿Y podría el gestor en manufactura saber las consecuencias comerciales de sus decisiones? Es claro que sí, y por eso la integración de la información de toda la corporación es esencial si se pretende evaluar toda su actuación, de la misma manera en que la integración de las funciones de la corporación son esenciales para el desarrollo de un nuevo producto.

Veamos a continuación lo que puede decirnos esa integración de la información.

Fase 2. El conocimiento de la eficiencia de las plataformas para crear productos derivados

Para determinar la eficiencia de una plataforma, debemos responder a varias preguntas. La primera cuestión consiste en saber si una determinada plataforma ha proporcionado beneficios estratégicos técnicos para convertirse en una base productiva con el fin de crear productos derivados. Eso se denomina *eficiencia de la plataforma*. Si consideráramos únicamente los costes en ingeniería, la medida de la eficiencia en relación con un único producto derivado podría formularse sencillamente así:

$$\text{Eficiencia de la plataforma} = \frac{\text{Costes de ingeniería de un producto derivado}}{\text{Costes de ingeniería de la plataforma}}$$

El uso que hacemos del término «eficiencia» hace referencia a los costes de desarrollo del proceso de ingeniería y no a la manufactura ni al consumo de energía por unidad de producción o a otros tipos de eficiencia. Por ejemplo, si el coste medio en I + D por desarrollar un producto derivado específico fue de doscientos cincuenta mil dólares, basándose en una plataforma de producción cuyo coste en ingeniería fue de unos cinco millones de dólares, entonces la eficiencia de la plataforma para ese producto sería de 0,05.

Esta clase de medición puede usarse para conocer la eficiencia de desarrollo de una generación completa de productos derivados. Sólo hay que calcular la media de los costes en I + D de los productos derivados de una determinada versión de la plataforma y dividir después esa cantidad por los propios costes de desarrollo de aquella versión de la plataforma. Por ejemplo, si examinamos un conjunto de veinte productos derivados creados a partir de una única plataforma en el curso de tres años, y si la media de los costes en ingeniería para crearlos fue de quinientos mil dólares, entonces la medida de la eficiencia de la plataforma para ese período sería igual a 0,10. De esta manera, podemos observar cómo ha mejorado o disminuido la eficiencia de la plataforma a lo largo de múltiples generaciones de una familia de productos. La fórmula es bien sencilla:

$$\text{Eficiencia de la plataforma} = \frac{\text{Promedio (de los costes de ingeniería de productos derivados)}}{\text{Costes de ingeniería de la plataforma}}$$

Volvamos a continuación al mapa conceptual de una familia de productos usado en uno de nuestros estudios de campo y apliquémosle las técnicas de medición. El mapa de la familia de productos de CONTROLS (una familia de sistemas de medida industriales) se muestra en la figura 6.1. Según nos presenta el mapa, CONTROLS ha contado con dos distintas arquitecturas de plataforma (si tuviéramos que comprobarlo, eso se ve claramente en los diagramas de bloques, donde se muestran los subsistemas clave y las interfaces). La primera plataforma se basaba en un proceso de señales analógicas y se desarrolló durante los últimos años de la década de 1970; la segunda se basaba en un proceso de señales digitales, que se llevó a cabo por primera vez a finales de la década de 1980. La primera plataforma tuvo

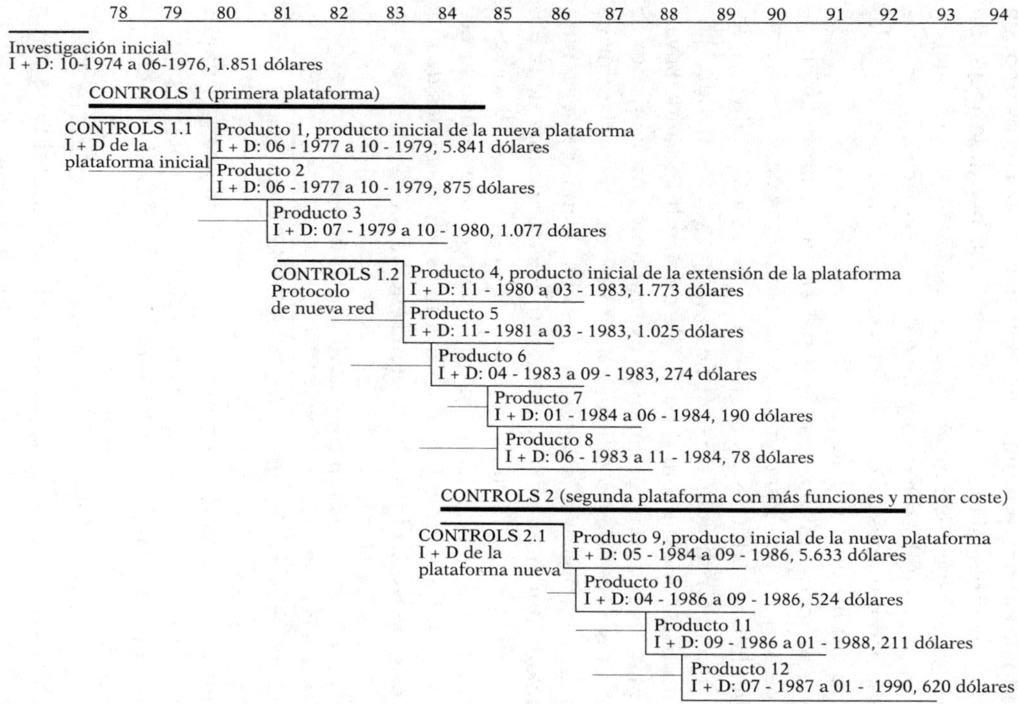

Nota: la cantidad en dólares constituye el montante de los costes de desarrollo agregados de todos los proyectos asociados con, y que conducen a, un producto dado, en dólares de 1993. Las fechas indican el comienzo de I + D del primero de tales proyectos hasta la presentación comercial del producto resultante.

Figura 6.1. Mapa de la familia de productos de CONTROLS.

una extensión (etiquetada como CONTROLS 1.2) en la que se cambiaron de forma sustancial los principales subsistemas del diseño original; la segunda sólo dispuso de una versión. En la figura 6.1 se muestran también los productos derivados específicos, hasta un total de doce, basados en cada una de las versiones de las plataformas. La fecha de inicio de los primeros proyectos en I + D asociados con cada uno de los productos se representa al comienzo del subrayado más fino que conduce hasta cada uno de los productos resultantes que aparecen en el mapa. Se muestran también los costes de ingeniería de cada producto. Como la empresa no mantuvo un seguimiento de los costes de la plataforma comparados con el coste de los productos derivados, utilizamos los costes de ingeniería del primer producto de cada versión de la plataforma como un sustituto de los costes de ingeniería de aquella versión de la plataforma.

Utilizando estos datos de los costes en ingeniería, hemos computado la eficiencia de las plataformas. El resultado aparece en la figura 6.2, que nos muestra el valor de su grado de eficiencia para cada uno de los productos derivados específicos, así como el promedio del valor del grado de eficiencia de cada una de las tres generaciones de la familia de productos. En una empresa que disponga de numerosos productos derivados, el promedio de eficiencia de la plataforma elimina las amplias fluctuaciones existentes entre los productos tomados uno a uno, con el fin de revelar la tendencia global con mayor claridad.

En la figura 6.2 puede verse que el primer producto derivado de CONTROLS 1.1 se desarrolló aproximadamente a un coste de unos quince céntimos de dólar, y el segundo a unos dieciocho céntimos. El promedio de eficiencia de CONTROLS 1.1 fue, por tanto, de unos diecisiete céntimos de dólar. A continuación la empresa sacó buen partido de nuevas tecnologías de componentes destinadas a mejorar, de manera significativa, los subsistemas clave de la arquitectura de la plataforma. En cuanto a la nueva extensión de la plataforma (CONTROLS 1.2), puede advertirse que gozó de gran éxito en términos de eficiencia de desarrollo del producto. El promedio de eficiencia de la plataforma para esos productos fue de unos cinco céntimos de dólar.[10]

Con la aparición del proceso de señales digitalizado, la empresa «pasó página», entonces, con un diseño de plataforma enteramente

10. Los costes de desarrollo de la plataforma original CONTROLS 1.1 se añaden a los de CONTROLS 1.2, como denominador para efectuar el cálculo, dando como resultado los costes de desarrollo de la plataforma completa.

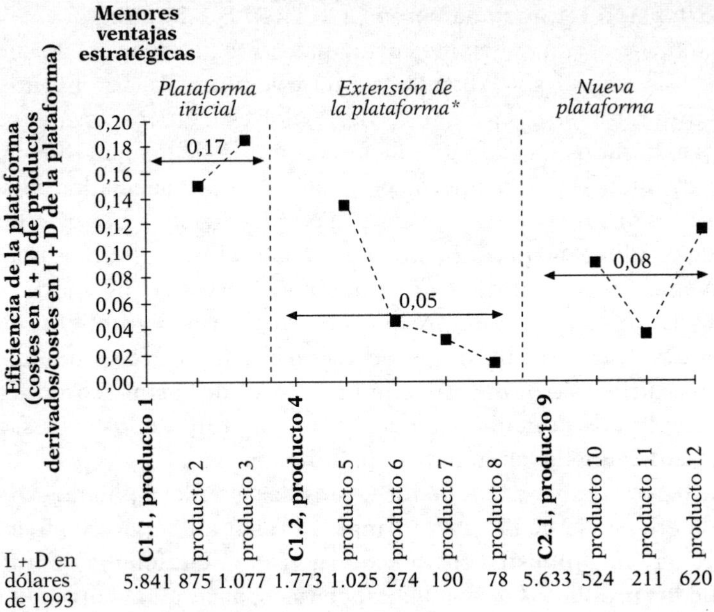

* Los valores de eficiencia para la extensión de la plataforma C1.2 se computan basándose en un denominador que incluye las inversiones en la plataforma para la versión inicial y para la extensión, por ejemplo, C1.1 + C1.

Figura 6.2. Eficiencia de la plataforma de CONTROLS según producto y versión de la plataforma.

nuevo, y utilizó esa oportunidad para reducir los costes de material y para mejorar diferentes funciones. Los resultados del grado de eficiencia fueron, de nuevo, aquí impresionantes, con alrededor de ocho céntimos de dólar para la plataforma CONTROLS 2.1. Si se consideran en conjunto, estos resultados cuentan una «buena historia» de la familia de productos CONTROLS. La empresa fue construyendo plataformas sólidas que proporcionaron enormes ventajas estratégicas en términos de una creación eficiente de productos derivados.

¿Qué valor de eficiencia de los costes de una plataforma se puede considerar como razonable? Uno de nuestros estudios, realizado en empresas de la industria electrónica, indica que el valor de eficiencia de una plataforma igual o inferior a 0,10 señala la presencia de un elevado nivel de beneficios estratégicos en esas plataformas de producción. Sin embargo, el valor que funciona como referencia deseable para una empresa determinada dependerá del valor específico de cada industria. Recomendamos llevar a cabo el estudio de una familia de productos que goce de éxito en la propia empresa, determinar el nivel de eficiencia de su plataforma y utilizarlo, a continuación, como punto de referencia para grupos similares del mismo negocio. En general, las plataformas que se encuentran en el interior de cualquier sector industrial se volverán más eficaces a medida que pasa el tiempo, puesto que, como normal general, el diseño habrá aumentado su grado de modularidad y la tecnología de componentes será cada vez mejor.

Como ya hemos demostrado hasta aquí, la medición ha incluido únicamente los costes de ingeniería. Alcanzamos un conocimiento mucho más profundo cuando se tiene en cuenta el ratio de los costes derivados por la inclusión de nuevos productos en la producción a gran escala. Miremos por un momento la figura 6.3. La posición menos deseable (encontrarse en el cuadrante superior derecho del gráfico), tiene lugar cuando una empresa cuenta con unos costes elevados tanto en la ingeniería como en la manufactura de nuevos productos relacionados con el desarrollo de la plataforma. Pero incluso si una empresa experimenta una elevada eficiencia de la plataforma en el capítulo de costes en ingeniería, servirá muy poco a sus objetivos si muestra un pobre nivel de eficiencia en el dominio de la manufactura. Esta posición se encuentra situada en el cuadrante inferior derecho del gráfico. En ambos casos, el objetivo deseado consistiría en trasladar la empresa hacia el «lugar dulce» del mapa, en el que los

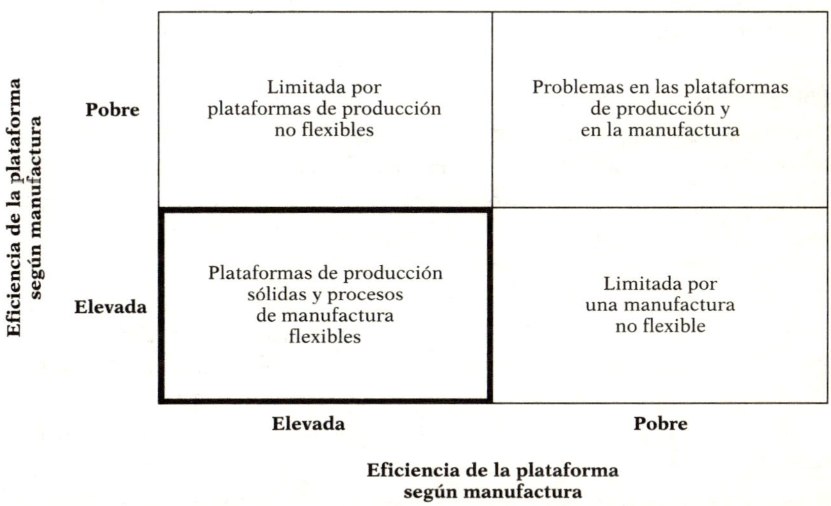

Figura 6.3. Comparación de la eficiencia de la plataforma según la ingeniería del producto y las mejoras y el reequipamiento de la manufactura.

costes de nuevos productos, tanto en ingeniería como en manufactura, son relativamente bajos en relación con los gastos de la plataforma por lo que se refiere a las plataformas de producción y a los procesos de manufactura.

Por ejemplo, la figura 6.4 muestra la eficiencia de la plataforma en el capítulo manufacturero, durante veinte años, de una familia de productos de consumo. A medida que ha ido transcurriendo el tiempo, los costes de manufactura para introducir nuevos productos en la corriente productiva han sido cinco veces superiores a los costes de ingeniería de esos productos. No es ésta una situación poco frecuente en los negocios de capital intensivo. En la figura 6.4, los ratios se calcularon utilizando únicamente las inversiones en mejoras y en nuevos capitales para equipar la línea productiva, y todas las cantidades están recogidas en dólares corrientes. La plataforma contaba con cinco generaciones (la arquitectura original más cuatro ampliaciones principales). Nótese que, en ese caso, las líneas discontinuas representan el volumen de dólares real (y no tanto los valores de eficiencia para productos individualizados). Lo hemos hecho así para proporcionarle al lector una percepción clara de las consecuencias de los costes de mejora de la eficiencia con las que se introducen nuevos productos en el proceso de manufactura.

En este caso que nos ocupa, los procesos de manufactura han demostrado su dificultad a ajustarse para aceptar nuevos productos derivados. Sólo muy recientemente las mediciones de eficiencia han alcanzado un nivel considerado como razonable por el equipo de administración. La intención de los gestores empresariales es la de volver a revisar todo el proceso de manufactura con el fin de adoptar una maquinaria más sencilla que pueda integrarse, cambiarse y añadirse, a un coste inferior para presentar nuevos productos. Potencialmente, esta nueva situación ahorrará enormes sumas en reequipamiento y mejorará la producción de nuevos artículos.

Fase 3. El conocimiento de las consecuencias que, para el desarrollo de la plataforma, tiene el tiempo de colocación en el mercado

Podemos utilizar también los datos de la familia de productos para entender la dinámica de los ritmos de desarrollo a lo largo del tiempo. Todo lo que se necesita es computar la medida de la eficiencia de la plataforma utilizando como parámetro, en lugar de los costes de desarrollo, el tiempo que se ha dedicado a la ingeniería. Una

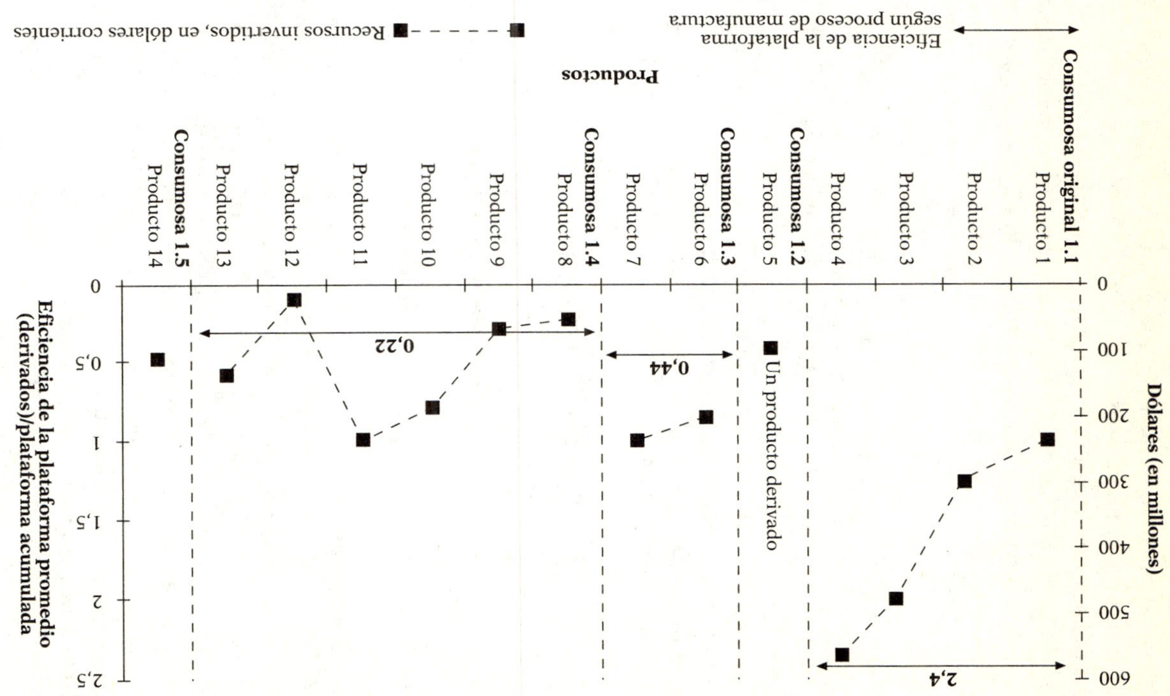

Figura 6.4. Eficiencia de la plataforma de Consumosa según producto y versión de la plataforma, calculada sólo con los costes de mejora y reequipamiento.*

*La eficiencia se computa basándose en un denominador que acumula las inversiones realizadas en las versiones de la plataforma en curso y las anteriores.

plataforma de producción sólida, aunque le cueste una cantidad de tiempo relativamente mayor la creación que la fabricación de productos derivados, suele permitirle a la empresa adquirir experiencia en la generación rápida de esos productos derivados.

Utilizando el momento de comienzo y el final de I + D de las plataformas de producción y de los productos derivados, la medición del ciclo de tiempo transcurrido para calcular la eficiencia de la plataforma puede expresarse de la siguiente manera:

$$\text{Eficiencia del ciclo temporal} = \frac{\text{Tiempo transcurrido para desarrollar un producto derivado}}{\text{Tiempo transcurrido para desarrollar la plataforma de producción}}$$

De forma parecida, el valor de la eficiencia del promedio de un ciclo temporal para una generación de productos basada en una versión determinada de una plataforma de producción, puede computarse de la siguiente manera:

$$\text{Eficiencia de un ciclo temporal} = \frac{\text{Promedio (tiempo transcurrido para desarrollar productos derivados)}}{\text{Tiempo transcurrido para desarrollar la plataforma de producción}}$$

El simple trazado de las líneas de los tiempos de desarrollo de las plataformas, y las de los productos derivados que se basan en esas mismas plataformas, se puede convertir en un ejercicio muy instructivo. Podemos ilustrar esta situación con una familia de productos de equipamiento médico. La figura 6.5 muestra el tiempo dedicado, en años, para el desarrollo de dos versiones de plataformas diferentes de esta familia de productos. Presenta también el promedio de ciclos temporales, en años, del desarrollo de los productos derivados en cada generación de la familia de productos.

El ciclo temporal de la plataforma de producción inicial fue de unos cinco años, y de unos dos las sucesivas extensiones de esa misma plataforma. Los productos derivados se desarrollaron a una media de dos años. El desplegamiento de la segunda plataforma de producción se llevó a cabo en dos años y medio, y, después de numerosos debates mantenidos con los miembros del equipo, se acometió con demasiada rapidez, y se abandonó también muy pronto, debido a las presiones de la competencia. Llevó mucho más tiempo completar las

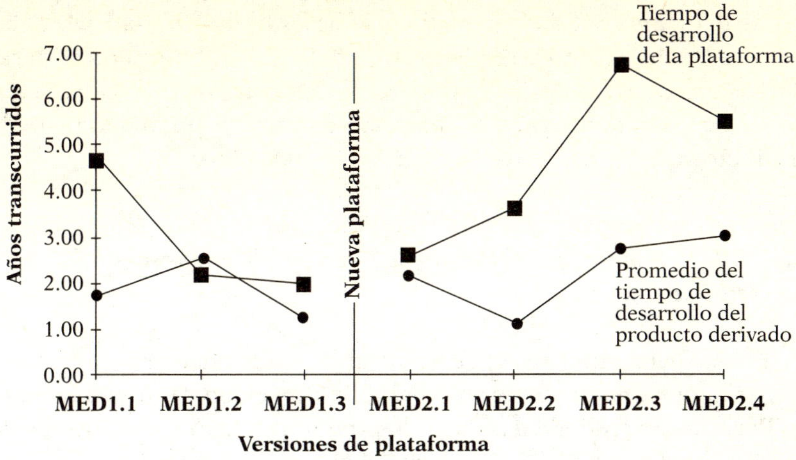

Figura 6.5. Eficiencia del ciclo temporal de la plataforma de MED y de su producto derivado.

subsiguientes extensiones de la plataforma hasta alcanzar la segunda, y asimismo se puede advertir que costó casi siete años acabar la extensión de la tercera plataforma. De forma parecida, los tiempos de desarrollo de los productos derivados basados en la segunda plataforma fueron mucho más amplios que los de la primera. El equipo estaba tratando de añadir a la línea de producción una funcionalidad clínica cada vez más compleja, y fue consciente de que la arquitectura subyacente de la plataforma se comportaba como barrera a un rápido desarrollo.

La mayoría de los administradores de empresas son capaces de advertir cuándo van perdiendo gas las arquitecturas subyacentes de sus principales líneas de producción. En ese mismo momento, se convierten en los responsables de encontrar y secuenciar proyectos de desarrollo de una nueva plataforma que supere las ya existentes. Es probable que los resultados tangibles de los esfuerzos aplicados al desarrollo de esa nueva plataforma sean decepcionantes si el consejo de administración trata, precisamente, esos mismos esfuerzos, tanto en términos de tiempos como en el de recursos, como si estuvieran dedicados al desarrollo de productos derivados. Cuando se está hablando de equipos multidisciplinares, que deben contemplar en profundidad alternativas técnicas y de mercadotecnia, esos esfuerzos llevan tiempo y deben comenzarse muy pronto. Es también lógico pensar que si los esfuerzos dedicados a desarrollar una nueva plataforma consumen más tiempo para completarla que aquellos otros que se dedican a la fabricación de productos derivados, la I + D dedicada a la renovación de la plataforma debería coincidir con el desarrollo de productos derivados de las plataformas ya existentes. Esta forma de trabajar asegura la aparición de una continua corriente de productos que incluyen una tecnología competitiva.

Fase 4. El conocimiento del grado de interés de la empresa por la competitividad tecnológica

El uso de una perspectiva externa al mercado puede proporcionarnos un enorme valor para comprender la capacidad de funcionamiento. Por lo que se refiere al desarrollo productivo, hemos encontrado de gran utilidad rastrear el grado hasta el que una empresa ha sido capaz de derrotar a sus competidores en el mercado con nuevas características o funciones de sus productos o servicios. A ese elemento de medición le hemos denominado *nivel de demora* de respuesta a la competencia. Se presta a realizar con rapidez un estudio sistemático en el contexto de la evolución de la familia de productos.

Con el fin de realizar ese análisis, se debe comenzar por dibujar un mapa de la familia de productos. Después de señalar las diferentes versiones de la plataforma y de los productos derivados en el interior de la familia, se pedirá a los miembros del equipo que determinen las características nuevas o las funciones importantes que han ido apareciendo a lo largo del tiempo en la corriente de productos. Finalmente se deberá formular la siguiente pregunta: ¿cuándo presentaron nuestros competidores características similares? Los datos comparativos deben señalarse siguiendo el formato que se muestra en la figura 6.6.

Esta figura presenta el nivel de demora de respuesta a la competencia de la familia de productos de la empresa Consumosa que hemos descrito con anterioridad. Los datos revelan que, aunque la empresa había empezado su andadura muy bien situada, a medida que el tiempo transcurría, la industria en general se fue volviendo cada vez más competitiva y la empresa perdió su posición en tanto que líder en innovación. Esa situación se debió en buena medida a la falta de flexibilidad de su plataforma de producción y de los procesos de manufactura asociados con ella. Los ingenieros de la compañía no eran capaces de innovar con la suficiente velocidad o, cuando lo hacían, la propia organización de la manufactura impedía un rápido despliegue.

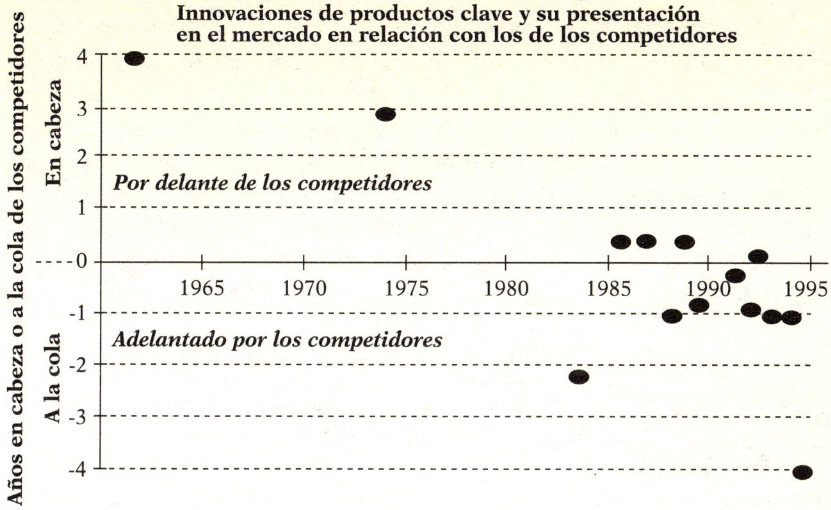

Figura 6.6. Nivel de demora de respuesta a la competencia de la firma Consumosa.

Algunas palabras de advertencia. No se puede contemplar ninguno de estos elementos de medición como aislados de otros índices de medida. El nivel de demora de respuesta a la competencia no es diferente de los demás en cuanto a su comportamiento. Hemos sido testigos de ejemplos en los que el consejo de administración se había visto empujado por presiones de la competencia a presentar nuevos productos antes de que se hubieran desarrollado y probado de manera adecuada. En esos casos, el gráfico de nivel de demora era muy bueno, pero no era en absoluto sorprendente que los resultados fueran muy pobres.

Fase 5. El conocimiento de la efectividad comercial de las plataformas

Nos acercamos a continuación al punto que se refiere a los ingresos generados por los productos en el mercado. Los productos estrella, es decir, los que se han ido presentando de manera oportuna, suelen obtener elevados beneficios en aquellos mercados que no se encuentran sometidos a un proceso de decadencia. Al descomponer en factores los costes de desarrollo de las plataformas y de los productos derivados, se pueden evaluar los beneficios comerciales alcanzados por las familias de productos a lo largo del tiempo. Esto se denomina *efectividad de la plataforma*, o medida del nivel de ingresos alcanzado por los productos derivados de una plataforma de producción si se compara con los costes de desarrollo. La efectividad de la plataforma compara sencillamente los recursos utilizados en la creación de productos con los ingresos derivados de ellos, pero *a largo plazo*. Los costes de desarrollo incluyen los costes de ingeniería del diseño, los de ingeniería manufacturera, los de desarrollo del mercado y las inversiones realizadas en plantas y equipamientos. Por ingresos se entienden las ventas netas atribuibles a cada uno de los productos derivados de la familia de productos. Para un único producto derivado, la efectividad de la plataforma se representa como sigue:

$$\text{Efectividad de la plataforma} = \frac{\text{Ventas netas de un producto derivado}}{\text{Costes de desarrollo de un producto derivado}}$$

Y lo mismo que sucede con la eficiencia de la plataforma, la medida de la efectividad puede ser el agregado de toda una generación de productos, permitiéndonos así comparar el nivel de funcionamiento de sucesivas generaciones.

$$\text{Efectividad de la plataforma} = \frac{\text{Ventas netas de los productos derivados de una versión de la plataforma}}{\text{Costes de desarrollo de los productos derivados de una versión de la plataforma} + \text{Costes de desarrollo de la plataforma}}$$

Por ejemplo, si uno de los exitosos taladros de Black & Decker generó diez millones de dólares en ventas a lo largo de todo su ciclo de vida comercial y contó con unos costes de desarrollo de medio millón, el nivel de efectividad de ese producto sería aproximadamente de 20. De forma parecida, si las ventas de una generación completa de herramientas eléctricas supusieron mil millones de dólares y los costes de desarrollo de la plataforma (incluyendo plantas y equipamientos nuevos) fueron de unos veinte millones y los de los productos derivados de unos diez millones, entonces la medida de efectividad para esa generación de productos sería de alrededor de 33. Es evidente que es *mejor* que el valor de efectividad de la plataforma sea elevado. Sería entonces opuesto a la medida de eficiencia de la plataforma, donde una más eficiente creación de productos derivados da como resultado dígitos cada vez más bajos.

Como ilustración de la medida de efectividad de un único producto, volveremos a otra familia de productos de sistemas de medida a la que denominaremos Monitor. Esta familia comprende instrumentos de medida que reúne la información de un proceso industrial en tiempo real, determina los acontecimientos que van haciendo aparición y los reconvierte en sistemas de información. Costó tres años y medio desarrollar la plataforma de producción y, a partir de ella, se crearon cinco productos derivados. En total, el período de tiempo existente entre el comienzo de I + D de esta plataforma y el final de su ciclo comercial fue de unos diez años.

El departamento de ventas de la división asignó los ingresos de las ventas anuales a cada uno de los artículos de la familia de productos Monitor, tomados individualmente, de la misma manera que hizo el departamento de ingeniería con el capítulo de costes en ingeniería. Todas las cantidades se ajustaron al valor del dólar actual. Aunque ambos departamentos habían conservado sistemáticamente sus datos respectivos a lo largo de los años, a nadie se la había ocurrido combinarlos con el fin de que quienes desarrollaban el producto pudieran contemplar los resultados tangibles de su trabajo respectivo. En este caso concreto, fue imposible reunir los costes de explotación y reequipamiento y, por ello, no se incluyeron como parte de los costes de desarrollo.

En este análisis hemos computado los valores de efectividad y los de eficiencia de la plataforma con el fin de sugerir que estos dos parámetros están estrechamente relacionados. La figura 6.7 nos muestra la línea seguida por ambas variables en los productos de la familia Monitor; para facilitar la comparación entre la eficiencia y la efectividad de la plataforma hemos desplegado la escala de eficiencia en orden de valores invertido, de tal manera que los valores más elevados de eficiencia (los dígitos más pequeños) se encuentran en la parte más alta del eje.

Comencemos por la medición de la eficiencia de la plataforma. Ésta nos presenta niveles muy elevados en los tres primeros productos derivados basados en la plataforma de producción Monitor. Cada uno de estos tres productos se desarrollaron con unos diez centavos por dólar de costes totales de la plataforma original (se utiliza el eje de la banda derecha). Al llegar al cuarto producto derivado, la puntuación se dispara hacia arriba (menor eficiencia) hasta suponer cuarenta y dos centavos por cada dólar de la plataforma. El quinto producto experimentó un descenso similar en el grado de eficiencia de la plataforma, con un coste de unos treinta y seis centavos por dólar. En otras palabras, el equipo iba encontrando crecientes dificultades para añadir nuevas características y funciones a la plataforma de producción existente.

La medida de la efectividad de la plataforma para la familia de productos Monitor muestra que esa dificultad se tradujo en un des-

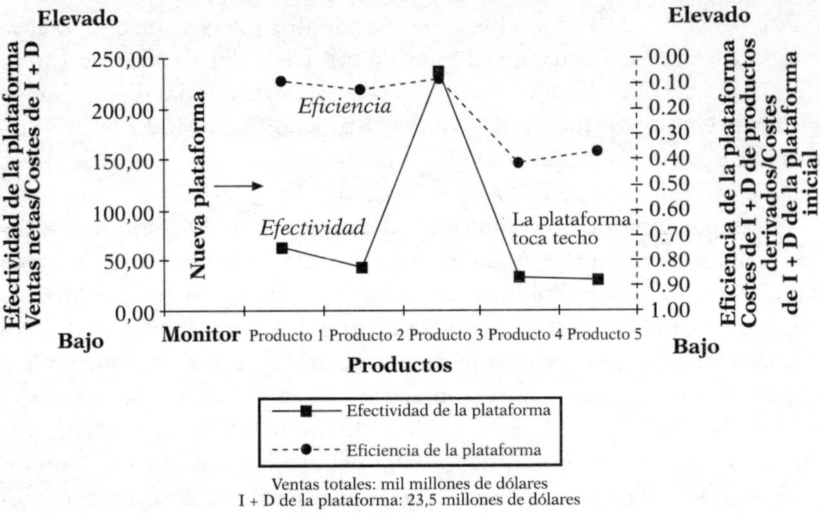

Figura 6-7. Eficiencia y efectividad de la plataforma Monitor, producto por producto.

censo de los resultados comerciales. La efectividad de la plataforma indica la traducción al plano comercial de las inversiones de ingeniería en productos, bajo la forma de una relación entre las ventas totales del producto y los costes de desarrollo de ese producto. Puede observarse (teniendo en cuenta ahora el eje de la banda izquierda) que la situación comercial de la línea de productos Monitor fue mejorando extraordinariamente del producto 1 al producto 3, significando éste unos ingresos de ¡doscientos cincuenta y nueve dólares por cada dólar invertido en el desarrollo del producto! Los productos derivados cuarto y quinto experimentaron un descenso en las ventas en relación con los costes de desarrollo.[11] Los clientes comenzaron a exigir una combinación de mayor flexibilidad y menor coste, y la plataforma de producción Monitor se encontró con dificultades para hacer frente a estas nuevas necesidades. Entretanto, los competidores habían estado rediseñando sus propias plataformas de producción, consiguiendo diseños más flexibles y a menor coste.

11. Concretamente en esta empresa, no se podría culpar de la decadencia a la existencia de un mercado en regresión. La tasa de crecimiento del mercado se mantuvo casi constante en un 5 % anual. Las ventas, los precios y las prácticas relacionadas con la familia de productos Monitor permanecieron también casi estables. Sin embargo, cuando utilice este sistema de medición en su propia empresa, asegúrese de tener en cuenta ésos y otros factores relacionados que puedan afectar a las ventas y a los costes de desarrollo.

Esos esfuerzos comenzaron a socavar la posición dominante ocupada hasta entonces por Monitor. Según la expresión de uno de los ejecutivos en I + D, la plataforma «había tocado techo». Debería renovarse.

Son numerosos los factores que pueden conducir a un descenso de la efectividad. Por ejemplo, un mercado de crecimiento explosivo, u otro en caída libre, pueden ambos causar un fuerte impacto negativo sobre la escala de efectividad. No obstante, es importante que las empresas adviertan que están en disposición de dar nuevas formas a los mercados y crear nuevos niveles de demanda; y también que eso no puede hacerse si una plataforma de producción ha durado más que su utilidad en términos de función o de coste.

¿Cuál debería ser el grado de efectividad de la plataforma de la línea de producción de su empresa? La razón nos sugiere de nuevo que los niveles de efectividad de esa plataforma variará de industria a industria. Nos encontramos con que, en las empresas de electrónica y de sistemas, se considera que un ratio 30:1 entre ventas y costes de desarrollo de una línea de producción es extraordinariamente exitoso. Hemos notado también que, en diferentes familias de productos dirigidos a mercados de consumo de masas, su ratio excedía el 500:1 para ciertos productos de «fuerte pegada». Una vez más, la vía más pragmática para establecer un punto de referencia de la efectividad de la plataforma de su propia empresa pasa por el estudio interno, observando atentamente aquellos valores que se hallan relacionados con las familias de productos que han alcanzado unos mayores niveles de éxito.

Fase 6. El conocimiento de los beneficios potenciales

Nuestro último elemento de medición tiene como objetivo calcular el nivel de beneficios de los productos derivados por medio del examen de los márgenes totales, producto por producto, en el seno de una familia de productos. A este sistema de medición le hemos denominado CPR, o ratio interno de costes/precios. Este ratio costes/precios se computa, por unidad, de la siguiente manera:

$$\text{Ratio costes/precios (CPR)} = \frac{\text{Coste del producto (material + trabajo + gastos fijos y variables)}}{\text{Ventas netas (Ventas al por mayor menos el transporte, las devoluciones y los descuentos.)}}$$

A partir del CPR de un producto cualquiera, se puede llegar a deducir el promedio con el fin de resumir el nivel de beneficios de toda una línea de producción.

Con el fin de exponer prácticamente este sistema de medición, volveremos a revisar el caso de la empresa de fluorescentes que hemos descrito en el capítulo 5. Comencemos por recordar que esa firma ofrecía productos de cuatro segmentos diferentes de acuerdo con el precio y las prestaciones: de precio bajo, estándar, *premium* y de lujo. La empresa había creado cuatro plataformas de producción distintas para cubrir la producción de cada uno de esos segmentos, y cada una de ellas con una única arquitectura de la plataforma, según se evidenciaba simplemente echando una rápida ojeada a los respectivos diagramas de bloques de los diseños. A partir de estas cuatro plataformas se crearon doscientos veintiocho productos derivados únicos, aunque la gran mayoría de ellos no eran otra cosa que simples cambios de estilo que no añadían nada a la funcionalidad mecánica de las plataformas respectivas. Cada plataforma contaba también con su propio proceso de ensamblaje, careciendo de una verdadera automatización.

La figura 6.8, el análisis del ratio costes internos/precios de la línea de producción existente, muestra que la empresa no estaba consiguiendo importantes beneficios con sus lámparas eléctricas, especialmente en las plataformas de los niveles inferiores. En la figura, se han ordenado las plataformas de la antigua producción según los segmentos de mercado y teniendo en cuenta los principales modelos. Puede observarse que la línea antigua conseguía beneficios en el segmento de lujo (media de CPR de 0,51) y en el «premium» (CPR de 0,43), pero únicamente eran de carácter marginal en la gama de precio bajo (CPR de 0,71) y en la estándar (CPR de 0,64), lo que no dejaba de ser una desgracia, puesto que su clientela adquiría muchos más modelos básicos y estándar que de gama elevada.

Como ya hemos indicado en el capítulo 5, se diseñó una nueva plataforma de producción para cubrir todos los segmentos del mercado. Tenía como primer objetivo ocupar el segmento más básico, hasta ese momento muy poco beneficioso, y, a partir de él, introducirse hasta cubrir los segmentos más elevados. La estandarización de los subsistemas clave y de los componentes permitió economizar en los capítulos de suministro y manufactura, situación que se difundiría por toda la familia de productos.

Según nos muestra la figura 6.9, el CPR de la nueva línea mejoró de manera extraordinaria. Finalmente, la empresa fue capaz de obte-

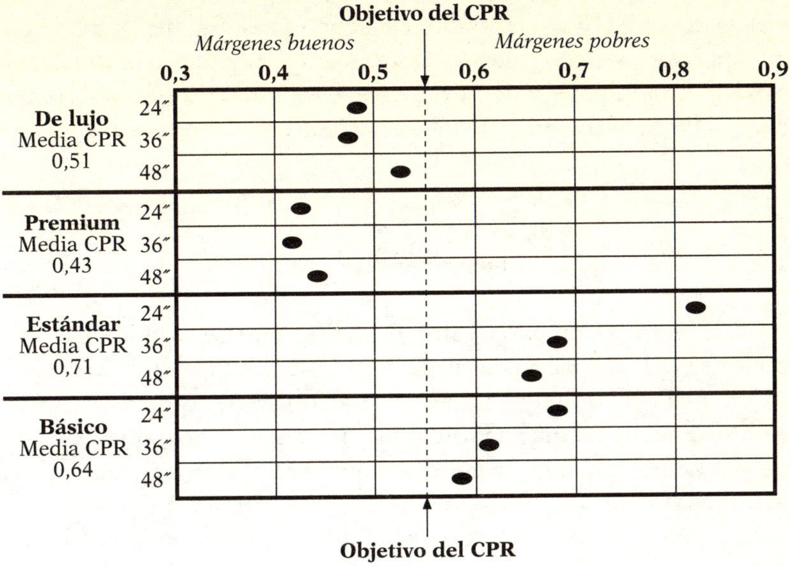

Los puntos señalan el promedio del CPR para todos los modelos del mismo segmento de mercado y del mismo tamaño. El ratio costes/precios = Costes de los productos vendidos/Ventas netas.

Figura 6.8. Análisis del ratio costes internos/precios de la antigua línea de lámparas eléctricas.

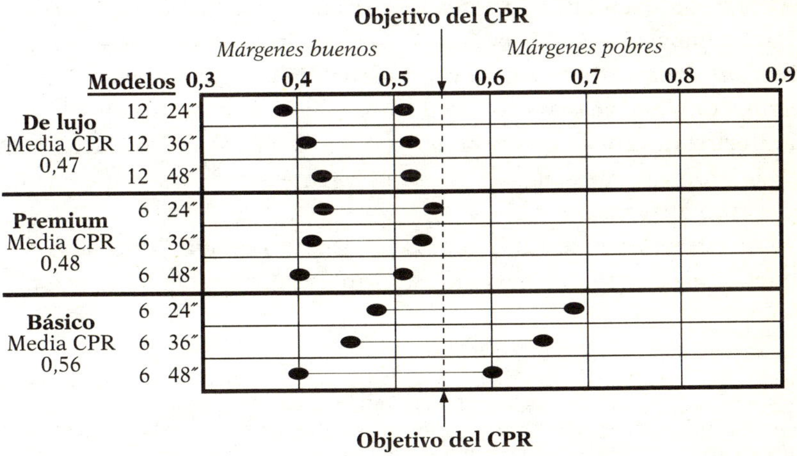

Las barras indican la fluctuación del CPR para todos los modelos del mismo segmento de mercado y del mismo tamaño. El ratio costes/precios = Costes de productos vendidos/Ventas netas.

Figura 6.9. Análisis del ratio costes internos/precios del nuevo diseño de línea de lámparas eléctricas.

ner elevados beneficios en todos los segmentos del mercado.[12] Rico en prestaciones y consiguiendo economizar mediante la estandarización de la función mecánica y del diseño, el fabricante había creado una línea de producción mucho más atractiva y generadora de beneficios.

Avanzar gracias a las lecciones aprendidas del pasado

Muy a menudo, cuando tratan de valorar sus resultados, las corporaciones pierden de vista el principio de continuidad. Acostumbran a centrar la evaluación de su actuación en períodos únicos. Cada año se trata de forma separada. La historia va realizando cambios continuamente, y la capacidad de las empresas para aprender sistemáticamente de esa historia se olvida con facilidad. Es posible que ése sea el peor uso de los elementos de medición comunes y de las estadísticas actuales para evaluar el funcionamiento de la empresa. Por su propia naturaleza, el desarrollo de un nuevo producto se extiende por dilatados períodos de tiempo.

Aquello que se hizo o que dejó de hacerse ayer puede no ser aplicable a la situación actual. Según ya advirtió Henry Kissinger: «El estudio de la historia no ofrece un manual de instrucciones de aplicación automática; la historia enseña por analogía, arrojando luz sobre consecuencias parecidas en situaciones comparables. Pero cada generación debe determinar por sí misma qué circunstancias son, de hecho, comparables».[13] Más aún, embarcarse en el desarrollo de una plataforma futura sin comprender primero los éxitos y los fracasos de las plataformas pasadas y de las actualmente en vigor significa avanzar medio a ciegas.

Por eso en este capítulo hemos presentado un conjunto de mediciones coherentes para períodos múltiples que pueden ayudar a que

12. Nótese que, en la figura 6.9, la dirección ha reducido el número de segmentos a tres –básico, *premium* y de lujo–, dando por descontado que las características del producto de su gama más elevada eran comparables, en cuanto a funciones, a las de otros proveedores «de lujo», pero suministradas a un precio final mucho más bajo para volver a conseguir cuota de mercado. Los setenta y dos nuevos modelos ofrecían a los clientes, cada uno de ellos, diferentes funciones y aparecieron en el mercado con precios de salida distintos. Por eso en la figura 6.9 el CPR de cada uno de los segmentos se contempla como una fluctuación, con el fin de reflejar así las diferentes características de los distintos modelos en su segmento de mercado y los tamaños también diferentes de esos modelos.

13. Henry Kissinger, *Diplomacy*, Nueva York, Simon & Schuster, 1994, pág. 27.

los ejecutivos comprendan cómo han ido evolucionando y cómo han actuado a lo largo del tiempo sus familias de productos. Al tener un carácter histórico, estas mediciones pueden facilitar un mayor nivel de aprendizaje, pues unos elementos de medición claros, basados en datos objetivos, pueden convertirse en importantes vehículos de comunicación interna. No obstante, nos vemos obligados a trabajar en empresas en las que nunca se estimula a aquellos cuadros formados por personal con visión de futuro a que muestren sus ideas creativas destinadas a renovar el funcionamiento existente del negocio. Más aún, a menudo sus argumentos caen en oídos sordos. Las técnicas de análisis que hemos presentado aquí pueden servir para reforzar esos argumentos y para estimular el cambio.

Con frecuencia se nos ha preguntado si los elementos de medición pueden aplicarse explícitamente a la planificación de la producción futura. Por ejemplo, ¿se pueden establecer objetivos de eficiencia y de efectividad de una plataforma, así como del nivel de beneficios que generarán los esfuerzos realizados para impulsar una nueva plataforma basándose en mediciones realizadas sobre el pasado? La respuesta es afirmativa, pero hay que ser muy cuidadosos al realizar esos análisis.

Muchos de los elementos de medida –la eficiencia de la plataforma, la de los ciclos de fabricación, el nivel de demora de respuesta a la competencia y el ratio costes/precios– pueden proporcionar valores de referencia que sean directamente aplicables a la planificación de un nuevo producto o a productos que se han completado y que se acaban de presentar en el mercado. No obstante, los niveles de eficiencia de una plataforma conseguidos por una línea de productos que ha obtenido éxito hace cinco años puede muy bien haber quedado anticuada por innovaciones en el propio producto o en el proceso tecnológico. En esos casos, tales puntos de referencia se convierten en marcas que han de batir los equipos de trabajo. El uso como referente de la efectividad de la plataforma es incluso aún más especulativo, sencillamente porque los productos nuevos tardan normalmente un tiempo en hacerse con un lugar en el mercado. Sin embargo, si los ciclos de la vida comercial de los productos de su sector son relativamente cortos, contará probablemente con una ayuda en forma de las ventas procedentes de nuevos productos a lo largo de unos pocos años, y podrá, por tanto, aplicar ese elemento de medición a los objetivos de efectividad de una plataforma de tres a cinco años con un grado de fiabilidad razonable.

7
LOS CONCEPTOS DE «FAMILIA DE PRODUCTOS» Y DE «PLATAFORMA» APLICADOS AL *SOFTWARE*

Una herramienta eléctrica o una impresora de inyección de tinta se puede observar, desmontar y llegar a comprender la arquitectura de la plataforma y los procesos de manufactura que se encuentran detrás de ese producto. Esa misma operación es mucho más difícil de llevar a cabo cuando se trata de productos de *software*, y se podría llegar a defender también que es aún más complicado cuando se trata de una publicación *on line* («en línea»), e incluso imposible cuando se trata de un servicio como el de los seguros. No obstante, creemos que la administración de empresas dedicadas a la producción de artículos no físicos, o intangibles, no puede ignorar conceptos tales como los de familias de productos, plataformas de producción, procesos productivos, ni los de productos derivados que en ellos se basan. La arquitectura de una plataforma de *software* de excelente diseño, lo mismo que la de los productos físicos, proporciona enormes beneficios tanto a quienes la programan como a quienes la utilizan.

Es obvio que la clave consiste en comprender qué significa el concepto de plataforma cuando se trata de productos no físicos, para, a continuación, gestionarla de la mejor manera posible con el fin de que sus productos y servicios se mantengan vivos y tengan una utilidad especial para los clientes. Este significado y las consecuencias de su gestión son los puntos centrales de este capítulo y del siguiente.

LOS DIFERENTES ESTRATOS DE LA TECNOLOGÍA INFORMÁTICA

Los productos de *software* se construyen sobre cuatro estratos tecnológicos que, cuando se conectan entre sí, son los que proporcionan al usuario final su capacidad informática. En la figura 7.1 se muestra un sencillo modelo estratificado de tecnología informática.

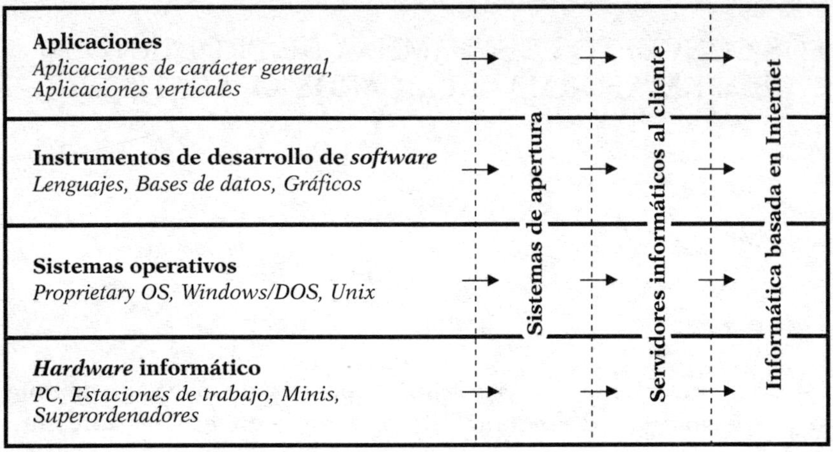

Figura 7.1. Modelo estratificado de tecnología de *software*.

En la base de la figura se encuentran las diferentes formas de *hardware* informático de carácter general, desde los ordenadores de uso familiar hasta la gama de superordenadores. Es claro que existen también otras clases de ordenadores que tienen unas funciones específicas, como es el caso de las «cajas negras» que se utilizan en los aviones o aquellos otros que permiten la comunicación entre diferentes tipos de ordenadores.

Todos los ordenadores, ya sean grandes o pequeños, de características generales o con funciones específicas, requieren sistemas operativos. Éstos se encuentran situados en el siguiente estrato. Los sistemas operativos realizan un gran número de funciones: organizan y ejecutan tareas en el procesador del ordenador, leen y escriben información en instrumentos de almacenaje o en la red, organizan los ficheros en discos, muestran informaciones en la pantalla del ordenador y son capaces de leer las pulsaciones sobre el teclado o los «clics» del ratón.

Con el transcurso del tiempo, los sistemas operativos registrados han dado paso a lo que comúnmente se conoce como sistemas abiertos, transformados por la tecnología como ordenadores de servicio al cliente, y a los sistemas operativos conectados a redes. En la actualidad, el paradigma de servidor del cliente se está transformando con la aparición de Internet, tanto en términos de grado como de escala. A medida que han ido cambiando los paradigmas, lo han hecho también las normas de desarrollo del *software*, obligando a las empresas de ese campo a reinventar sus productos.

Inmediatamente por encima del sistema operativo se encuentran los numerosos instrumentos utilizados para crear aplicaciones para el usuario. Estos dispositivos incluyen lenguajes de programación y bibliotecas de programas u objetos específicos que pueden conectarse para completar programas. Incluyen también sistemas de gestión de bases de datos, así como utensilios para desarrollar interfaces de usuario, gráficos o aplicaciones multimedia. Los fabricantes de este tipo de dispositivos han tratado de hacerlos muy flexibles y por módulos, de tal manera que aquellas personas interesadas en desarrollar programas de aplicación puedan combinar diferentes utensilios.

Mediante la utilización de estos utensilios, otras empresas de *software* han creado, a continuación, programas de aplicación, el último de los estratos de la tecnología del *software*. Por lo general, los productos de aplicación de *software* se han diseñado para ejecutar determinadas tareas. Existen productos de *software* que tienen un objetivo general, como es el caso de los procesadores de textos, las tablas o los sistemas de contabilidad; pero hay otros de características específicas y que han sido diseñados para satisfacer necesidades particulares de la industria, la medicina, la ciencia, la ingeniería o la administración.

En *software*, la definición de lo que se ha sido en un estrato tecnológico dado ha tendido a ampliarse con el tiempo. Por ejemplo, Novell ha conseguido ocupar un lugar predominante al añadir la conexión de circuitos a los sistemas operativos de los PC, con el fin de facilitar el trabajo en red en áreas locales. Últimamente, Microsoft ha incluido esa misma capacidad como una característica estándar de su sistema operativo Windows NT para PC. Se puede observar la misma clase de expansión en cada uno de los estratos de la tecnología informática. En toda la industria del *software* es común, y previsible, el desplazamiento hacia el diseño de productos híbridos o multifuncionales. Si se demuestra la utilidad de una innovación técnica, los diseñadores de *software* la incorporan rápidamente en la siguiente generación de sus propios productos. Las innovaciones se han convertido en moneda habitual de la tecnología comúnmente usada.

El pensamiento tradicional en relación con las plataformas de *software*

Las personas implicadas en el negocio del *software* utilizan el concepto de «plataforma» de manera muy especial. Durante las décadas de 1970 y 1980, «plataforma» hacía referencia específica al tipo de ordenador para el que se había preparado el *software* correspondiente. Por ejemplo, la Lotus Development Corporation se fijó inicialmente como objetivo el ordenador personal basado en Intel como «plataforma» para su producto de tablas, y el ordenador Macintosh y el servidor Unix como plataformas sucesivas. Otras empresas dedicadas al diseño de tablas pensaron en miniordenadores o en superordenadores como sus «plataformas».

A finales de la década de 1980, la industria de la informática se vio transformada por el ascendiente conseguido por Microsoft en el campo de los PC y por los sistemas abiertos en las estaciones de trabajo, los miniordenadores e, incluso, en los superordenadores. Los sistemas operativos de Microsoft inundaron el universo de fabricantes de ordenadores basados en Intel y se convirtieron, *de facto*, en el modelo estándar para los PC. El sistema operativo Unix se volvió también muy popular en el campo de los miniordenadores y las estaciones de trabajo, sustituyendo a los sistemas operativos patentados. La aparición de esos sistemas estándar permitió a las empresas de *software* la fabricación de un único producto, o de una familia de ellos, que podía operar en un amplio abanico de *hardwares*. Por ejemplo, una empresa de *software* para PC podía desarrollar un producto en la confianza de que entraría en el mercado de todos los usuarios de PC, tanto si su *hardware* había sido fabricado por Compaq, por Dell, por IBM, por Hewlett-Packard o por cualquier otro fabricante de equipo para PC.

Los productores de *software* y sus clientes se habían liberado así de la servidumbre de los diseños particulares de los fabricantes de *hardware*. Esa independencia del *hardware* coincidió precisamente con una nueva utilización del término «plataforma». Los diseñadores de *software* comenzaron a considerar «plataformas» a los sistemas operativos determinados en los que funcionaban sus productos, ya fuesen éstos Windows, el sistema operativo Macintosh o una cualquiera de las populares versiones de Unix. Las reglas habían cambiado de manera drástica para aquellas empresas que habían estado diseñando *software* para firmas fabricantes de ordenadores patentados.

La aparición de una capacidad cada vez mayor de compartir programas por conexiones, y los elementos de unión entre ordenadores reforzó aquellos sistemas operativos centrados en la definición de la plataforma de *software*. En el mundo de los PC, empresas como Novell proporcionaron sistemas de distribución de ficheros y de recursos compartidos como «añadidos» al DOS/Windows, al tiempo que, en el entorno Unix, esas mismas capacidades se convertían en parte integrante del sistema operativo base. Posteriormente, Windows NT ofreció también sistemas de distribución de ficheros y de recursos compartidos como parte de su propio sistema operativo base.

Así comenzaría el gran movimiento dirigido a perfeccionar el *software* como servicio al cliente para conseguir ventaja en el medio ocupado por las redes informáticas. Una vez más, habían vuelto a cambiar las reglas para los diseñadores de *software* a la vieja usanza, y durante cierto tiempo prevaleció el caos.[1] Perfeccionar las capacidades de servicio al cliente quería decir rediseñar el *software* para poder utilizar nuevos utensilios, incorporando nueva tecnología de la comunicación y bases de datos con el fin de ofrecer funciones añadidas al usuario final. Se trató de un proceso caro y difícil, pero las inversiones de capital se vieron justificadas por los beneficios derivados de la integración de información y por su utilización para tomar decisiones mejores y más rápidas.

En la actualidad, debemos hacer frente a otro cambio en el paradigma: se trata de Internet. Por su diseño es similar a la informática de servicio al cliente, pero el grado de distribución informática y su impacto sobre la manera en que las personas utilizan los ordenadores es muy superior en todos los aspectos. Los «servidores» del World Wide Web, es decir, los ordenadores que presentan datos y programas, poseen decenas de millones de personas como usuarios potenciales. El grado de apertura y de conexión entre los usuarios exigido por la nueva oleada de productos de *software* para Internet es realmente notable. Lo mismo que había sucedido con los anteriores cambios en el paradigma, los fabricantes de *software* se enfrentan a un nuevo desafío. En numerosos casos deben hacer «borrón y cuenta nueva» con el diseño de sus productos de *software*. Los líderes de la industria se han visto desafiados por nuevos participantes que no se encuentran encadenados a una tecnología anticuada.

No obstante, una buena parte de la industria y de los usuarios de *software* continúan contemplando aún el entorno que forma el sistema operativo como «la plataforma». No cabe dudar de la impor-

1. Ofrecemos la siguiente explicación a aquellos lectores poco familiarizados con el término *servidores informáticos al cliente*. En *software*, si se cuenta con una arquitectura de servidor al cliente, un usuario que trabaja en un ordenador puede pedir y recibir datos o programas de cualquier otro ordenador, sin que se tenga en cuenta el tamaño y la ubicación del segundo ordenador. El usuario peticionario (o el ordenador) se convierte en «cliente», al tiempo que el ordenador que proporciona el material será «el servidor». Esos dos mismos usuarios pueden invertir los papeles, comportándose el primero como un servidor que alimenta de datos o de programas a la segunda de las máquinas.

tancia de los elementos externos, pues forman parte del medio global en el que debe operar un determinado sistema; sin embargo, una definición de plataforma centrada en los aspectos exteriores no es suficiente para una empresa de *software* que desee gestionar la arquitectura de sus propios productos. En resumen, la administración empresarial necesita una definición interna de plataforma de producción de *software*.

LA ARQUITECTURA DE LOS PRODUCTOS DE *SOFTWARE*

Todos los productos de *software*, ya sean sistemas operativos, instrumentos de programación o aplicaciones de usuario, poseen una arquitectura interna.[2] Lo mismo que sucede en el caso de los productos físicos, esa arquitectura puede estructurarse de tal forma que cree una arquitectura de plataforma sólida, a partir de la que se puedan llegar a desarrollar productos derivados con un elevado grado de eficiencia.

Consideremos un sencillo ejemplo: el protector de pantalla. El *software* del protector de pantalla se desarrolló para cubrir una evidente necesidad del usuario: evitar los daños que podía provocar el monitor a partir de la combustión de fósforo, situación que ocurre cuando se deja un programa funcionando durante largo tiempo sin prestarle atención. Mediante la utilización de lenguajes de programación e instrumentos de diseño de gráficos, los encargados de desarrollo de *software* crearon programas destinados a detectar los momentos de inactividad del usuario después de un determinado período de tiempo. Estos programas interactúan con el sistema operativo para sustituir cualquier cosa que haya sobre la pantalla por una imagen móvil, evitando así la combustión de fósforo. La pantalla original aparece de nuevo tan pronto como el usuario presiona cualquier tecla o hace un clic con el ratón.

Los protectores de pantalla se entregan actualmente con colecciones de imágenes diferentes: un pez que nada, unos fuegos artificiales, ¡incluso tostadoras volantes! Cada imagen constituye un módulo distinto, empleado por el *motor* de *software* genérico de forma parecida.

2. Una exposición sobre las plataformas de producción de *software* relacionadas con lo que aquí se está comentando puede encontrarse en Mac H. Meyer y Luis López, «Technology Strategy in a Software Products Company», *Journal of Product Innovation Management*, vol. 12 (verano de 1995), págs. 294-306, y en el capítulo 4 de Michael Cusumano y Richard Selby, *Microsoft Secrets*, Nueva York, Free Press, 1995.

El usuario elige la imagen que desea, creando así efectivamente un producto derivado. Algunos protectores de pantalla ofrecen interfaces de programación para crear imágenes de protectores de pantalla de diseño exclusivo. Este sencillo ejemplo refleja la arquitectura de la plataforma de *software* general que muchos programadores están tratando de conseguir. La plataforma es el *motor*, y los productos derivados se crean desarrollando módulos añadidos que pueden conectarse de manera integrada al motor.

Una familia de productos de *software* –que en el ejemplo del protector de pantalla estaría constituida por el motor y el conjunto de imágenes desarrolladas para utilizar con él– puede proporcionarle al usuario enormes posibilidades y variedad de elección. Esta variedad se consigue ofreciendo a los usuarios módulos exclusivos que pueden incorporarse al motor del *software, sin costes de integración adicionales*. En la figura 7.2 presentamos esta situación. La plataforma de *software* la constituyen el diseño y el perfeccionamiento del motor, un conjunto central de programas que impulsan todo el sistema. Se desarrollan módulos que se conectan con el motor para ofrecer variedad, ya sea como otras versiones de productos ya existentes o como productos derivados enteramente originales. De esta forma, cada nuevo producto derivado representa para el cliente un ascenso posible o la adquisición de un producto inédito.

Lo mismo que en el caso de las plataformas de producción físicas, el motor subyacente de una familia de productos de *software*, diseñado como el que aquí hemos descrito, incorporará también subsistemas principales. Estos subsistemas clave, según se muestran en la figura 7.2, serían:

• Añadir y entrar información (subsistema «Editar»), donde la información queda ampliamente definida con el fin de incluir datos, dibujos y otras clases de contenidos multimedia.

• Almacenar y distribuir información, ya sea en discos o enviándola a otros ordenadores situados en red («Gestión de ficheros»).

• Analizar la información proporcionada por el usuario y conservada en el sistema, ya sea mediante algoritmos de toma de decisiones o por cualquier otro método de análisis («Análisis»).

• Pedir subconjuntos de información y analizarlos («Acceso de datos» y «Toma de decisiones»).

• Crear copias duras o informes electrónicos («Información»).

• El trabajo con todos estos subsistemas constituye una interfaz de usuario –la manera en que el usuario contempla y siente el *soft-*

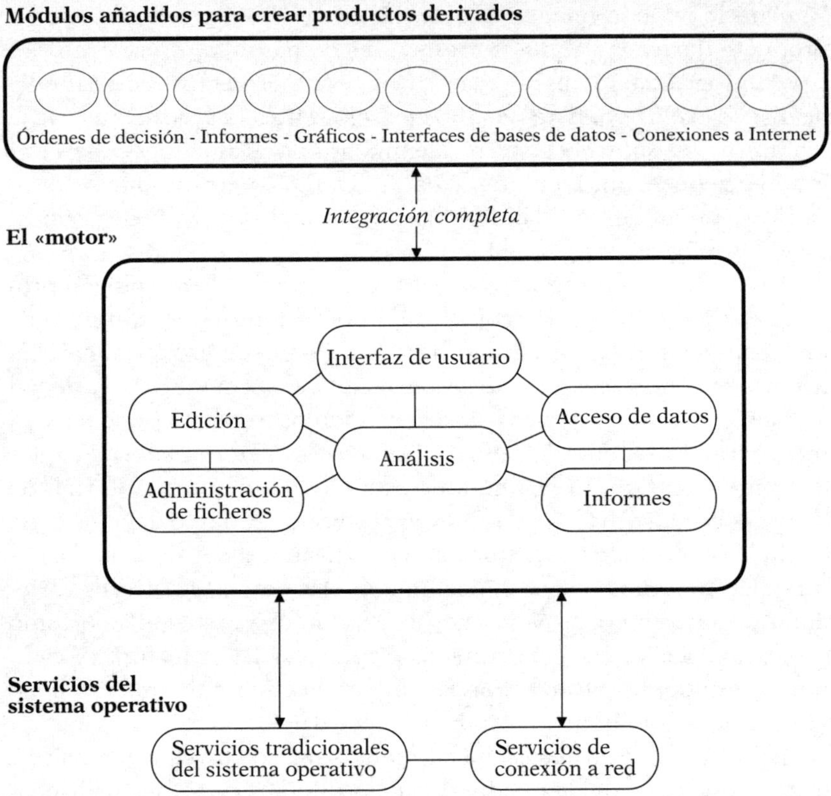

Figura 7.2. Arquitectura general de una plataforma de producción de *software.*

ware–, ya sea mediante el uso de menús, mostrando información, consiguiendo ayuda por la conexión o señalando y solucionando errores («Interfaz de usuario»).

Lo mismo que en el caso de los productos físicos, la integración de los subsistemas de *software* la facilita enormemente el hecho de que las interfaces internas entre los diferentes módulos se encuentren definidas con claridad y utilicen los mecanismos estándares de la industria allí donde eso sea posible. De esa manera, un módulo puede pasar datos con un determinado formato a cualquier otro módulo.

Los productos derivados –entre los que se incluyen los módulos añadidos que se encuentran unidos o conectados al motor subyacente del *software*–, pueden estar constituidos por un conjunto específico de módulos de análisis o por informes diseñados para una determinada clase de negocios; interfaces para intercambiar datos entre el «motor» de *software* básico y otros sistemas de información externos; o módulos que leen y escriben información a determinadas redes de comunicaciones y/o a instrumentos de almacenaje. Los módulos añadidos representan esfuerzos de desarrollo cada vez mayores que se dirigen a cubrir necesidades específicas del usuario.[3,4]

Por lo que se refiere al *software*, el poder que despliega este enfoque, basado en el uso de plataformas, es parecido al que realiza cuando se trata de productos físicos: un técnico en desarrollo de *software* puede proporcionar una familia de productos sin verse obligado a partir de cero para crear cada uno de esos productos de uno en uno. Los esfuerzos en I + D para trasladar el *software* a un nuevo sistema operativo o a un nuevo medio de redes informáticas, o el hecho de utilizar un nuevo conjunto de instrumentos de desarrollo de *software*, puede también concentrarse en el nivel de la plataforma y, a continuación, informar de manera automática toda la familia de productos. En numerosos casos, las mejoras que una empresa realiza en su plataforma de *software* se traducen en nuevas versiones de un producto ya existente, por ejemplo, las versiones 1.0, 2.0, 3.0 y así sucesivamente. No obstante, en otros ejemplos, las mejoras en la plataforma pueden abrir nuevos mercados con la misma tecnología básica.

Una buena estrategia de una plataforma de *software* puede proporcionar también beneficios precisos al usuario final. Aquello que el

3. Otros sistemas más complejos suelen contar con sistemas principales de mantenimiento y conservación de datos para el caso de que el ordenador sufra alguna clase de fallo, así como para el manejo de los usuarios y el acceso exclusivo.

4. Existe un contexto histórico del enfoque del motor y los módulos añadidos como el que hemos sugerido aquí. Según ha señalado Peter Salus, *A Quarter Century of Unix*, Reading, MA, Addison-Wesley, 1994, el sistema operativo Unix, de la manera en que ha ido evolucionando a lo largo de los últimos treinta años, refleja nuestro enfoque. Aunque el sistema operativo Unix no «ha asumido el control mundial», el enfoque de diseño y de arquitectura de *software* que se encuentra en él ha llegado a convertirse en algo ubicuo, no sólo en los más importantes sistemas operativos, sino también en herramientas y aplicaciones. El enfoque básico cuenta con tres principios fundamentales:

1. Escribir programas que hagan una sola cosa y la hagan bien.
2. Escribir programas que funcionen juntos.
3. Escribir programas que dominen corrientes de textos, puesto que se trata de una interfaz universal.

A pesar de que este último principio se ha visto ahora ampliado en un contexto más rico que abarca dibujos, sonido y películas –todo ello mediante interfaces universales estándares de la industria, que han ido apareciendo a lo largo de los últimos diez años–, la idea básica sigue siendo la misma.

usuario final acostumbra a ver y a utilizar en mayor medida no es otra cosa que los módulos añadidos que hemos descrito más arriba. Si estos módulos añadidos se encuentran separados con precisión del motor subyacente del *software*, pueden transportarse a lo largo de generaciones de la plataforma de producción, y muy a menudo sin tener que verse sometidos a una revisión radical. De esta manera, los usuarios finales se pueden encontrar protegidos en buena medida de los cambios que la tecnología subyacente incorpora año tras año. Sin embargo, para llegar a ese extremo, los programadores de *software* deben considerar cuidadosamente el diseño y el funcionamiento de las interfaces de sus productos de *software*.

El poder de las interfaces

En el diseño de la plataforma de *software*, las interfaces son los facilitadores clave, la fuente de su poder. Como norma general, existen tres clases esenciales de interfaces. La primera la constituyen las del programa interno, situadas en el interior del propio motor, es decir, los mecanismos que permiten el funcionamiento conjunto de los subsistemas clave del motor. Cuanto mejor definidas estén las interfaces internas de una plataforma de *software*, más fácil será sustituir periódicamente los subsistemas existentes por versiones perfeccionadas con el tiempo, intensificando de esa forma la funcionalidad global de toda la línea de producción.

La segunda clase básica de interfaces incluye las que se encuentran entre el sistema y el usuario o entre el sistema y otros sistemas de información. La primera de ellas es la que se conoce con el nombre de «interfaz de usuario», mientras que la última se halla relacionada fundamentalmente con mecanismos que facilitan la labor de compartir datos entre sistemas diferentes. En el desarrollo con éxito de las interfaces externas son esenciales la claridad y el sometimiento a los estándares de la industria. En consecuencia, la mayor parte de las empresas de *software* se aseguran de que sus productos sean compatibles con las interfaces de usuario de los sistemas operativos más populares. La incorporación de esos diseños de interfaces estándar hace posible que los usuarios asimilen con toda rapidez nuevos productos de *software*. Cuando esos productos estándar no existen, las empresas punteras tratan de crearlos mediante la participación en grupos industriales; a continuación, hacen trabajar esos productos estándar emergentes en su propio beneficio.

El rápido éxito de Netscape (una empresa de *software* para Internet) es ilustrativo en cuanto a la importancia de contar con interfaces externas adecuadas. Esencialmente, Netscape «regaló» su navegador de Internet. Como consecuencia de la utilidad de ese navegador, millones de usuarios lo adoptaron como su vehículo preferido para navegar por Internet, lo que convertiría, *de facto*, al navegador de Netscape en un instrumento estándar de esa industria, para disgusto de la competencia. Una vez que una gran masa de usuarios de Internet adoptó su producto, Netscape se dedicó a introducir en el mercado, dirigida a su base de usuarios, una familia creciente de productos finales de desarrollo y de gestión de Web, entre los que se incluía una «comitiva» de productos añadidos que aumentaban la capacidad de su navegador de Internet.

La tercera clase de interfaces es la que está constituida por la plataforma y los módulos añadidos conectados a ella, tal como se presentaba en el ejemplo del protector de pantalla. Cuando esas interfaces se encuentran bien diseñadas y claramente documentadas, proporcionan un punto de apoyo significativo para que la empresa productora fabrique otros productos. En primer lugar, la propia empresa puede concentrar sus recursos en nuevas aplicaciones, utilizando las capacidades de la plataforma existente, en lugar de reinventarse otra. Los programadores externos a la empresa pueden hacer exactamente lo mismo, usando la plataforma básica para satisfacer sus propias necesidades y mercados. Una vez más, Netscape corroboró esta situación: desarrolló y presentó en el mercado un «lenguaje de programación de aplicaciones conectadas» que permitía a otras empresas añadir funciones al navegador Netscape Navigator. Esto abriría de par en par las compuertas a los programadores de *software* que buscaban utilizar la plataforma Netscape como punto de apoyo para su propio beneficio. Una multitud de empresas de *software* comenzaron a desarrollar «conexiones» para el navegador de Netscape.

La imposición del uso de interfaces estándar, tanto en la plataforma de *software* como entre los módulos conectados, entraña ciertos costes. Se deben investigar y desarrollar las propias interfaces, y existen costes generales asociados a la adopción de las interfaces estándar. Con el fin de evaluar esos costes, considérense las dos diferentes arquitecturas de la plataforma de *software* que se muestran en la figura 7.3. La primera cuenta con dos subsistemas clave: uno para editar datos y otro para consultar los ficheros que recuperan esos datos. Ambos subsistemas manejan su propio acceso a los ficheros y las funciones de la interfaz de usuario. El diseño de la segunda plataforma

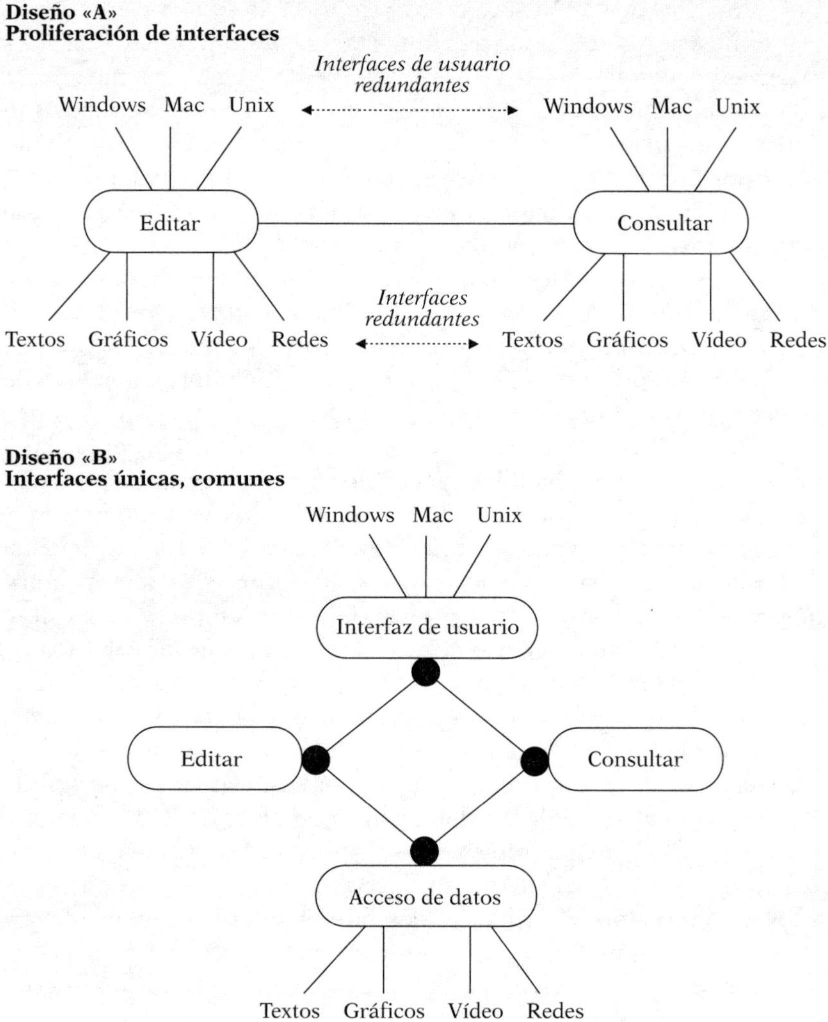

Figura 7.3. Comparación de dos diseños de *software*.

coloca aparte el acceso de datos y la interfaz de usuario, situándolos en subsistemas separados.

En el primer diseño, los programadores de ambos subsistemas, editar y consultar, escriben sus propios procedimientos para acceder a los datos desde el disco del ordenador y para presentar la información e interactuar con el usuario. De hecho, los programadores podrían muy bien argumentar que cada uno de los subsistemas, *por sí mismo*, trabajará más rápido si ejecuta su propia administración de ficheros y sus propios procedimientos de interfaz de usuario.

No obstante, es probable que, con el tiempo, aparezcan nuevos formatos de ficheros y tipos de datos (gráficos, vídeo, etc.) –incluso una nueva interfaz de usuario estándar–. La empresa de *software* debe actuar con rapidez para incorporarlos en el diseño de su plataforma o todo su *software* quedará anticuado. Así, en el primero de los diseños, cada uno de los equipos de desarrollo de un subsistema debe modificar sus propios programas si pretende que los subsistemas de la plataforma puedan evolucionar en escala. Desde el momento mismo en que los datos y la administración de ficheros no es su especialidad fundamental, los respectivos equipos deberán ejecutar las nuevas características de acceso de datos de forma diferente, siendo, en algunos casos, mucho más fuertes y, en otros, considerablemente más débiles. En el segundo diseño, los otros dos subsistemas pueden utilizar un subsistema único, que contiene una ejecución única y común de las nuevas características de acceso de datos. Por tanto, se ha minimizado la proliferación de interfaces con el fin de acceder a diferentes tipos de datos. Con el tiempo, este último conseguirá hacer evolucionar todo el sistema para aprovecharse de las nuevas tecnologías de una manera mucho más eficaz y manejable.

La esencia de la elegancia en el diseño de *software* consiste en alcanzar la modularidad al tiempo que se reduce al mínimo el número de interfaces. Ante esto, el diseñador del producto se enfrenta a un dilema: la optimización de cada subsistema y de sus interfaces puede dar como resultado la suboptimización de todo el sistema. Más aún, el intento de optimizar cada uno de los subsistemas en una plataforma de *software* conducirá, por lo general, a la suboptimización del sistema entero. Fundamentalmente, lo que importa es la optimización del sistema global y ello requiere flexibilidad para conseguir que el motor subyacente del *software* avance con las sucesivas generaciones de la tecnología industrial. Si se permite la proliferación del número de interfaces únicas entre los propios subsistemas, y entre éstos y los módulos añadidos, será muy difícil (y, además, consumirá una enorme cantidad de tiempo), el esfuerzo por ampliar la familia de productos mediante la aparición de derivados y de extensiones de la plataforma. Cualquier intento por sustituir un subsistema revisado o un nuevo módulo añadido creará la necesidad de alterar las miles de interfaces específicas entre los elementos nuevos y los antiguos. Cualquier cambio produce un efecto de onda que se traslada desde un subsistema determinado a todos los demás. Por lo que se refiere al mundo del *software*, los efectos onda que se propagan desde un subsistema particular pueden ser devastadores para todos los demás.

Con el fin de evitarlo, cada uno de los subsistemas y de los módulos añadidos suelen realizar tareas específicas. Más aún, la interacción con cualquier subsistema particular debe hacerse mediante un canal único, que utilizan habitualmente todos los demás subsistemas. Ello ofrece la oportunidad de que cualquier subsistema dado sea neutral, en términos de impacto sobre el sistema global, cuando, con el tiempo, aquel subsistema se perfecciona o se sustituye.

El debate precedente subraya un importante axioma del diseño: la gestión de las interfaces internas y externas es tan importante como la construcción de nuevas funciones en el subsistema principal o en los módulos añadidos. Este axioma no es exclusivo del *software*. Los diseñadores de otros campos deben reconocer la importancia de las interfaces de los subsistemas, así como el hecho de adaptar las interfaces externas a los estándares de la industria. Sin embargo, el extraordinario nivel de cambios que tiene lugar en la industria de *software* pone continuos obstáculos al desarrollo de los principios de las interfaces. En la programación de *software*, una de las normas esenciales y de las herramientas para alcanzar éxito duradero consiste en adherirse a un limitado conjunto de interfaces sólidas.

APLICACIONES DEL MODELO: LA FAMILIA DE PRODUCTOS DE *SOFTWARE* VISIO

Visio Corporation, empresa de *software* dedicada al diseño de programas de dibujo y diagramas, por lo general muy bien acogidos en el mercado, nos ofrece un excelente ejemplo de una firma que se ha convertido en gran dominadora de las plataformas de producción de *software*. Fue fundada en 1990 y lanzó su primer producto al mercado en 1992. Desde entonces, Visio ha recibido numerosos premios industriales por la excelencia de sus productos y por los niveles de ventas.[5]

5. Los premios incluyen el PC Magazine Editors' Choice Award, de 1996, el PC World Best Buy, de 1995, el Product Excellence Award, de 1994 (Software Development Magazine), así como otros numerosos premios de la Ingram Best Seller y de la Merisel Hot List. Visio Corporation tuvo una facturación de 13,4 millones de dólares en el primer trimestre de 1996, con un incremento del 63 % sobre el último trimestre del año anterior. Sus ventas han crecido también sustancialmente en el plano internacional, hasta alcanzar un 33 % de las ventas totales, con versiones de su *software* en español, alemán, francés y kanji, en el momento de la redacción de este trabajo. Esta empresa adquirió rango universal en noviembre de 1995.

Consiguió estos éxitos obligada a hacer frente a una intensa competencia procedente de los numerosos programas de dibujo diseñados para los mercados de negocios y técnico. En este éxito ha desempeñado un papel determinante la arquitectura de producción de *software* de carácter modular y flexible desplegada por esta empresa.

Ya desde un principio, los fundadores tenían las cosas muy claras: se trataba de crear una plataforma para una importante industria de *software* a la que, tanto la propia empresa como, después, otras corporaciones o usuarios finales, pudieran incorporar con facilidad objetos o iconos «añadidos» necesarios para dibujar mapas, diagramas, etc. En palabras de Ted Johnson, vicepresidente de desarrollo de productos de Visio:

> Visio se diseñó para dar respuesta a las necesidades de dibujar y de confeccionar diagramas de un amplio abanico de usuarios, desde quienes los usan en cualquier clase de negocios hasta aquellos otros profesionales técnicos de elevada cualificación. La arquitectura extensible del producto permite a las empresas diseñar soluciones a medida, extender las funciones «contraídas» y básicas del producto o incorporar ese propio producto a aplicaciones para misiones concretas de determinados departamentos y grupos de trabajo.

La figura 7.4 es una pantalla del producto de la forma en que podría utilizarse para crear un sencillo diagrama de flujos. Los usuarios informáticos hallarán escasos problemas en el funcionamiento del producto. A la banda izquierda de la pantalla se encuentra una serie de objetos de un listado de iconos específicamente diseñados para crear diagramas de flujos. Visio denomina «estampados» a sus archivos de iconos. Los iconos de Visio son mucho más que diseños gráficos; muchos de ellos poseen cierta clase de «inteligencia» que convierte su uso en mucho más conveniente. Por ejemplo, el *software* puede ajustar de manera automática las conexiones entre diferentes iconos cuando alguna cosa se cambia de posición o se redistribuye sobre un plano. La empresa denomina esta operación como «SmartIconos».

La figura 7.5 muestra otra pantalla. En este caso, el producto usa un listado de iconos estandarizado con el fin de crear diagramas para ordenadores trabajando en red. Si se comparan ambas figuras, puede observarse que se utiliza la misma plataforma para dos conjuntos diferentes de módulos «añadidos», recogiendo cada uno de ellos iconos dirigidos a dos sectores de mercado característicos.

El enfoque arquitectónico de Visio es muy similar al del ejemplo del protector de pantalla o a la descripción del *software* de Netscape

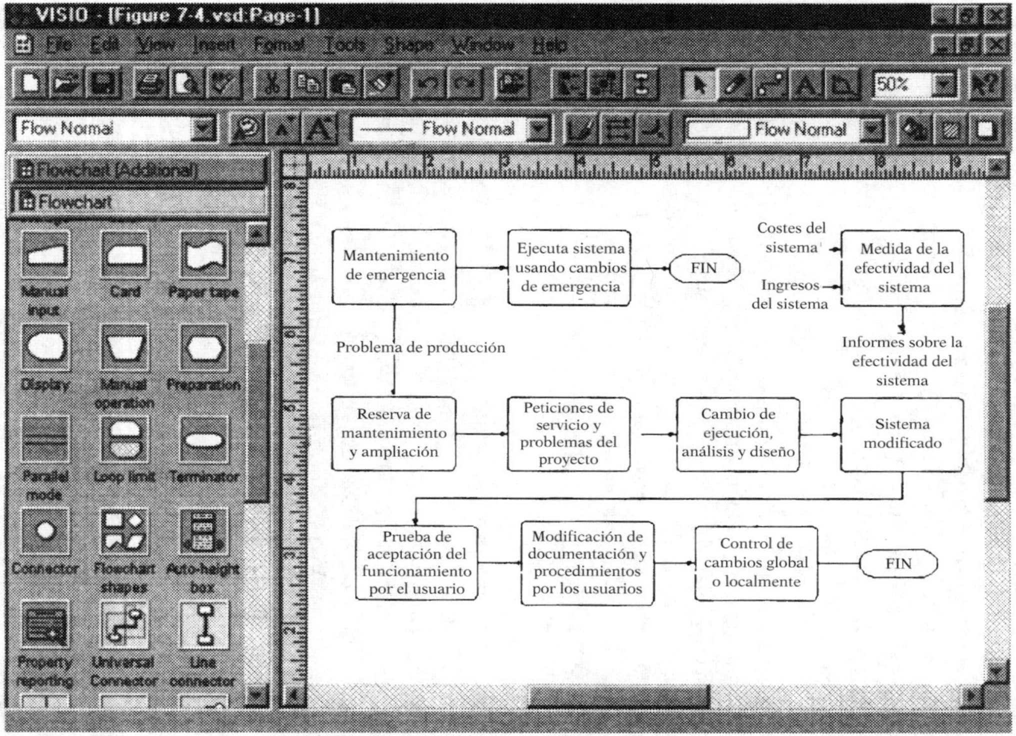

Fuente: reproducido con permiso de Visio Corporation.

Figura 7.4. Pantalla para realizar diagramas de flujos, de Visio.

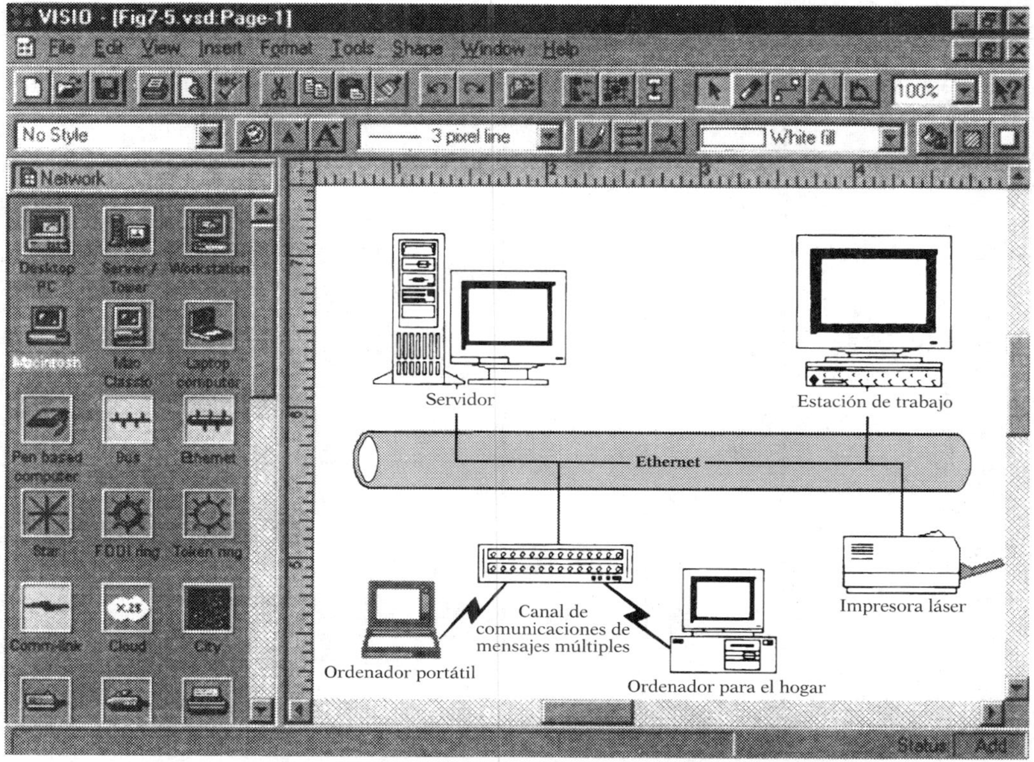

Fuente: reproducido con permiso de Visio Corporation.

Figura 7.5.

que hemos ya citado con anterioridad. En la figura 7.6 se muestra la representación que, de la arquitectura de su producto de *software,* hace la propia Visio. Los principales componentes de la plataforma están situados en la base del esquema: el motor de gráficos principales, el subsistema de gestión de SmartIconos utilizado para incorporar y, a continuación, manipular objetos gráficos, así como una interfaz de programación de aplicaciones que proporciona un lenguaje escrito estándar que permite a los programadores la creación de sus propios programas para conectar a Visio.

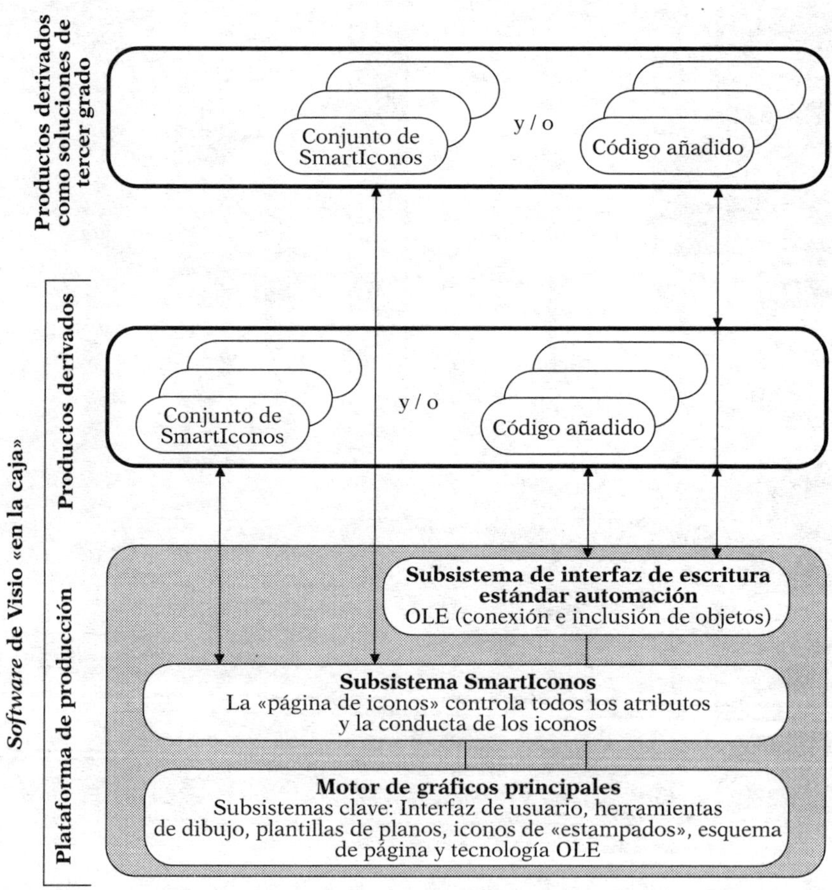

Fuente: reproducido con permiso de Visio Corporation.

Figura 7.6. Arquitectura del producto de *software* de Visio.

El poder del enfoque de la plataforma de Visio reside no sólo en su elegancia, sino también en los numerosos «añadidos» que ofrece a través de la propia familia de productos de la firma. Esos añadidos hacen posible que la empresa cubra las necesidades de mercados de diferentes usuarios. Existen dos tipos de añadidos: las bibliotecas de SmartIconos de objetos gráficos y programas o códigos añadidos. Esos programas añadidos se pueden considerar como guías automatizadas que ayudan a los usuarios en la creación y la presentación de mapas. En el mundo del *software* de Windows, los usuarios tienden a denominar «mágicos» a esos programas.

El cuerpo central de la figura 7.6 muestra el listado de iconos de Visio y los programas conectados. Los añadidos se integran en uno de los dos segmentos básicos de mercado de Visio: el de negocios en general y el técnico o de ingeniería, así como en otras aplicaciones verticales del mercado. A continuación presentamos una lista parcial de la familia de productos de Visio:

- Diagramas de flujos avanzados.
- Diagramas de redes avanzados para usuarios de telecomunicaciones.
- Ingeniería eléctrica avanzada para equipos de circuitos impresos, diagramas lógicos y diagramas de mediciones de tiempo.
- Análisis de mercado y esquemas de presentación.
- Diagramas de *software* avanzado.
- Planificación avanzada del espacio.
- Esquemas químicos para representar clonaciones, mutaciones, diseños experimentales.
- Diagramas de manufactura química.
- Diagramas de manufactura petrolera.
- Gráficos de biotecnología y medicina.
- Planificación de ingeniería mecánica.
- Informes sobre accidentes para seguir una política adecuada de seguros.
- Diseño de paisajes y planificación del hogar.

Cada uno de estos «añadidos» contiene cientos de iconos exclusivos. La arquitectura del *software* iba acompañada por una buena política de precios. En la primavera de 1996, el producto básico (con más de un millar de SmartIconos) se vendía, al por menor, a un precio que rondaba los ciento cincuenta dólares para la versión de negocios y unos trescientos para la versión de dibujo técnico (que contaba con más de tres mil SmartIconos). Los archivos de conexión adicional, como los que hemos citado más arriba, tenían un precio que oscilaba entre los veintinueve y noventa y nueve dólares. Los usuarios pueden además acercarse al World Wide Web de Visio (www.visio.com) para navegar y atraer iconos o módulos de programación desarrollados por otros usuarios desde cualquier punto de Internet hasta el disco duro del PC propio.

Finalmente, en el cuerpo superior de la figura 7.6 se encuentran los iconos y los programas de conexión diseñados por otras empresas que utilizan las herramientas de desarrollo de *software* de Visio. Con el uso de aquellas herramientas, los programadores han creado aplicaciones generalizables basadas en la plataforma de Visio, es decir, otros módulos que interactúan con la plataforma de Visio para crear gráficos con objetivos concretos.

La gestión que de su propia tecnología hace Visio indica hasta dónde puede llegar a extender una sola plataforma un programador de *software* que utilice interfaces y módulos añadidos elegantes. A los compradores, la propia riqueza de la funcionalidad como valor añadido, proporcionada por esos módulos que se adhieren al elemento básico, les crea también una impresión de riqueza y de diversidad en los productos que oferta la empresa. «Si adquiero este producto básico y dedico tiempo a aprender cómo utilizarlo, se convertirá en una buena inversión porque puedo emplear el producto con numerosas finalidades diferentes.» Mediante los incrementos en las prestaciones, un usuario puede ir aumentando la potencia de su propio aparato para que vaya cubriendo las nuevas necesidades percibidas; lo que se traduce en un incremento de la productividad para el usuario final, de la misma manera que lo es para el programador del *software*.

La gestión de la evolución de una familia de productos de *software*

El debate anterior a propósito de los productos físicos dejó bien claro que los recursos en I + D de una empresa suelen abandonar las plataformas existentes mediante el desarrollo de productos derivados, incluso aunque ésta renueve las plataformas en curso y provistas de mejores diseños y con tecnologías de componentes más poderosas. Ese enfoque se aplica igualmente a la gestión de las familias de productos de *software*.

No obstante, en este campo los prototipos se convierten, a menudo, en productos iniciales, que, a su vez, acostumbran a utilizarse como plataformas de productos futuros. Eso puede ocurrir porque los programadores o sus gestores consideran cada artículo de *software* como una creación personal que no debería ser fragmentada, o porque los presupuestos para procesamiento de datos son tan ajustados que es inaceptable comenzar con una página en blanco. Entre las firmas que se dedican a la producción de *software* para empresas, para quienes cualquier ventaja sobre la competencia es fugaz y muy sensible al paso del tiempo, la carrera por fabricar el producto estrella siguiente refuerza la reutilización de un código, incluso aunque se defienda que no merece la pena volverlo a usar. Cualquiera que sea el caso, las empresas de *software* se sienten muy a menudo agobiadas por el peso incómodo del viejo código.

En Visio Corporation hemos observado un enfoque muy diferente. Un grupo formado por técnicos en mercadotecnia y por ingenieros se han dedicado a fabricar, de manera constante, nuevos módulos añadidos para la versión en curso de la plataforma de producción, es decir, del motor. Al mismo tiempo, otros equipos estaban dedicados a la renovación de la plataforma central y a la adopción de los cambios tecnológicos que tenían lugar en un campo mucho más amplio de la industria.

Si una empresa de *software* sigue correctamente el enfoque de la plataforma de producción, entonces toda su familia de productos puede perfeccionarse hasta alcanzar un nuevo eslabón en la escala de la informática, y todo ello sin que sea necesario volver a programar de manera sustancial los diferentes módulos añadidos que habían estado diseñados para una plataforma más antigua. La única manera de que se pueda alcanzar esa traslación de forma nada brusca consiste en desarrollar, y conservar con una claridad meridiana, sólidas interfaces entre el motor básico y los módulos añadidos.

Por ejemplo, la introducción por Microsoft de una arquitectura multifuncional de 32 bits para el sistema operativo Windows obligó a Visio a renovar su motor básico, con el fin de que los diferentes productos derivados pudieran disfrutar de los beneficios ofrecidos por el acceso a una memoria más potente y a una ejecución paralela con otros programas. Como durante mucho tiempo Visio había deseado tener acceso a una arquitectura de 32 bits fue, por ello, uno de los primeros receptores de la nueva tecnología de Microsoft, y tuvo bastante fácil llevar a cabo los cambios necesarios en sus subsistemas principales en el seno del motor central de gráficos, con toda rapidez. Más aún, debido a la claridad y la solidez de las interfaces, los conjuntos de SmartIconos y el código añadido de Visio, realizado a partir de las anteriores versiones, continuaron siendo operativos y útiles sin sufrir cambio alguno.

La gestión de la transición de una plataforma de *software,* desde un medio tecnológico al siguiente, constituye uno de los mayores desafíos a los que deben enfrentarse los programadores de *software*. Cuando se ejecuta con eficacia, ese desplazamiento es enormemente transparente para los usuarios y la familia de productos continúa creciendo, al tiempo que los programadores de aplicaciones explotan las capacidades más potentes incorporadas a la nueva plataforma.

En la figura 7.7 generalizamos este modelo de gestión de la evolución de una familia de productos de *software*, que constituye nuestro más antiguo esquema de una arquitectura de *software*, tanto en términos de tiempo como de actividades. En este caso, todo se centra en las aplicaciones del *software*, y no en las herramientas o en el sistema operativo. La parte inferior de la figura presenta los estratos principales de las tecnologías centrales para sistemas que tienen el *software* como base. La zona superior muestra los dos elementos básicos sobre los que deben trabajar directamente los diseñadores de aplicaciones: a) los elementos del motor o de la plataforma de la familia de *software*, que comprenden los servicios compartidos por todos los productos derivados (tales como las funciones de la interfaz de usuario, el acceso a la base de datos y a la administración y las funciones de creación de informes); y b) los productos derivados que, como ya hemos sugerido, se estructuran mejor en módulos añadidos que tienen como objetivo usos específicos.

El inicio de la familia de productos: el conocimiento de las necesidades de los principales usuarios

Cuando da comienzo la tarea de diseño (señalada como T0 en la figura 7.7), el primer objetivo del equipo de programación consiste en conocer las necesidades de los principales usuarios y, a partir de ese conocimiento, diseñar la plataforma de producción inicial de la que deben derivarse sucesivos productos. Para construir una plataforma de *software*, el equipo debe conocer también la infraestructura informática en la que debe integrarse o utilizarse el producto final. Es necesario considerar alternativas y tomar decisiones. Ese conocimiento de lo externo constituye un proceso extraordinariamente importante,

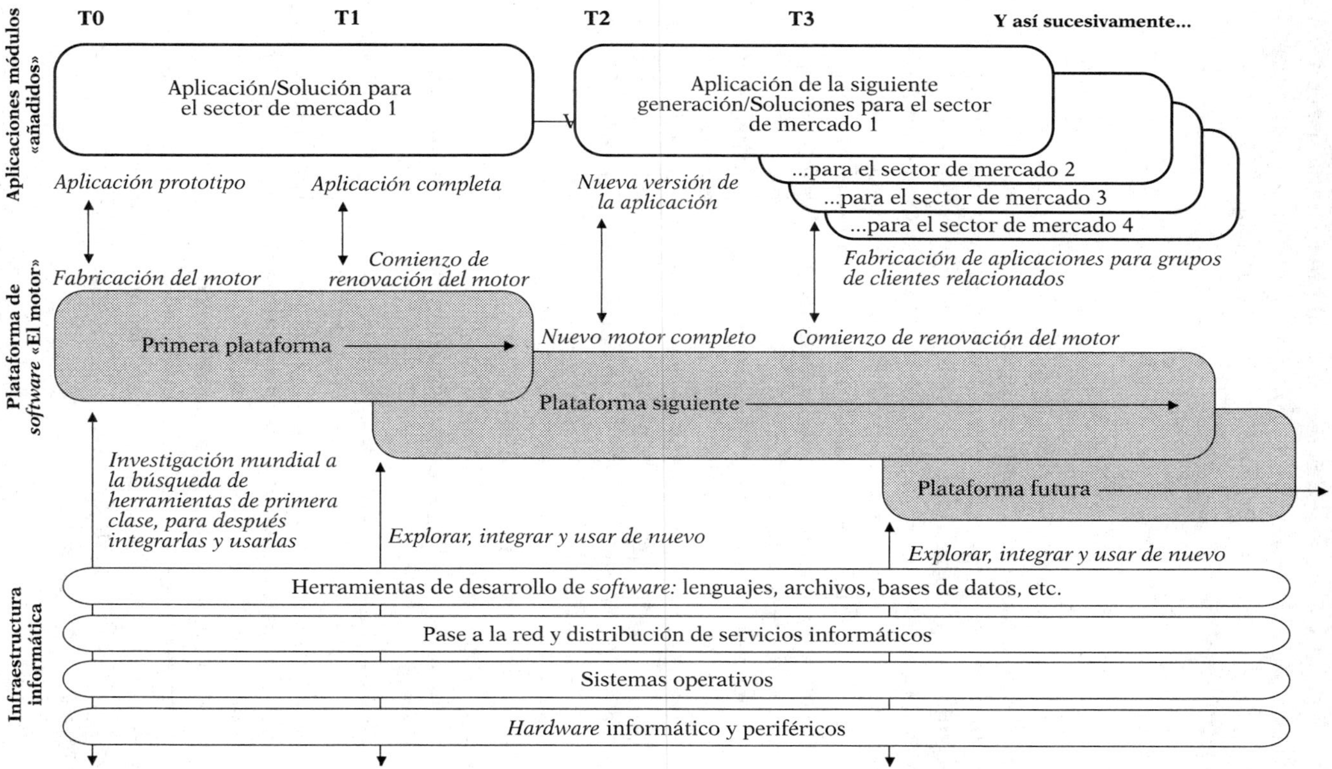

Figura 7.7. La gestión de la evolución de una familia de productos de *software*.

puesto que las nuevas generaciones de herramientas de *software*, de sistemas operativos y de *hardware* acostumbran a contar así con una maravillosa vía para resolver los problemas o eliminar las barreras a las que debe hacer frente un equipo o, cuando menos, a convertirlas en menos molestas.

El diseño de los subsistemas clave

A continuación, el equipo debe construir los subsistemas clave de la plataforma. En la figura, hemos etiquetado como subsistemas clave a la interfaz de usuario, la estructura de base de datos común y los módulos de generación de informes, así como los mecanismos que comparten datos entre la aplicación y otros sistemas situados en el entorno informático del usuario. Todavía puede haber otros; en el caso de Visio, la edición y la manipulación de iconos gráficos representa un subsistema clave. Al mismo tiempo que el equipo se dedica a la creación de esos subsistemas, va diseñando también los prototipos de aplicaciones iniciales para los principales usuarios; a partir de ahí, utiliza aquellos prototipos con el fin de perfeccionar el diseño de la plataforma. Precisamente en este estadio de preparación de prototipos, el equipo pone a la luz las limitaciones de sus diseños iniciales o las de las herramientas utilizadas para ejecutarlos. Finalmente, la plataforma va tomando forma y el equipo puede completar su primera aplicación funcional.

Llegados a este punto, son numerosos los equipos que se centran por entero en completar e introducir en el mercado la primera aplicación, obligados, con frecuencia, por el imperativo de conseguir ingresos para una aventura en embrión. Se prepara un primer producto (el momento T1 de la figura) para entregárselo a un cliente interno o para presentarlo en el mercado. Se realizan informes sobre los problemas que pueden surgir. Se solventan los defectos. En el proceso de esta operación aparecen otros problemas que, a su vez, se solucionan. Los recursos para ingeniería se han agotado en el proceso de «apagar los fuegos». Finalmente, el primer producto comienza a estabilizarse. Las principales preocupaciones pasan a ser entonces el desarrollo del mercado y la distribución a gran escala. Durante todo ese tiempo comienza a crecer la lista de los «sería espléndido que el producto contara también con esta característica».

En este momento, el consejo de administración debe hacer frente a una decisión fundamental: ¿deberíamos añadir las nuevas características al producto existente? ¿O debería el equipo detenerse para volver a considerar el diseño global y los subsistemas de la plataforma? La atención a la supervivencia de la familia de productos exige que, al menos, algunos ingenieros comiencen a solucionar las debilidades que aparecen en la plataforma de *software* existente, incluso cuando todavía se está finalizando la primera aplicación para entrar en funcionamiento. De hecho, no hay ningún producto o familia de productos de *software* que se pueda considerar definitivamente concluido; ninguno de ellos posee todas las características que necesitan los usuarios, ni resuelve por entero las numerosas pequeñas incomodidades a las que deben enfrentarse. Por tanto, si el consejo de administración espera acabar una aplicación inicial antes de embarcarse en la realización de mejoras sustanciales de la plataforma en curso, ¡es posible que esta última nunca entre en funcionamiento!

A partir del aprendizaje de los propios errores, un equipo poco numeroso de renovación de la plataforma puede explorar nuevas herramientas de desarrollo de *software*, teniendo en cuenta los avances ofrecidos por los fabricantes de sistemas operativos e incluso por aquellos que planifican quienes se dedican a la manufactura de *hardware* y de instrumentos periféricos. Pueden entonces comenzar a crear con rapidez la arquitectura de una nueva plataforma, adoptando algunos subsistemas del diseño inicial y sustituyendo también otros por unos enteramente nuevos. Si el equipo trabaja correctamente, es posible que llegue a crear una nueva plataforma de la que, en las últimas versiones, se hayan hecho desaparecer muchos de los problemas y defectos que habían surgido con la primera aplicación. Completada ya la nueva plataforma (en el momento T2 de la figura), se puede reelaborar aquella primera aplicación y volver a introducirla en el mercado en una nueva versión.

Armada con una plataforma renovada, la empresa puede dar forma a toda una serie de productos derivados dirigidos a mercados nuevos o relacionados con él, de la misma manera en que Visio se había trasladado de los mercados de oficinas a los del dibujo técnico. Éste es el punto en que comienza a hacer aparición la familia de productos (momento T3 de la figura) y el esfuerzo por sustituir o renovar la segunda plataforma.

LAS APLICACIONES DEL MODELO EVOLUTIVO: UNA FAMILIA DE PRODUCTOS DE SISTEMAS PARA EXPERTOS

El enfoque que hemos descrito más arriba dirigido a gestionar la evolución de las familias de productos ha sido utilizado, con gran éxito, por un cierto número de empresas dedicadas al desarrollo de aplicaciones, incluso por aquellas que han fabricado los productos de *software* más complejos y especializados. En este ejemplo, regresamos a una familia de sistemas para expertos desarrollado por el Lincoln National Risk Management (LNRM), empresa subsidiaria de la Lincoln National Reinsurance Company.[6]

La LNRM desarrolla y vende sistemas basados en el conocimiento para suscribir nuevas pólizas de seguros de vida. La suscripción de un seguro de vida consiste en el proceso por el que una empresa aseguradora examina la salud, la edad y el estilo de vida particular del demandante de una póliza, las probabilidades estadísticas de muerte, así como otros datos, para, a continuación, decidir si llega a un acuerdo sobre la póliza o si, por el contrario, rechaza la petición. Tradicionalmente se ha tratado de un proceso caro y al que había que dedicar mucho tiempo, utilizando para ello personal de oficina y profesionales muy preparados. Más aún: por lo común, todo el proceso le suponía a la aseguradora de cuatro a seis semanas a contar desde el día en que el demandante rellenaba el impreso de solicitud hasta que se tomaba la decisión de aceptar la suscripción de la póliza.

Para aquellas compañías de seguros que se ven obligadas a procesar cientos de miles de nuevas solicitudes por año, un *software* capaz de automatizar el procedimiento de suscripción poseía el potencial de ahorrar millones de dólares en gastos laborales y el de eliminar semanas del tiempo de procesado de una póliza corriente. La renovación del proceso de suscripción por medio de ordenadores puede también reducir unos costes inadecuados, mejorando, como consecuencia, la relación entre cobros de pólizas e ingresos por suscripciones, lo que se conoce como «ratio de pérdidas». LNRM fue consciente de ese potencial y desarrolló con éxito sistemas para expertos con el fin de manejar el proceso con mayor eficacia y con una sustancial rebaja en los costes. En el caso de algunas empresas, una parte del *software* de la LNRM se encuentra instalado en el ordenador portátil del agente de seguros, hasta el punto de que pueden aprobar-

6. Queremos agradecer a Russell Suever, Arthur DeTore y David Hopper la información que nos han proporcionado en esta sección.

se en el acto nuevas solicitudes mediante comunicaciones realizadas a la empresa del agente (dependiendo del éxito de un historial personal y de los resultados de un análisis de sangre).

LNRM tuvo que dedicar un enorme esfuerzo para conseguir esta capacidad mediante elementos de *software*. Para dominar el proceso de suscripción de pólizas, un sistema para expertos debe:

1. Determinar los problemas o los asuntos existentes en un caso dado (por ejemplo, el historial familiar o las enfermedades de corazón sufridas).
2. Determinar qué información se necesita para resolver esos problemas.
3. Pedir y recibir esa información a partir de una gran variedad de bases de datos de la industria correspondiente.
4. Tomar la decisión de aceptar la suscripción de la póliza de manera automática para los «casos sencillos» o guiar a los informadores humanos mediante modelos de decisión que contribuyen a acelerar la emisión de juicios bien informados.

LNRM ha desarrollado una familia de productos de sistemas para expertos dirigida a la suscripción de seguros de vida, de seguros individuales de salud, y a la toma de decisiones ante reclamaciones por seguros. La familia de productos se basa en un motor de *software* para suscripciones. Entre los subsistemas clave de ese motor se incluyen un sistema de procesado de «base de conocimiento», una estructura de base de datos relacionada con la finalidad de conseguir los datos del cliente y las listas de costes del seguro, así como las cargas del caso y la evolución de los suscriptores. El motor posee también subsistemas para la interfaz de usuario, informes e intercambio de datos con los vendedores de un tercer grupo que ofrece exámenes médicos e información sobre historiales personales necesarios para suscribir el acuerdo.

Los diferentes productos derivados de LNRM se basan en distintas bases de conocimiento –algoritmos y normas de toma de decisiones– que se comparten y se combinan en el seno de productos específicos. Por ejemplo, en el campo médico, la empresa ha creado cientos de bases de conocimiento «conectables» que cubren elementos de todo tipo, desde dolencias respiratorias hasta el cáncer o las enfermedades cardiovasculares. Con el fin de apreciar el nivel de complejidad implicado en este esfuerzo, sólo es necesario considerar los numerosos factores que contribuyen a una muerte prematura:

historia familiar, condiciones médicas, ocupaciones y deportes de riesgo, la bebida y el hecho de conducir, las asociaciones de delincuentes, etc.– y tener en cuenta, a continuación, lo que costaría informatizar los elementos de toma de decisiones exigibles para evaluar el nivel de riesgo de cualquier persona que pretende suscribir un seguro de vida.

Cuando en 1987 el equipo de desarrollo de la LNRM comenzó su trabajo, lo hizo con un prototipo de sistema para expertos que pretendía solamente controlar una única condición médica: el asma. El prototipo lo había creado el padre del director médico de la empresa junto con un programador de la misma empresa. El consejo de administración advirtió el potencial de aquel sencillo prototipo para cambiar de manera fundamental las prácticas de suscripción de polizas de seguros de su firma, y fundó un equipo capaz de crear un producto que ofreciera muchas más prestaciones. Con ese fin, se reunió entonces un grupo de desarrollo, formado por personal representante de diferentes áreas funcionales: el director médico, ejecutivos de seguros, programadores y, posteriormente, un miembro del área de ventas. Lo mismo que tantos otros casos exitosos que hemos descrito en este libro, era un ejemplo más de equipo que funcionaba como «una empresa dentro de la empresa». En la figura 7.8 se muestra la familia de productos que generó.

A partir de ese primer prototipo, el equipo definió su producto originario y la plataforma sobre la que aquél se apoyaría, según queda reflejado en la figura bajo la referencia al año 1988. A continuación, el grupo de trabajo se dedicó a la búsqueda de algunos componentes de primera categoría: herramientas de desarrollo de sistemas basados en el conocimiento, un sistema de gestión de bases de datos, así como tecnología en comunicaciones. Comenzó también a mantener tratos con los vendedores de aquellos componentes y a integrarlos, utilizando como campo de pruebas el primer prototipo para el asma. Al tiempo que otros grupos de los departamentos de seguros y del de programación comenzaban a preparar bases de conocimientos médicos para el asma y para un conjunto seleccionado de problemas relacionados con la salud, otro equipo, éste de «tecnología central», se dedicó a trabajar en el desarrollo y la estabilización de todos los subsistemas principales de la plataforma: un diseño básico de las bases de conocimiento, las bases de datos informatizadas, la interfaz de usuario, los informes y la administración de sistemas. Esa plataforma se utilizó entonces para desarrollar el primer sistema de suscripción de pólizas de seguros de vida de la empresa.

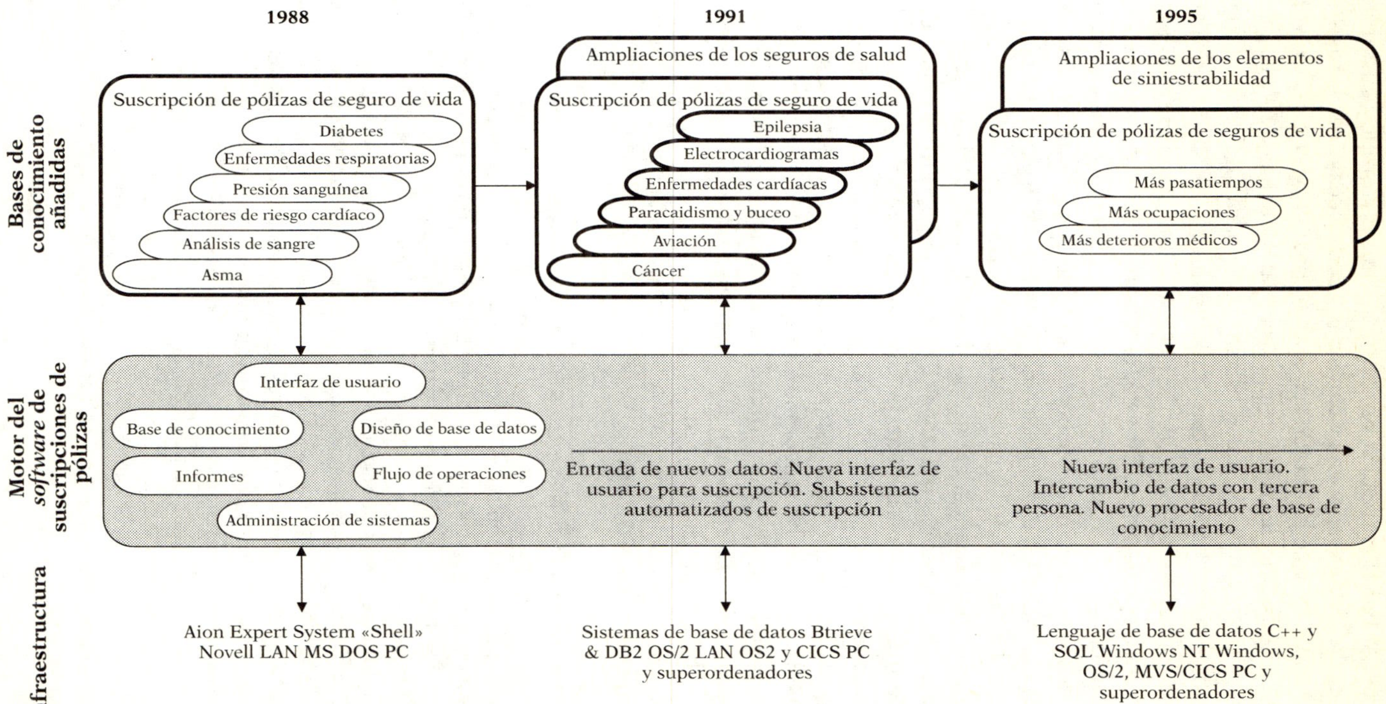

Fuente: Lincoln National Risk Management, 1996.

Figura 7.8. Evolución de una familia de productos para sistemas de suscripción de pólizas de seguros, 1988.

Después de haber obtenido un éxito inicial, el equipo central de LNRM se dedicó a revisar todas y cada una de las elecciones de instrumentos de *software* que había ido realizando hasta el momento, y volvió a diseñar el motor de *software* para que fuera capaz de utilizar el OS/2 en los PC (una base de datos relacional) y para que pudiera funcionar en los superordenadores que trabajaban con MVS/CICS. Esa tarea se dio por finalizada alrededor de 1991. Más recientemente se completó otra nueva plataforma. En ésta, el motor de las suscripciones se volvió a diseñar para que pudiera trabajar también en el entorno Windows. Asimismo se volvió a escribir en un lenguaje orientado a los objetos (el C++), con el fin de facilitar una mayor participación en las bases de datos del mundo de las pólizas de seguros.

Con el paso de los años, el equipo de gestión ha alejado cada vez más a sus programadores del diseño de nuevas herramientas de desarrollo de *software*. En su lugar, la tarea se encaminó a la búsqueda de instrumentos de primera categoría, por su calidad, fabricados por otras empresas de *software*. Después, éstos han sido integrados para ampliar así la línea de producción. Cada nuevo esfuerzo dedicado a mejorar la plataforma ha sido cuidadosamente planificado y organizado en secuencias. La renovación se ha tratado como una necesidad y la *apuesta* ha demostrado ser un verdadero acierto a largo plazo. Según Russell Suever, que dirige todo el desarrollo tecnológico y las actividades de servicio de LNRM:

> Nuestros sistemas para expertos son sistemas de producción que utilizan miles de personas todo el tiempo. Nos hemos dado cuenta de que cuesta varios años diseñar una nueva generación de la plataforma de sistema para expertos. Para nosotros no tiene sentido engañarnos. Tenemos que saber lo que se nos viene encima en términos de tecnología, y debemos comenzar nuestros sistemas de la siguiente generación lo suficientemente pronto como para continuar teniendo satisfechos a nuestros clientes.
>
> Incluso aunque podamos cambiar de manera sustancial el *software* de nuestra plataforma, las bases de conocimiento de las aseguradoras que deben conectarse –es decir, las partes de nuestro sistema que son las que ven nuestros usuarios y que constituyen nuestro mayor valor añadido– deben pasar de una generación del sistema de expertos a la siguiente. Hemos tratado de efectuar el traslado desde un sistema operativo al siguiente, o desde un sistema de base de datos al siguiente, con una enorme transparencia para el usuario final. Desde la perspectiva de nuestros clientes, nuestras plataformas de producción ofrecen una estrategia en clara evolución.

La perspectiva de la plataforma ha pasado también a la planificación y al personal técnico del proyecto: LNRM cuenta con equipos de la plataforma y con otros grupos de trabajo dedicados al desarrollo de bases de conocimiento conectables, lo que ha redundado en la obtención de claros beneficios para la empresa y para los clientes. En primer lugar, los proyectos de riesgo más elevado se han visto limitados por una mayor intensificación del tiempo dedicado a ellos. A los diseñadores de la plataforma se les ha proporcionado el tiempo necesario para llevar a cabo su experimentación y para poder pensar en posibles transformaciones. Por otra parte, los diseñadores de aplicaciones, que trabajan sobre bases de gestión de conocimiento que ofrecen un nuevo riesgo, han sido capaces de completar tareas más específicas sin verse contenidos por las mejoras en la plataforma planificada. Este enfoque ha contribuido a que la LNRM haya podido ofrecer nuevos elementos de la familia de productos de una manera consistente y con cierta frecuencia.

EL FUTURO DEL DESARROLLO DEL *SOFTWARE*

Todas aquellas entidades dedicadas al desarrollo del *software* se hallan enfrentadas a los cambios rapidísimos que tienen lugar en el mundo de la tecnología informática. El desarrollo del *software* ha atravesado por tres momentos principales desde los primeros tiempos de la industria informática y podemos considerar que se encuentra en los albores de una cuarta fase. El primero constituyó un período dominado por los sistemas cerrados patentados; el segundo fue el de los sistemas abiertos; y el tercero vio la aparición de la informática como servicio al cliente como rasgo más común en un medio dominado por la existencia de redes. La transición entre cada uno de esos períodos se ha visto marcada por el caos y por la existencia de cambios fundamentales en la clase de *software* exigido por el usuario. En la actualidad, Internet y todo un *corpus* de tecnología emergente asociada con ella están acaparando la industria y obligando a los diseñadores de *software* a repensar la arquitectura de sus productos y la funcionalidad que están obligados a ofrecer.

Durante la época de los sistemas cerrados, las aplicaciones, las herramientas e incluso los códigos de los sistemas operativos se encontraban todos ellos mezclados formando una entidad revuelta, con islas informáticas muy difíciles de cambiar y, en buena medida, sin posibilidades de integración. Son numerosos los negocios que, todavía hoy, siguen realizando sus operaciones basándose en estos viejos sistemas de *software*. Más aún, muchos ejecutivos que han descubierto que pueden compartir información mediante los productos de *software* más populares desde sus propios hogares, quedan asombrados al advertir que, en sus oficinas, prevalece exactamente la situación contraria. Cuando piden una información integrada de ventas, manufactura e ingeniería, se les contesta con el latiguillo habitual de «nuestros sistemas son demasiado complejos», o bien con que «los datos de ventas y los de manufactura se encuentran almacenados en sistemas diferentes y no son compatibles».

Numerosos ejecutivos encuentran que esas excusas son cada vez menos consistentes y advierten que las decisiones que hay que tomar en el mundo de los negocios no pueden ser positivas sin contar con información procedente de todas las áreas de la corporación e incluso del mundo entero.

La industria se está viendo invadida ahora por Internet y por todo un conjunto de tecnologías asociadas a ella, y está obligando a los diseñadores de *software* a volver a repensar la arquitectura de sus productos y la capacidad funcional que deben ofrecer. En el medio actual, la mejor forma de mantenerse al día por lo que se refiere al diseño de *software* consiste en aceptar el enfoque que defiende la existencia de plataformas. Los productos de *software* son, sencillamente, demasiado complejos para diseñarse sobre la base de una realidad formada por trozos. Es mucho más eficaz el diseño de plataformas subyacentes, a partir de las cuales se van desarrollando aplicaciones derivadas. A continuación, la firma puede renovar sus plataformas de producción de *software* mientras sigue creando productos derivados a partir de las plataformas existentes.

Para mantener un ritmo rápido de renovación es esencial contar con interfaces comunes, en lugar de con millares de interfaces exclusivas; y eso es tanto más importante en un momento en que las alianzas entre las empresas de *software* se están convirtiendo en lugar común. Para que esas alianzas funcionen bien, sus productos deben también trabajar unidos, y conseguirlo con cierto nivel de elegancia requiere un elevado grado de claridad y de solidez en las interfaces existentes entre el *software* de una empresa y los sistemas que deben combinarse con él. Más todavía, el diseño y el desarrollo de productos de *software* se reduce a cuestiones acerca de la manera en que las empresas pueden hacer trabajar mejor las interfaces en el seno de sus arquitecturas de *software*.

El concepto de familia de productos según lo hemos aplicado aquí al *software* –es decir, la plataforma subyacente, los añadidos modulares y las interfaces sólidas y comunes que se conectan entre sí y con el usuario–, ofrece una poderosa diferenciación entre las nuevas generaciones de productos de *software* y las del pasado personificadas en sistemas transmitidos por herencia. Estas ideas no deberían guiar únicamente a los diseñadores de nuevos sistemas, sino ayudar también a los consumidores, ya sean éstos corporaciones o individuos, a que consideren mejor cuál es el paquete o el sistema determinado que da una mejor respuesta a sus necesidades, no sólo en el momento actual, sino también para el futuro.

Es probable que, cuando nos fijemos en el pasado, en unos veinte años contemplemos la aceleración de Internet a lo largo de la década de 1990 como un período revolucionario en el desarrollo de una sociedad que cuenta con una información globalizada y en los métodos utilizados para desarrollar los sistemas y los productos informáticos. A lo largo de los últimos diez años, algunas empresas han utilizado Internet como un canal de información de doble sentido con el mundo exterior y han creado los servidores World Wide Web para servir información a clientes actuales y a otros futuros. En la actualidad, Internet se está introduciendo en la empresa bajo la forma de «Intranets», servidores internos de varios departamentos que utilizan los mismos protocolos y que ofrecen la misma facilidad de uso y de administración que el mucho más extenso Internet externo. Por lo general, estos Intranets funcionan en redes privadas en el seno de la corporación y de sus oficinas filiales, rodeadas por «cortafuegos» con el fin de evitar el acceso desde el exterior. Una empresa de investigación de mercados ha afirmado que las ventas de tecnología Intranet, para 1995, supusieron el 43 % del mercado de mil cien millones de dólares de los servidores de Web, y que, en muy pocos años, los gastos en tecnología Internet para uso interno, por parte de las empresas, superarán los de las aplicaciones externas.[7]

El desarrollo de *software* cambiará para poder explotar esta nueva infraestructura. Permítasenos especular por un momento: en lugar de una entidad única de desarrollo de *software* que produzca un «sistema» también único, nos encontraremos con cientos de firmas que contribuirán con «partículas» más pequeñas (los llamados *applets*), compatibles con Internet, que puedan combinarse sin fisuras por integradores y usuarios en el interior de un entorno informático distri-

7. Zona Research, Redwood, California, según se informaba en «Enter the Intranet», *The Economist* (enero de 1996), págs. 64-65.

buido.[8] La firma de *software* del futuro poseerá el potencial de contemplar sus módulos de programas utilizados en cientos de aplicaciones diferentes, y sin que pueda ejercer su control sobre la mayor parte de ellas. En su lugar, las masas de diseñadores que participan de intereses compartidos serán quienes controlarán el diseño, el desarrollo y la integración del *software*. Oleadas de innovación en *software* avanzarán a través del tiempo, de la misma manera en que un enjambre de abejas sin reina se desplaza de un nido a otro. Las páginas de pruebas «Beta» serán sustituidas por miles de usuarios dedicados a trasladar programas a sus propios ordenadores por medio de Internet y a combinarlos de tal manera y con objetivos tan exclusivos que muy pocos programadores serán capaces de anticiparse a ellos.

¿Constituye todo lo anterior una especulación disparatada? Creemos que no. No tenemos más que considerar los acontecimientos actuales que rodean el mundo de Internet y la aparición de comunidades electrónicas para advertir que el «enjambre» ya ha alzado el vuelo.[9] Es igualmente significativo el hecho de que las demandas de los usuarios vayan ya mucho más allá de los procesadores de textos, las tablas y los sistemas de administración de bases de datos para hacer funcionar sus propios ordenadores; desean informar y entretenerse mediante nuevos «contenidos» mucho más excitantes. Y esto nos conduce hasta el próximo capítulo, dedicado al diseño y el desarrollo de productos de información *on line*.

8. JAVA, desarrollado por Sun Microsystems, es un lenguaje de programación de Internet que permite que partes de un código arquitectónicamente neutral, denominados *applets*, se combinen estrechamente mediante redes distribuidas.

9. Animamos a los lectores intrigados por esta posibilidad a leer a Kevin Kelly, *Out of Control*, Reading, MA, Addison Wesley, 1994.

8
PRODUCTOS DE INFORMACIÓN ELECTRÓNICA

Los productos de información han existido desde los comienzos del desarrollo del lenguaje escrito. Las tabletas de barro cocido de los sumerios y los rollos de papiro de los egipcios nos ofrecen información sobre el comercio y la teología del mundo antiguo. Los «copistas» medievales conservaron y difundieron el conocimiento de la época clásica por medio de libros escritos de la forma más laboriosa. En la Europa del siglo XVI, la tecnología de la imprenta dio paso a una auténtica explosión de información; las masas tuvieron de pronto a su disposición, y por poco precio, libros, panfletos y hojas volanderas, facilitando, en opinión de numerosos historiadores, las revoluciones políticas y religiosas que inundaron el continente a lo largo de los tres siglos siguientes.

Las modernas tecnologías digitales están creando ahora otra revolución en el campo de la información, un verdadero cambio en profundidad en la manera como recogemos, almacenamos y transmitimos esa información. Con el fin de ofrecer productos de información tanto a los consumidores particulares como a las empresas, han surgido nuevos negocios y toda una industria. La manera en que esos productos se pueden desarrollar y comercializar supone un importante desafío para muchos hombres de negocios.

En este capítulo, nuestro enfoque se centra en los productos de información que nos proporcionan los servicios *on line* e Internet, en particular el World Wide Web (WWW). Lo mismo que en el caso del *software*, estos productos de información representan un área en eclosión del desarrollo de un producto nuevo.[1]

1. Estamos en deuda con G. Thomas Aley, de Ziff Davis Interactive Media and Development, con Paul Pinella, de Individual, Inc., y con Andrew Campbell, de CorpTech, por su ayuda en la preparación de los datos para este capítulo.

Internet es un conjunto, libremente conectado, de decenas de miles de ordenadores que se comunican por todo el mundo mediante protocolos industriales estándares. Internet se encuentra asociado a un gran número de *hardware* informático y de productos de *software*. Por lo que se refiere al *hardware*, encontramos módems de alta velocidad para líneas telefónicas y cable, «cartas» multimedia y algunos elementos periféricos como los *joysticks* (mando diseñado para jugar en el ordenador). El desarrollo de *software* tiene en Internet un espacio cada vez mayor, que incluye:

- «Exploradores», como el Netscape Navigator o el Internet Explorer de Microsoft, que permite al usuario navegar por Internet y mostrar información.
- Instrumentos de investigación, que ayudan a los usuarios a encontrar en Internet lo que están buscando, ya sea por materias, categorías o por nombre de empresa.
- Instrumentos de gestión de autorías y servicios, que facilitan la creación y la publicación de páginas Web, con la seguridad de facilitar las compras de los consumidores a través de Internet.
- Contenidos reales, como las revistas *on line* o los cibermundos, incluso tridimensionales, donde la gente puede encontrarse, buscar e interactuar.

Llegados a este punto, no son los instrumentos de *software* los que constituyen nuestro motivo principal *per se,* sino los contenidos desarrollados en ellos y «empaquetados» como productos informáticos. Veremos que la aplicación del concepto de plataforma es bastante diferente cuando se trata de productos informáticos en relación con el *software*.

El año 1995 marcó un hito por lo que se refiere a Internet. Por primera vez, se vendieron más PC que aparatos de televisión. Se enviaron más mensajes por correo electrónico (noventa y cinco mil millones) que por conducto postal (ochenta y cinco mil millones); y las siete principales compañías telefónicas regionales de Estados Unidos manejaron un mayor tráfico de datos que de voces.[2] Según un estudio llevado a cabo en 1995 por CommerceNet/Nielson, sobre el Web, treinta y siete millones de personas de América del Norte tuvieron acceso a servicios a través de Internet, de las cuales veinticuatro millones utilizaron la red de redes semanalmente.[3] Entre agosto de 1995 y

2. «The World According to George», *The Red Herring* (febrero de 1996), pág. 44.
3. Commerce Net/Nielson, Internet Demographics Study, que está disponible en www.commerce.net.

marzo de 1996, el número de personas con acceso a Internet aumentó en un impresionante 50 %.

Tenemos en ella una verdadera «superautopista de la información». No obstante, son numerosos los observadores (entre los que nos incluimos nosotros mismos) que consideran que, en la mayoría de los casos, aún desplazamos por ella automóviles bastante anticuados. La gran mayoría de páginas Web presentan información estática de una forma a la que difícilmente podríamos considerar como atractiva. Una superautopista de la información necesita productos de información y servicios atrayentes, que se impongan, para que los consumidores los utilicen una y otra vez, y para que, gracias a su uso, Internet se convierta en un medio significativo de ingresos para todos aquellos que proporcionen contenidos.

Acceso y contenido

Para comprender la evolución sufrida por la industria de Internet, debemos diferenciar entre quienes proporcionan el *acceso* y los creadores del *contenido*. Los que proporcionan el servicio *on line*, tales como America Online y CompuServe, ofrecen acceso a cambio de satisfacer las tasas correspondientes de conexión y de uso. Una vez conectados, los usuarios pueden acceder a los productos de información del proveedor *on line*, de grupos de noticias o del World Wide Web. Hasta ahora se ha tratado de un negocio en continuo crecimiento, pero una competencia intensa ha puesto fin al pago de las tasas de socio y utilización del servicio. Más aún, actualmente empresas como AT&T y MCI ofrecen a los usuarios acceso directo a Internet, contribuyendo, de hecho, a que puedan evitar a los tradicionales proveedores de servicios *on line*, mediante un desvío. Por último, se espera que, en los años venideros, sea cada vez mayor el número de usuarios que busquen acceso directo a Internet.

En el negocio de Internet, y por lo que se refiere al contenido, se incluyen los tradicionales proveedores de acceso *on line*, así como muchas otras empresas. Un ejemplo bien ilustrativo es la colaboración entre Microsoft y NBC para crear noticias multimedia que pueden utilizarse en la red de Microsoft. Otras firmas actúan como distribuidoras, cobrando directamente a los usuarios por el acceso y el uso de revistas *on line* y de otras formas de entretenimiento, así como por bases de datos que cubren campos específicos de la industria, la producción, científicos o gubernamentales.

El cambio en los contenidos debe significar también un cambio ineludible en el modelo de negocios básico de las empresas que proporcionan productos y servicios a Internet. Hasta la fecha, la mayor parte de los proveedores de contenidos *on line* han hecho dinero cobrándole al usuario tasas de acceso y por colocar anuncios a aquellos vendedores que deseaban que sus logotipos aparecieran en páginas Web, con enlaces a sus propias páginas Web. El informe Forrester estima que, en 1996, solamente se han invertido ochenta millones de dólares en anuncios directos en las Web. Sin embargo, para los próximos años se espera un crecimiento espectacular que alcanzará los cuatro mil ochocientos millones de dólares en el año 2000. A medida que el contenido se convierta más y más en el factor diferenciador, el modelo del negocio irá cambiando hasta llegar a uno en el que los ingresos por anuncios se complementarán con tasas por servicios específicos y por acontecimientos *on line*. Se incrementará la compra de productos físicos, la programación del estilo de la televisión basada en Internet, acontecimientos de la industria virtual (como, por ejemplo, las ferias de muestras), y las grandes superficies comerciales *on line* serán cada vez más frecuentes en la próxima década. La interactividad entre estos nuevos media constituirá un factor diferenciador con los tradicionales medios de información.

Una analogía de los cambios que están sucediendo en Internet nos la proporciona la evolución de la televisión, que pasará de las principales cadenas a los canales por cable. Durante décadas, esas principales cadenas atraían a los espectadores con una programación libre, para después comenzar con ventas de espacios a los anunciantes. Los empresarios del cable han puesto el negocio patas arriba; su especialización por canales de programación específica les ha ofrecido la oportunidad de cobrar al usuario una cuota mensual, o el pago por visión en el caso de acontecimientos especiales, tales como los combates de boxeo. Esa misma situación se puede llegar a dar también en la industria de las informaciones *on line*. En la actualidad, las principales empresas de acceso *on line* y aquellas otras que proporcionan simplemente contenidos cobran a las corporaciones por anunciarse en sus páginas Web. Lo mismo que sucedía en los media tradicionales, cuantos más usuarios atraigan (es decir, cuanto mayor sea el número de «mensajes» en una página Web), más pueden llegar a cobrar por ello. Podemos pensar que, como en el caso del cable, esta práctica irá evolucionando hasta alcanzar la forma de acuerdos de pago por usuarios. A medida que esto suceda, las investigaciones de mercado sobre el desarrollo de productos de información serán cada vez más importantes. Los diseñadores de productos deberán determinar con rapidez y, a continuación, desarrollar a toda prisa nuevas y atractivas aplicaciones.

A BUCEAR

Si el lector no ha experimentado aún con Internet o con World Wide Web, le animamos desde aquí a que lleve a cabo una breve «exploración», y experimente por sí mismo estos productos informáticos. La única manera de apreciar la nueva tecnología, la naturaleza del desarrollo de los productos *on line* y su potencial para el negocio propio reside en utilizar esa tecnología. Visite por sí mismo algunos centros Web o contrate a un técnico en informática que le sirva de guía en el viaje. Si se trata de su bautismo en Internet, no tenga miedo; es sencillo y su viaje solamente durará algunos minutos. Los lugares que sugerimos a continuación son representativos de los grupos principales de productos de información *on line*.

- *Compras de productos de consumo*. La página personal de L.L. Bean (http://www.llbean.com) nos proporciona un ejemplo excelente de un catálogo de productos *on line*. L.L. Bean ha añadido valores a su página al permitir a los usuarios la contemplación de fotografías y descripciones de todos los parques nacionales, con enlaces a las páginas turísticas Web de cada Estado en el que se localizan esos parques. En el momento de la redacción de este trabajo, L.L. Bean no permitía la compra directa a través de Internet porque los mecanismos para asegurar la confidencialidad de la numeración de las tarjetas de crédito no eran suficientes. No obstante, son numerosas las empresas que permiten adquirir bienes directamente a través de Internet con tarjeta de crédito.
- *Ciencia*. Échele un vistazo a las fotografías en color digitalizadas, tomadas por el telescopio espacial Hubble, que aparecen en el directorio público http://www.stsci.edu. Si tiene hijos, éste puede ser un lugar maravilloso para visitar en una lluviosa tarde de fin de semana. Desde aquí se puede desplazar para explorar el «Proyecto humano visible» (http://www.nlm.nih.gov) para conocer cosas de este esfuerzo por crear un mapa del cuerpo humano completo, detallado anatómicamente y tridimensional.
- *Entretenimientos*. Con el fin de advertir la fusión de Hollywood y del Silicon Valley, visite «The Spot», un episodio del tipo del folle-

tín radiofónico al que se le añaden diariamente nuevas intrigas (http://www.thespot.com). «The Spot» aumentó su número de «mensajes» (personas que se anuncian en sus páginas) desde los diez mil por semana, en junio de 1995, al más de medio millón, en mayo de 1996. La reciente adquisición de los derechos televisivos de «The Spot» por la NBC nos indica que nuevas formas de contenidos de Internet pueden trasladarse al mundo de la emisión televisiva. En los años venideros, la fusión del World Wide Web, el cable y las emisiones televisivas nos proporcionará un campo abonado para el desarrollo de nuevos contenidos mediante la combinación del atractivo visual de la programación de televisión con la interactividad de la programación de Internet.

• *Información gubernamental*. ¿Va a hacer negocios en el extranjero? Entonces visite el Web de la Administración de comercio internacional en http://www.ita.doc.gov si desea una riquísima información sobre la economía, las necesidades y las regulaciones de importaciones y exportaciones de los mercados exteriores. Si el asunto de patentes es importante, haga una derivación al centro de la Oficina de Patentes de Estados Unidos (http://www.uspto.gov) para ver las patentes y las marcas registradas que se relacionan con su propio negocio.

• *Haga su selección*. Para apreciar la diversidad de contenidos que nos ofrece Internet, examine los índices de materias incluidos en la máquina de investigar Yahoo! (http://www.yahoo.com).

No transcurre una semana sin que desembarquen en los Web nuevos productos de información o nuevos servicios. Casi todo funciona. El desarrollo de los contenidos de Internet ha alcanzado un ritmo frenético y, en la actualidad, se ha convertido en el «salvaje salvaje Oeste» de la creatividad y de la iniciativa comercial.

Familias de productos de información, plataformas y derivados

El desarrollo de los productos de información *on line* destinado a explotar las oportunidades que van apareciendo a gran velocidad requiere una estrategia de plataforma muy clara.[4] Pero, ¿cuál es la naturaleza de las plataformas de información? Hemos encontrado que

4. Para la exposición más detallada de los marcos conceptuales presentados aquí, véase Marc H. Meyer y Michael Zack, «The Design and Development of Information Products», *Sloan Management Review*, vol. 37, nº 3 (invierno-primavera de 1996), págs. 43-59.

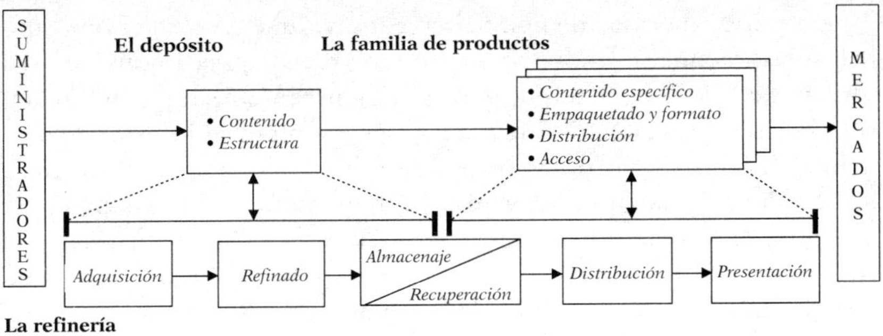

Figura 8.1. La plataforma de productos de información.

cuentan con dos partes esenciales: a) el contenido en información; y b) los procesos de manufactura, basados en el ordenador, para adquirirla, refinarla y distribuirla a los usuarios a quienes va dirigida. El componente del contenido no es otra cosa que un *depósito* que contiene información en estado natural, que puede ser «cortada en rodajas o en dados», de diferentes maneras, para crear productos específicos. El componente de manufactura lo constituye esencialmente una *refinería* que, lo mismo que las de petróleo, adquiere fuentes de datos, los limpia y los armoniza, es decir, prepara «las rodajas o los dados» exigidos para fabricar productos derivados específicos. En la figura 8.1 se muestra la relación existente entre el depósito de información, la refinería y los productos derivados resultantes.

El depósito de información

En una definición general, las bases de datos informáticas poseen contenido y una estructura que almacena y conserva ese contenido. En las empresas metidas en el mundo de los productos informáticos basados en Internet, el principal contenido lo constituyen los textos (artículos o relatos) y los dibujos ejecutados con bits. Ninguno de los centros Web que hemos citado anteriormente es un ejemplo de ello. Las empresas se dedican también a aumentar las clases de información que conservan en sus depósitos. Por ejemplo, los videoclips los encontramos cada vez con mayor frecuencia en los populares centros Web. También comienzan a hacer aparición objetos de animación, o películas, en mundos virtuales tridimensionales. En otras palabras, los depósitos se están convirtiendo cada vez más en almacenes multimedia y de objetos diversos.

Las clases de información deben subdividirse en elementos identificables, recuperables. Por ejemplo, una revista puede considerarse una unidad de información; pero también, sin embargo, lo pueden ser los diferentes artículos de esa revista o, a un nivel inferior de desmenuzamiento, las propias palabras individualizadas de los artículos. Se debe tomar una determinación en cuanto a la más pequeña unidad divisible de información que se almacenará, se recuperará y se manipulará. Para un servicio de ventas *on line,* la unidad básica de información son los productos individuales en venta.

La unidad de información adecuada se determina por su situación. El servicio Primis de McGraw-Hill nos proporciona un ejemplo muy útil. Esta empresa ha desarrollado un depósito sustancial de libros, artículos y casos; mediante un servicio *on line*, un profesor universitario puede buscar y seleccionar exclusivamente los capítulos de un libro, los artículos y los casos más adecuados para aquellos alumnos que están siguiendo un determinado curso. A partir de la elección del profesor, Primis compila un conjunto específico de materiales de lectura para ese curso concreto; a continuación, los imprime y pasa a la biblioteca universitaria el número de copias correspondiente. Los profesores ya no tendrán que preocuparse más de encontrar el texto perfecto o de obtener los permisos de copia para fotocopiar diferentes artículos. En muy pocos días, pueden recibir un conjunto completo de materiales diseñados únicamente para un curso concreto. Las unidades de información que interesan en este ejemplo son los capítulos, los artículos y los casos, registrados por materias y autores para facilitarle al profesor su búsqueda en el depósito.

Un nivel más afinado de unidad de información por su tamaño la encontramos en el depósito de estados de cuentas del mundo de las finanzas que proporciona el Nexis de Mead Data System. En él, se definen como unidades de información las notas a pie de página que acompañan los estados de cuentas, pues permiten que el usuario pueda seleccionar, para su análisis, determinados estados de cuentas financieros sobre la base de atributos clave que aparecen en esas notas a pie. Así, una parte del proceso de diseño para crear un depósito de información consiste en determinar cuáles son las unidades de información con significado y cuáles son las adecuadas en un campo dado.

El depósito constituye la base sobre la que la empresa crea sus familias de productos de información. Un depósito bien diseñado posibilita el discernimiento de aquello que de más valor almacena su contenido con un nivel dado de costes. Cuanto mayor sea el alcance, la profundidad y la complejidad de la estructura de la plataforma, mayor será también la flexibilidad para derivar de ella una variada cantidad de productos. No obstante, a mayor complejidad de la estructura del depósito, mayores costes y esfuerzos de conservación. Desde el momento en que los depósitos de productos *on line* se encuentran almacenados en ordenadores, los costes son mayores en las áreas de programación de *software* y de mantenimiento de sistemas.

CorpTech proporciona un buen ejemplo de cómo la capacidad para reducir la información «a rodajas y dados» en el depósito se relaciona con la potencia necesaria a fin de crear, con rapidez y eficiencia, productos nuevos para segmentos de mercado también nuevos. CorpTech es una empresa del sector de productos de información que crea directorios impresos y *on line* de empresas de alta tecnología. Su depósito contiene datos sobre la gestión, los productos y los resultados financieros de las empresas que tiene inscritas. Mediante una simple llamada telefónica, uno puede hacerse con datos detallados de la situación de unas cuarenta mil firmas. Además de tenerlas registradas ordenadamente según el sector al que pertenezcan las empresas y según su ubicación, la base de datos de CorpTech posee también una gran variedad de categorías, según productos y tecnologías. La figura 8.2 muestra la evolución del depósito de CorpTech y de sus productos derivados. Esos productos los utilizan muchas clases de clientes: secciones de ventas, departamentos de publicidad o estudiantes universitarios dedicados a realizar estudios de investigación. El tamaño y la riqueza del depósito constituyen los principales activos de CorpTech frente a la competencia.

Tanto en el caso de CorpTech como en el de otras empresas del sector de los productos de información, la renovación del depósito cuenta con dos dimensiones básicas: la adquisición de datos y la reestructuración de la base de datos. La adquisición de fuentes de datos que cambian de manera dinámica es prácticamente continua. Por ejemplo, los servicios de noticias *on line* deben contar siempre con los relatos de sucesos de última hora. Por lo que se refiere a CorpTech, la información de los resultados trimestrales y de la presentación de productos de las empresas de alta tecnología debe ponerse al día de manera regular. La otra dimensión de la renovación del depósito –el volver a considerar y a reestructurar la manera en que se conservan las unidades de información–, es periódica y se ve impulsada por las exigencias cambiantes de los clientes. Con el tiempo, una empresa puede advertir que sus clientes desean nuevas clases de información o que necesitan diferentes combinaciones de esa información. Cada una de las nuevas necesidades puede llegar a exigir un

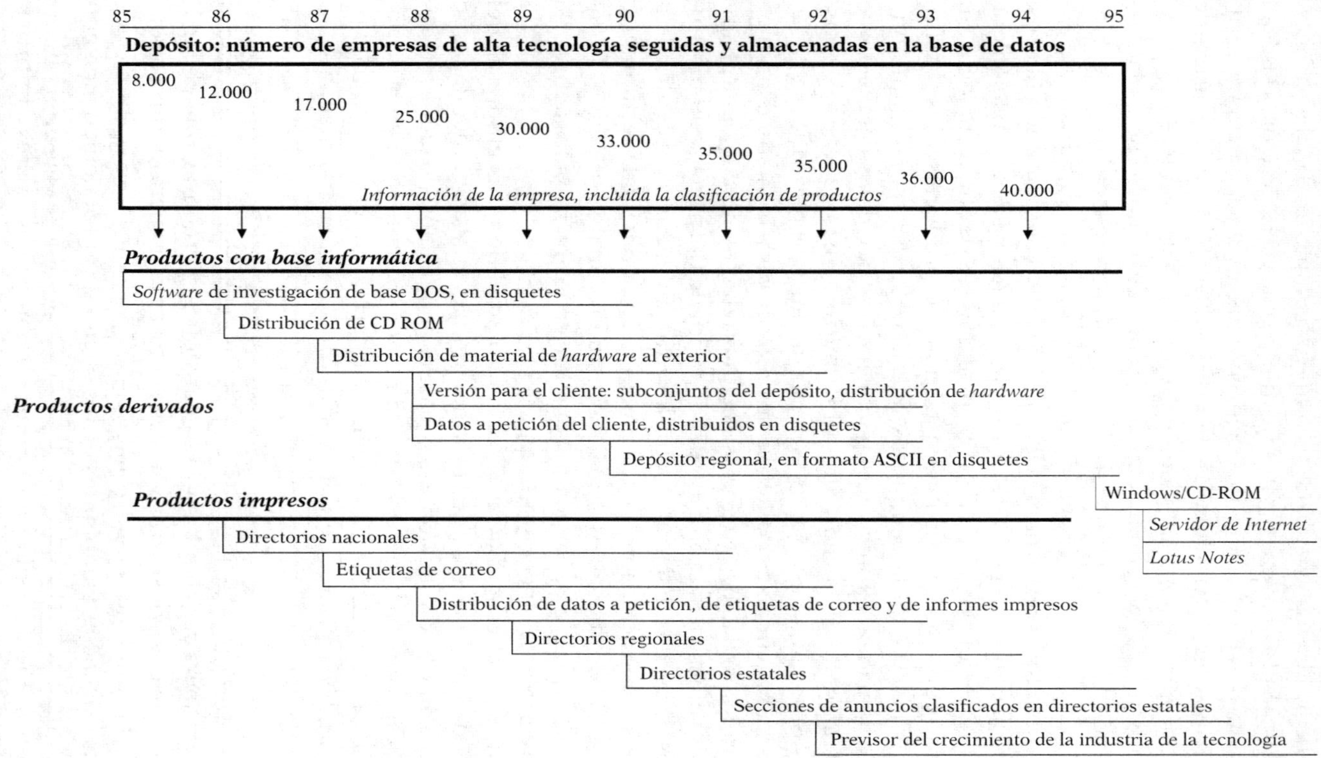

Figura 8.2. Plataforma de producción y productos derivados de CorpTech.

cambio en la estructura del depósito. Esa actividad consistente en volver a considerar el diseño del depósito es directamente análoga a la manera en que los fabricantes de productos físicos, que han alcanzado el éxito y que hemos descrito en este trabajo –Black & Decker, Hewlett-Packard, Compaq o EMC–, han renovado sus propias plataformas de producción respectivas.

La refinería de la información

Describimos la refinería de la información como el proceso de «manufactura» de los productos de información. Este proceso consta de cinco fases:

1. *Adquisición*. El primer paso consiste en la adquisición de datos o de información en estado puro. Deben tenerse en cuenta temas tales como la calidad, la perspectiva, la amplitud, la profundidad, la credibilidad, la adecuación, la oportunidad, la relevancia, el coste, el control y la exclusividad. Para las empresas dedicadas al mundo de los productos de información, el dicho «basura que entra-basura que sale» posee verdadero significado.

2. *Refinado*. El refinado de datos constituye una primera fuente de valor añadido. Ese refinado puede ser físico (por ejemplo, la conversión de datos de un medio a otro) o lógico (por ejemplo, etiquetado, organización por índices, integración o reestructuración de las relaciones entre los datos). El refinado incluye la «limpieza» de datos y/o su reconversión a un formato estándar. Se pueden realizar también metaanálisis de los depósitos, con el fin de conseguir mayores niveles de significación a partir de la combinación de elementos individuales. El refinado añade valor al depósito de dos maneras: a) creando información utilizable; y b) haciendo posible el almacenaje de información de manera que permita una producción eficiente de gran variedad de artículos específicos. Este segundo proceso destinado a conseguir valor añadido exige, con frecuencia, la pérdida de la estructura primaria de datos adquiridos para convertirlos en conjuntos de unidades de información más significativas o útiles.

3. *Almacenaje y recuperación*. Esta fase representa un puente entre la adquisición y el refinado contra corriente, que alimenta el depósito y los estadios de creación de productos a favor de la corriente. El almacenaje puede ser algo tan sencillo como colocar páginas de información impresa en carpetas etiquetadas. No obstante, en el medio

actual, por lo general significa el almacenaje por ordenador que emplea alguna forma de base de datos o de *software* de gestión de conocimientos.

4. *Distribución*. Lo mismo que cualquier otro producto, la información debe contar con un medio de distribución que la acerque al usuario final. Puede adoptar diversas formas, entre las que se encuentran la página impresa, el fax, las entregas en disco compacto, el correo electrónico, las transmisiones de radio o televisión o la información multimedia que se entrega mediante los centros Web.

5. *Presentación*. Una característica fundamental de los productos de información la constituye el hecho de que el valor de la información y, por tanto, el valor añadido que genera la producción de esos artículos, está estrechamente influido por el contexto en que se usan. Asegurar la facilidad de uso y un nivel de funcionalidad suficiente constituye una parte inherente del propio producto de información. Por ejemplo, existen cientos de miles de centros Web, pero aquellos a los que se considera como «los mejores» son mucho mejores que otros, y valga la redundancia, en términos de facilidad de utilización, de diseño creativo y de atractivo general. De hecho, numerosas empresas de productos de información compiten tanto por la calidad de la interfaz, es decir, por la ergonomía de la información, como por el contenido de esa información.

Una refinería en funcionamiento

Con el fin de ilustrar el concepto de refinería, consideremos el funcionamiento de Individual, Inc., una empresa de «reempaquetado» de noticias (se puede visitar el centro Web de la firma en http://www.individual.com). Individual, Inc. crea relatos de noticias exclusivas para miles de clientes basándose en las preferencias y las necesidades individuales de cada cliente. Ofrece estas noticias a través de diferentes medios electrónicos. El eslogan de venta del producto de la empresa es el de que «cuanta menos información –siempre y cuando sea correcta–, tanto mejor».

El depósito de información de Individual, de cualquier día de la semana, contiene unas veinte mil noticias, organizadas mediante índices y almacenadas en una base de datos computadorizada. Los relatos de esas noticias (es decir, la materia prima) se adquieren electrónicamente a unos cuatrocientos proveedores mediante redes de ordenadores y de telecomunicaciones. A ese contenido primario se le da nuevo formato reduciéndolo a una estructura común que acepta un procesado posterior. A continuación, se adapta el contenido de la noticia al perfil básico de los clientes, almacenándolo en una base de datos separada del (pero complementaria al) depósito. La adaptación se lleva a cabo mediante un instrumento de investigación por *software* que ajusta los perfiles de los clientes a diferentes estilos de texto para la misma noticia.

Modelos industriales y de mercado han realzado el proceso de refinado. Esos modelos existen de manera habitual en el mundo de la electrónica, de los ordenadores, de la sanidad, de la biotecnología, en telecomunicaciones, finanzas, energía y gobierno, entre otros sectores. Cada modelo contiene una terminología y los nombres de aquellas empresas que consideran útil encontrar noticias relevantes para lectores exclusivos.

Los nuevos clientes revelan sus intereses particulares rellenando una encuesta de información muy detallada, en la que especifican el sector industrial de pertenencia y sus intereses particulares en el campo de la información. Al mismo tiempo que los clientes reciben información, proporcionan una retroalimentación que ayuda a la empresa a mejorar sus modelos industriales y a perfeccionar su conocimiento de los intereses de los clientes.

Después de haber extraído del depósito los relatos de noticias adecuados, la refinería de Individual da forma a esas noticias produciendo uno o varios diseños de productos derivados para su distribución por fax, correo electrónico, World Wide Web o Lotus Notes, según la opción decidida por el cliente. A determinados clientes, debidamente autorizados, se les transmiten diariamente en bloque las noticias del depósito de Individual por vía electrónica, directamente a sus propios ordenadores.

El diseño de la infraestructura de la refinería de la empresa semeja una organización humana, con la adjudicación de diferentes funciones a grupos que operan bajo una estructura de control jerárquica (figura 8.3). Al final de la primera parte del proceso, el trabajo se asigna a los PC, basándose en el volumen y la clase de fuentes de entrada, se realice ésta por traslado de ficheros o por correo electrónico. Para reunir esos datos operan docenas de PC, a los que pueden añadirse más y más a medida que aumenta el número de proveedores de información. A mitad del proceso, las estaciones de trabajo filtran las noticias. En esta misma fase se pueden añadir más estaciones de trabajo adicionales para manejar un volumen creciente de información. Al final del proceso, grupos de PC distribuyen el producto defi-

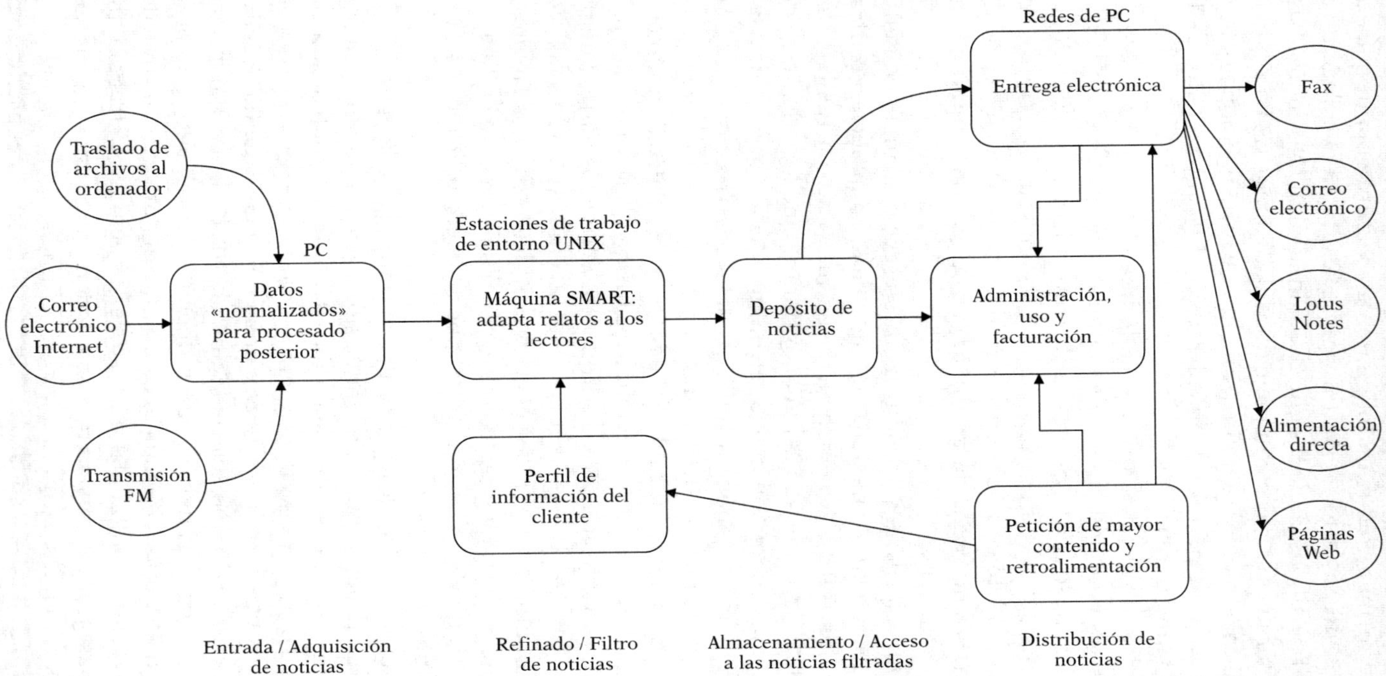

Figura 8.3. Refinería de información de Individual, Inc.

nitivo mediante fax, correo electrónico, servidores Web, Notes y enlaces directos con el ordenador del cliente. A medida que vaya aumentando el volumen del negocio, se podrán ir añadiendo más grupos de PC, de forma modular. En otras palabras, el diseño de la refinería acepta el aumento continuado de elementos añadidos.

La creación de la familia de productos: la Ziff Davis Interactive Media Development

Provistos ya con estos nuevos conceptos a propósito de la plataforma, podemos considerar a continuación cómo un depósito y una refinería bien gestionados pueden crear una rica familia de productos de información. Para ilustrarlo, acudiremos a uno de los más importantes proveedores de contenidos *on line*, la Ziff Davis Interactive Media Development (ZDIMD). La empresa progenitora de ZDIMD, la Ziff Davis Publishing, publica *PC Magazine*, *PC Computing*, *PC Week*, *Computer Shopper*, *MacWeek*, *Mac User*, *Windows Sources* e *Interactive Week*, entre otras revistas de ordenadores bien conocidas, y tiene licencia o vende contenidos editoriales a otras cincuenta y cinco publicaciones que se distribuyen por más de un centenar de países.

ZDIMD comenzó hace algo más de una década, cuando la gerencia de Ziff Davis se dio cuenta del potencial de los servicios de Internet y *on line* para minar sus tradicionales negocios de «copias duras». En lugar de hacer frente a la tecnología, el consejo ejecutivo decidió dominarlo y apropiarse de su potencial comercial. La ZDNet, un servicio de ZDIMD, ha ido creciendo hasta convertirse en el mayor editor mundial de contenidos electrónicos, interesado especialmente en la compra, la utilización, el apoyo y el conocimiento de los ordenadores. Lo mismo que todos los principales integrantes de este sector industrial, ZDIMD ha ganado dinero a partir de las cuotas de suscripción, de las tasas de utilización y de los anuncios, compartidos todos con proveedores de servicios *on line*. La empresa consigue también pingües beneficios de los anuncios a partir de los logotipos gráficos para anunciantes en sus propios centros Web. A pesar de que la mayoría de esos anunciantes forman parte del mundo del *hardware* y del *software* informáticos o son proveedores de servicios, ZDNet ha advertido que puede introducirse en otras áreas de consumo, por ejemplo, en el mundo del automóvil.

ZDNet ofrece toda una familia completa de productos y de servicios de información *on line*. Los usuarios acceden a ZDNet a través de alguno de los más importantes proveedores de servicios *on line*, tales como CompuServe, Prodigy, America Online y la red Microsoft, o directamente a través de la World Wide Web. (Los lectores que están conectados a Internet pueden visitar el centro Web de ZDNet en http://www.zdnet.com.) En el momento de la redacción de este libro, más de doscientas cincuenta mil personas utilizan los servicios de ZDNet sólo a través de CompuServe. De hecho, la Web de ZDNet ha estado recibiendo ¡más de treinta millones de mensajes por mes! Los propios sistemas de seguimiento de la empresa han demostrado que tiene más de seiscientos veinticinco mil usuarios mensuales. El perfil del usuario es el mismo que el de los lectores de revistas de la empresa progenitora: usuarios de PC, sofisticados y en fase de promoción personal, que adoptan con rapidez la nueva tecnología y que gozan de buenos niveles de renta.

La figura 8.4 muestra la imagen de pantalla de la hoja de ZDNet que aparece en Internet. Detengámonos un momento a estudiar esa página y veremos que refleja la rica variedad de información y servicios que los editores *on line* tratan de presentar en el Web. La parte inferior de la página ofrece una guía de la familia de productos de la empresa. En la parte superior de la figura aparecen varios «botones» que comienzan por el «Qué es noticia» («What's New»). En la parte izquierda de la página aparecen botones que enlazan con las «noticias de actualidad», una enorme biblioteca de *software* que se puede compartir, información de productos de ordenador y otro conjunto de informaciones. En la parte central aparecen destacados los artículos «característicos» extraídos de las publicaciones de copia dura de Ziff Davis y, a su derecha, se encuentran noticias complementarias y revistas de productos. De forma adicional, podemos observar que, en la parte inferior derecha de la figura, se encuentran los «recursos» especiales de ZDNet, en los que los usuarios pueden buscar, por medio de carteles, puestos de trabajo por toda la industria del mundo del ordenador, consultar las ofertas de empleo (otra empresa matriz de Ziff Davis, la Softbank, es propietaria de numerosas oficinas de empleo para el mundo de la industria), o conseguir una lista personalizada de noticias de ámbito mundial. A lo largo de las páginas sucesivas de su Web aparecen diferentes logotipos que ZDIMD crea para ofrecerlos a gran número de empresas. ZDNet ofrece también enlaces directos con los propios Web de los anunciantes, de tal manera que los usuarios pueden reunir información de productos específicos.

Tras muchas de las entradas de esta página personal se encuentran series de páginas Web sucesivas, y en cada una de ellas nos ha-

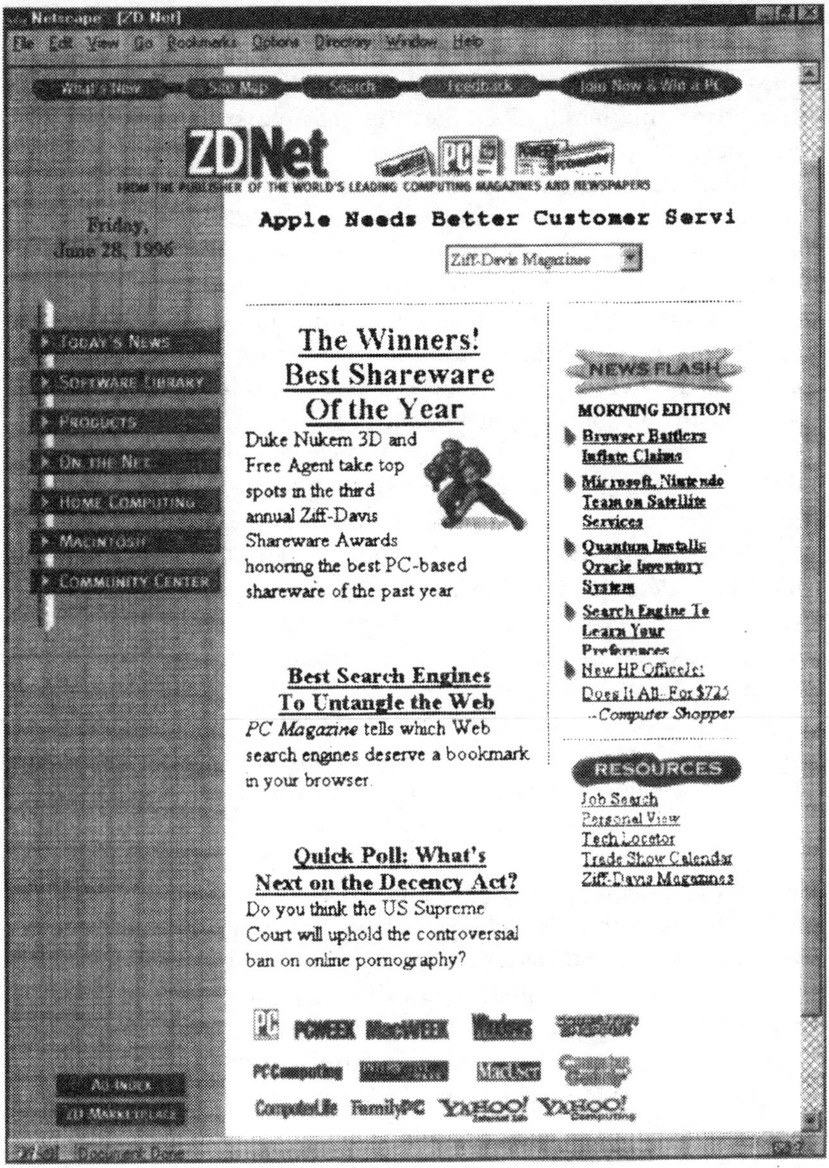

Figura 8.4. Página personal de ZDNet en Internet.

llaremos con la habitual combinación de servicios y de logotipos de anunciantes que han pagado por esos anuncios. ZDIMD establece las cuotas por anuncio utilizando ordenadores para rastrear el número de accesos a una página Web dada; cuanto mayor sea el número de «mensajes», mayor también la cuota que hay que satisfacer. Se podría cuestionar si estas publicaciones *on line* se llevan los ingresos de las tradicionales y anticuadas copias duras, pero la experiencia de Ziff Davis es la opuesta, pues ambos media han demostrado ser sinérgicos.

Una parte sustancial del contenido de ZDNet procede, entonces, de las diferentes revistas de la empresa progenitora. Cuando se estaba redactando este trabajo, la empresa preparó una base formada con más de doscientos mil artículos de revista, referencias informáticas y revistas de *software*, que constituyen las unidades clave de información del depósito. En el interior de la refinería de información de ZDNet, todos esos datos se reúnen de forma electrónica; a continuación deben traducirse a un formato común, «limpiarse» y manipularse, de nuevo, de tal manera que puedan almacenarse en una simple base de datos multimedia. Por ejemplo, cada artículo va provisto de alguna clase de índice de informaciones, en el que se indican las empresas a las que se hace referencia en el artículo, los grupos industriales o productos o servicios específicos. Los elementos comunes y las palabras clave usadas con más frecuencia son asimismo «etiquetadas». También se crean y se organizan mediante su inclusión en índices los mensajes erróneos relacionados con cada uno de los elementos del contenido. Todo el texto, las fotografías, el sonido y el vídeo deben recibir asimismo un formato preciso para poder ser presentadas adecuadamente en Internet. Numerosos conjuntos de entradas de información deben dividirse en niveles de detalle más finos, precisos y almacenados según ese nivel alcanzado. Finalmente, se debe realizar un chequeo para evitar la presencia de virus informáticos. Con el fin de cumplir todas estas numerosas tareas, ZDIMD se ha visto obligada a desarrollar su propio «lenguaje de manipulación» adecuado, que se denomina ZML. La figura 8.5 nos muestra esta fase de la refinería.

Una vez que ya se ha refinado toda esa información y que ha sido colocada en el depósito de ZDIMD, pueden comenzar a fabricarse productos derivados. Un grupo de productos derivados lo constituyen las versiones *on line* de las revistas para ordenador de Ziff Davis; son los «botones» que aparecen en la parte inferior de la página personal, o los característicos relatos de noticias del centro de la misma página. Sin embargo, si todo el ZDNet consistiera simplemente en hacer posible la lectura de revistas existentes a partir de un monitor de ordenador, entonces no adquiriría una cantidad sustancial de valor añadido.

Con el fin de conseguir valor añadido, la empresa ha desarrollado nuevos servicios basados en su conocimiento de lo que necesitan y aprecian sus usuarios. Por ejemplo, consideremos por un momento el botón «Búsqueda» («Search») situado en la parte superior de la página personal (figura 8.4). Llegados aquí, el usuario puede emplear la máquina de investigación personalizada de ZDNet con el fin de conseguir artículos y productos de las numerosas revistas de la empresa matriz. La figura 8.6 indica la manera en que ZDNet aplica la refinería de forma lateral, a través de diferentes productos tradicionales, para crear una gran variedad de productos destinados a los clientes. Las unidades de información común se encuentran etiquetadas en la banda izquierda de la figura, abreviadas a fin de poder incluir artículos publicados, pruebas de laboratorio de productos de *hardware* y de *software*, referencias e índice de anunciantes. Cruzando la parte superior de la figura se hallan algunos de los numerosos productos del grupo de revistas de ZDNet. En la banda derecha tenemos dos clientes hipotéticos quienes, habiendo entrado sus respectivos códigos en clave, se dedican a recabar información de todo el depósito. Entre los dos usuarios de la figura se encuentran los principales conductos mediante los que se ha conseguido el acceso, ya sea éste el World Wide Web de ZDNet, America Online o cualquier otro.

Un depósito y una refinería sólidos permiten que las empresas dedicadas a la producción de información consigan responder de forma

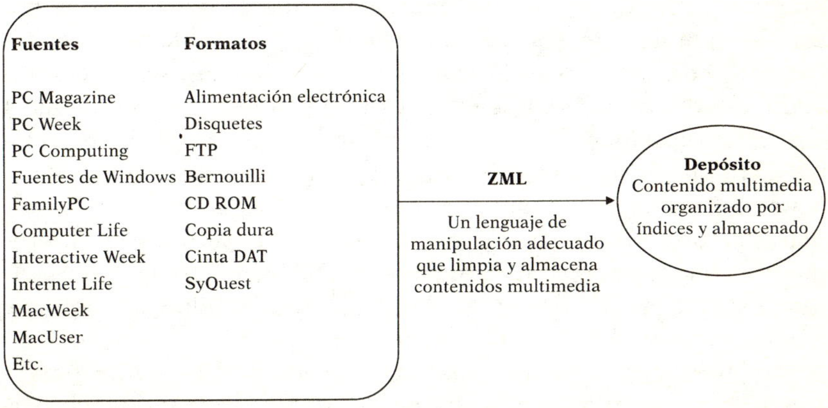

Figura 8.5. La refinería de información de ZDI.

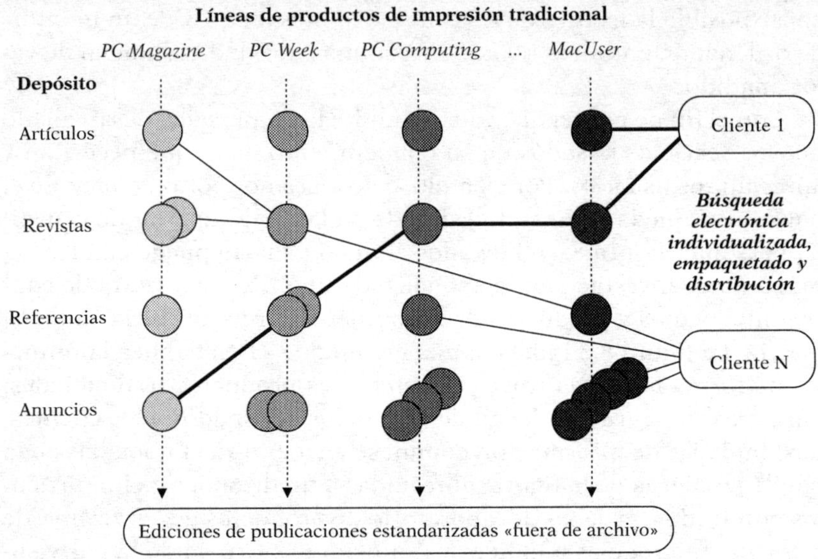

Figura 8.6. Obtención de respuestas individualizadas para amplias masas con el depósito de ZDI.

individualizada a una gran masa de usuarios, mediante interfaces de *software* que les permitan entrar preguntas y observar los resultados con toda rapidez. Es notable el parecido entre este enfoque a los de estrategia de plataforma utilizados por Black & Decker, Hewlett-Packard, EMC o cualquier otra empresa de las que hemos dibujado su perfil en este trabajo. En el caso de estas firmas manufactureras de productos físicos, un subsistema fundamental de la plataforma podría ser el motor universal, el cartucho de impresión de tinta o el pequeño disco barato, todos los cuales se han utilizado y se han combinado en diferentes variaciones con el fin de crear productos derivados específicos. En el caso de una empresa que fabrica productos de información, como ZDIMD, los principales subsistemas de la plataforma son los artículos y las bases de datos, utilizados y combinados de diferentes maneras para proporcionar al usuario un producto cortado a su medida que dé respuesta a sus propias necesidades. Este hecho subraya el poder y la universalidad del enfoque basado en la existencia de plataformas.

Podemos encontrar también otros productos derivados observando la zona inferior derecha de la página personal de ZDIMD (fig. 8.4). Uno de ellos es el que aparece como «Visión personal», al que se accede mediante un epígrafe en la sección de Recursos de esa parte inferior derecha del Web. Se trata de un servicio de lector de noticias, similar al que proporciona Individual, Inc., del que ya hemos hablado con anterioridad. Los usuarios pueden realizar una selección, de entre un amplio abanico de materias, de las noticias que les interesan según el perfil de cada cual. ZDNet recibe decenas de miles de redacciones de noticias diariamente mediante fuentes electrónicas que, a continuación, relaciona con el perfil de cada usuario. Cuando los usuarios entran en «Visión personal», reciben automáticamente una lista de noticias preparadas de acuerdo con sus intereses, y seguidas por un contenido redactado de manera específica. Desde una perspectiva de desarrollo del producto, ZDNet debe ampliar la estructura de su depósito con una nueva unidad de información –los relatos de noticias–, y potenciar su adquisición, el refinado y los procesos de presentación al usuario para alcanzar éxito en la entrega del servicio.

«Bolsa de trabajo», otro de los epígrafes de la sección Recursos, contiene anuncios que ZDNet mantiene allí como unidad de información distintiva de su depósito. Los usuarios pueden buscar entre los diferentes trabajos ofrecidos y enviar sus instancias de solicitud de forma electrónica. Otro servicio muy útil es la «Biblioteca de *software*», situado en la parte izquierda de la página Web. ZDIMD ha recopilado una biblioteca compuesta por más de cinco mil programas de *software* compartido, que ha examinado y calificado. Los usuarios pueden trasladar estos programas a sus propios ordenadores.

El elemento clave consiste aquí en el hecho de que estos productos y servicios derivan de un único depósito de información. Ese mismo depósito sufre una continua operación de puesta al día y de refinado mediante una refinería cuidadosamente desarrollada y automatizada. En la figura 8.7 aparece la estrategia de la plataforma de ZDIMD, de forma global.

El descubrimiento y la explotación de los mercados emergentes

A pesar de que el debate sobre los productos relacionados con la información se ha centrado fundamentalmente en la tecnología, no podemos dejar a un lado la importancia de la mercadotecnia. Lo mismo que les sucede a otras empresas en el negocio de Internet, el desafío al que debe enfrentarse el consejo de administración de ZDIMD

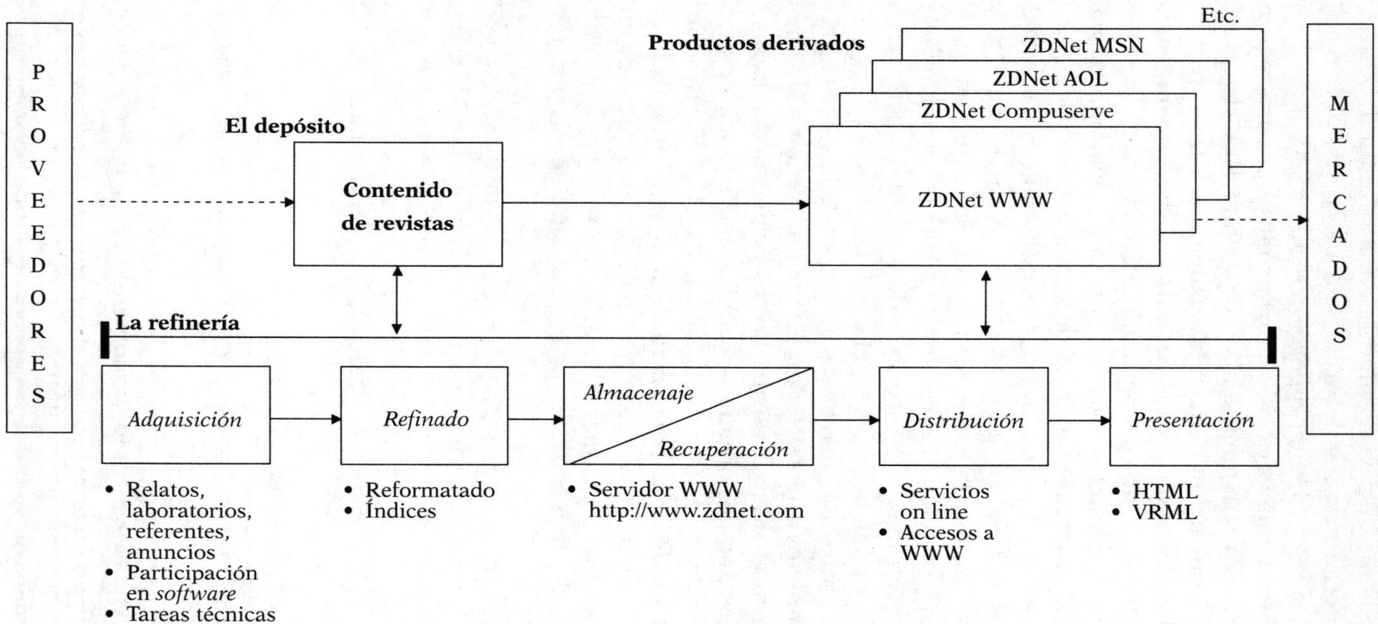

Figura 8.7. Familia de productos y plataformas de ZDI.

no es otro que el de determinar y desarrollar o adquirir una licencia para exponer contenidos complementarios a los ya existentes.

Para quienes se dedican al diseño de productos, la cuestión básica es la siguiente: ¿quién utilizará Internet en el futuro y qué información buscará en él? Las respuestas a estas dos preguntas impulsarán el diseño y el desarrollo de nuevos productos *on line*. Aquí pueden conseguir grandes beneficios aquellas empresas capaces de prever las necesidades de los mercados emergentes y, armadas con una sólida plataforma, capaces también de explotarlas. Las firmas que carecen de cualidad o de energía para realizar estudios de mercado pueden verse incapaces de crear productos en el momento oportuno para conseguir franquicias de mercado. Un empresario de productos del campo de la información describió la dinámica del mercado del negocio de contenidos de Internet de la siguiente manera:

> Se trata de un mercado de un millar de campos, servido por decenas de miles de empresas, ofreciendo cada una de ellas docenas, si no centenas, de productos diferentes. En el negocio de la información, la empresa que es capaz de advertir primero que las otras una necesidad del mercado, y que, como respuesta, presenta un producto muy poco después, puede establecer una franquicia que domine ese campo. Cuando la información se va quedando anticuada, los clientes tenderán a volver a comprar nueva información, de una manera continua, al antiguo propietario de la franquicia. El ritmo de esta acción es tan rápido que apenas hay tiempo suficiente para realizar estudios de mercado cuidadosos a la búsqueda de nuevos productos. Una empresa debe simplemente ir en su busca, tratando de conseguir en todo momento que se les pueda dar nuevos usos a sus productos de información. Una vez que posees la información, el coste marginal de añadir un nuevo cliente o de crear otro producto puede ser muy, muy pequeño. Las oportunidades de mejora son, además, sustanciales.[5]

La capacidad para segmentar de manera eficaz los mercados más dinámicos y de priorizar determinados campos constituye un factor de éxito clave para quienes participan de este negocio. En el proceso no existen certezas: los índices de crecimiento del mercado son muy inestables y cada día van haciendo aparición nuevos competidores. Sin embargo, después de haber trabajado con un cierto número de empresarios de esta industria que circula a un ritmo tan rápido, he-

5. Andrew Campbell, presidente de CorpTech, Inc., en la presentación de un curso, el día 23 de mayo de 1994, en la Universidad de Northeastern.

mos observado algunos criterios útiles para dar prioridad a las demandas de los campos emergentes:

• El potencial del producto o del servicio del mundo de la información debe ser dinámico y crear un «murmullo» de excitación en el mercado. Esa excitación puede conducir a un crecimiento explosivo, que sólo puede proceder de las mentes creativas de quienes desarrollan los conceptos. En esta industria, quienes apuestan con seriedad disponen de «directores creativos» excelentes, dedicados al diseño de contenidos atractivos y que acaban siempre por imponerse.

• La existencia de un número significativo de usuarios potenciales del nuevo producto de información. El mercado considera que los productos de información derivan en buena medida de la población de usuarios de productos o servicios relacionados, o de poblaciones que ya existen en su dominio físico. Es interesante advertir que un gran número de proveedores de servicios *on line* experimentan sus mayores niveles de audiencia a partir de las siete y media de la tarde, lo que les coloca en competencia directa con las emisiones de televisión y de las programaciones por cable.

• La disponibilidad de contenidos y la dificultad y los costes de desarrollarlos y de integrarlos en el depósito de la empresa y en los procesos de refinado.

• La disponibilidad de herramientas de desarrollo de *software* con el fin de crear la interfaz de usuario, y la de la capacidad de la infraestructura existente de Internet que permita importar la información propuesta a un precio razonable. El tema de los instrumentos sigue siendo problemático en áreas nuevas, tales como la seguridad de las compras a través de Internet y la creación de cibermundos en tres dimensiones. Continúa constituyendo también un problema el tema de los anchos de banda. Los avances en la infraestructura de las comunicaciones se ven frustrados por el crecimiento explosivo del número de nuevos usuarios de Internet y por los enormes volúmenes de los contenidos multimedia. No obstante el propio problema (consistente en la cantidad de materia prima que un ordenador es capaz de procesar) impulsará innovaciones que acabarán por resolverlo.

• La capacidad de la empresa para mantener el dinamismo del contenido, puesto que es necesario realizar frecuentes cambios para conservar los productos «frescos» y vitales para los usuarios.

• La presencia de oportunidades para enlaces recíprocos significativos, es decir, las oportunidades para enlazar y compartir el mercado, con socios *on line*, creando a partir de ahí una cierta sinergia a ojos del usuario (por ejemplo, la empresa en colaboración entre Microsoft y NBC).

Los proveedores de contenidos buscan continuamente oportunidades de crear y de reforzar la imagen de sus secciones en el mundo *on line*. A ese objetivo contribuye la posesión de un depósito flexible y de una refinería altamente automatizada, al conseguir que el incremento de costes derivado de la creación de nuevos productos sea inusualmente bajo, en especial cuando se le compara con los productos físicos. Por ejemplo, la creación de un nuevo producto de información puede, sencillamente, constituir un asunto relacionado con la obtención de una clase de datos diferentes o con el análisis estadístico del ordenador. Puede ser un nuevo «episodio» en ese género de reciente aparición de los folletines o los concursos de estilo televisivo de Internet. El desarrollo en este medio es muy rápido, es cuestión de meses, si no de semanas o, incluso, de días. Se consigue todavía una evolución mayor por el hecho de que, si el contenido ha «arrebatado» al cliente, las adquisiciones individuales son excepcionales. Una vez que el cliente percibe la información o el entretenimiento como un valor, lo normal consiste en repetir las compras.

Hemos observado una evolución similar en muchos de los productos físicos que fuimos describiendo a lo largo de este volumen. Un cliente que ha adquirido un taladro Black & Decker, se siente obligado a completar su conjunto de herramientas caseras con una lijadora, un cortasetos y una sierra circular. El usuario de una impresora de inyección de tinta HP ha de seguir consumiendo los cartuchos de tinta disponibles. La información y los pasatiempos pueden crear una adicción similar.

El negocio de los productos de información *on line* puede describirse justificadamente como «un mundo feliz». No obstante, nosotros creemos que participa de un impresionante parecido con los negocios dedicados a la fabricación y la comercialización de productos físicos. Ambos deben renovarse mediante la integración de nuevas tecnologías y del conocimiento del mercado, y ambos deben beneficiarse también del poder de la estrategia de una plataforma cuidadosa que ofrezca la oportunidad de crear un rico conjunto de productos, desarrollados con un cierto incremento de costes y cortados por un patrón exclusivo para satisfacer las necesidades de determinados clientes.

9
UN PUENTE AL FUTURO

¿Hemos conseguido conectar con usted? ¿Tienen ahora sentido para usted nociones tales como familia de productos, bloques constructivos –sillares– comunes, plataforma de producción o productos derivados? Y lo que es más importante, ¿ha comprendido de qué manera pueden ellos mejorar su negocio?

Si las respuestas a todas estas preguntas son afirmativas, entonces debe renovar las arquitecturas y los procesos de manufactura que se hallan en la base de la fabricación de su línea de producción, y ello sólo puede ocurrir si el consejo de administración participa directamente en la articulación de la estrategia de una línea de producción que se debe desarrollar en varios años, basada en la creación y en la renovación de plataformas de producción sólidas. Eso nos conduce al enfoque de este último capítulo: los procesos utilizados por las empresas y el papel desempeñado por los ejecutivos en la planificación y la administración del desarrollo de nuevos productos.

PROCESOS DE GESTIÓN DE NUEVOS NEGOCIOS Y DE DESARROLLO DE PRODUCTOS

En el mundo de la industria norteamericana, el proceso preferido de planificación y control del desarrollo de un producto es el conocido como el de las «puertas de entrada al escenario» o sistema de revisión por fases. A menudo se le representa como un embudo de desarrollo (fig. 9.1). Por la boca de ese embudo hacen su entrada un gran número de conceptos de productos nuevos, pero aquellos que se consideran poco prometedores quedan eliminados antes de que se ponga en marcha el proceso de conseguir inversiones. Sólo unos pocos, que demuestran ser los más valiosos, son los que alcanzan las fases de producción y presentación en el mercado.

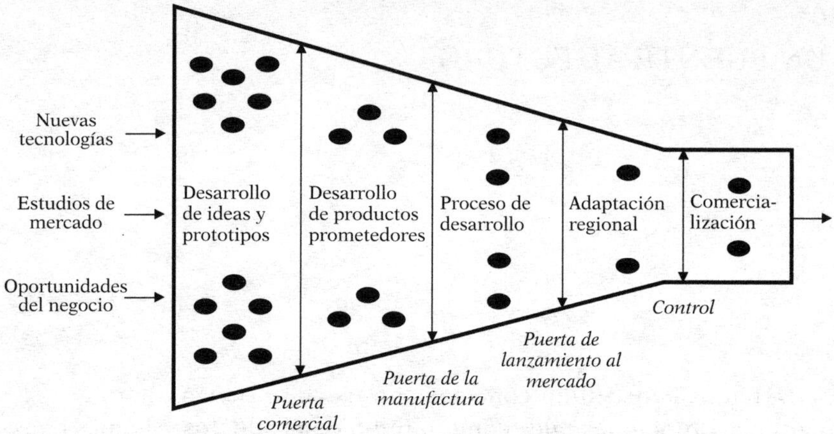

Proyectos que podrían compartir tecnologías compiten entre sí.
La manufactura «sigue la corriente» y es una «compuerta» puesta a la innovación del producto.
Se centran en los proyectos singulares, a expensas de las familias y las plataformas

Figura 9.1. El embudo del desarrollo.

Cada uno de los proyectos del embudo debe pasar los sucesivos estadios de desarrollo atravesando compuertas: la determinación de las oportunidades que presenta el mercado; el desarrollo del concepto; el diseño; el prototipo; el desarrollo de la manufactura; el lanzamiento al mercado y el apoyo posterior.[1] Cada compuerta se convierte en una ordalía, en la que los equipos de producción deben justificar su trabajo ante los comités de revisión de la administración de la empresa y probar que lo que hacen merece una continua asignación de fondos. Los proyectos que sobreviven el paso de una compuerta avanzan hasta la siguiente, donde deben reunirse con otro nuevo grupo de inquisidores.

De manera inevitable, este proceso de «puertas de entrada al escenario» sitúa a un proyecto enfrentado a los demás, y en un contexto de recursos limitados. Los defensores de cada producto comprenden con rapidez que se hallan inmersos en un juego de suma cero, en el que los recursos adicionales necesarios para poner en marcha sus proyectos deben salir del plato de algún otro. No se trata de un proceso que anime a la colaboración. Se hacen competir a proyectos que

1. Véase Robert Cooper, «Stage-Gate Systems: A New Tool for Managing New Products», *Business Horizons* (mayo-junio de 1990), págs. 44-54.

podrían muy bien compartir tecnologías centrales, estudios de mercado y plataformas de producción. Esa participación en los recursos, las capacidades y las oportunidades del negocio suceden únicamente por comodidad o por casualidad. Por tanto, ese enfoque en la gestión y el control del desarrollo de un nuevo producto es incompatible con nuestra noción de construcción de familias de productos a partir de plataformas y de tecnología comunes sólidas.

El sistema de puertas de entrada al escenario ofrece a la manufactura un efectivo derecho de veto. En tanto que compuerta en el camino que conduce hasta la comercialización, la manufactura posee la capacidad de dar forma a las propiedades físicas de los productos nuevos; y para conseguir la aprobación de la manufactura, los equipos de producción se inclinan por desarrollar aquello que la fábrica puede fabricar. En efecto, la manufactura se convierte en el cliente al que deben agradar aquellos que desarrollan el producto, y eso estimula el añadido de «pegotes» a expensas de la innovación y la renovación auténticas, y, con el tiempo, relega a los líderes industriales a un estatus secundario. Para conseguir el diseño simultáneo de manufacturas de nuevas plataformas de producción, según las hemos descrito en el capítulo 1, es posible que los consejos de administración se vean obligados incluso a confinar en el aparcamiento los procesos de manufactura existentes.

A pesar del tiempo y el dinero que invierten las industrias en la creación y el perfeccionamiento de los procesos de desarrollo de productos, nuestra experiencia nos indica que son muchos los ejecutivos y los empleados que se ven entorpecidos por los detalles. La figura 9.2 nos muestra, en forma de caricatura, cómo entendía el proceso de desarrollo de nuevos productos de su empresa un ejecutivo de alto nivel. Como indica esta figura, se trataba de un proceso muy detallado en término de apartados y procedimientos. Era también muy ineficaz. Los productos que surgían del proceso tenían muy pocas cosas en común, y los ritmos de tiempo de desarrollo eran, a menudo, muy largos. Diferentes áreas de la organización ignoraban sencillamente puntos del proceso en los que se suponía que debían tener lugar interacciones. Lo mismo que los productos estrella, los procesos de gestión deberían ser elegantes en su sencillez y efectividad, en donde cada uno de los elementos sirviera a un objetivo importante. Los procesos excesivamente complejos son inmanejables, incómodos y nada flexibles; obligan a los equipos a pasarse más tiempo haciendo trabajo de oficina y presentaciones que diseñando y fabricando productos, lo que da como resultado ciclos

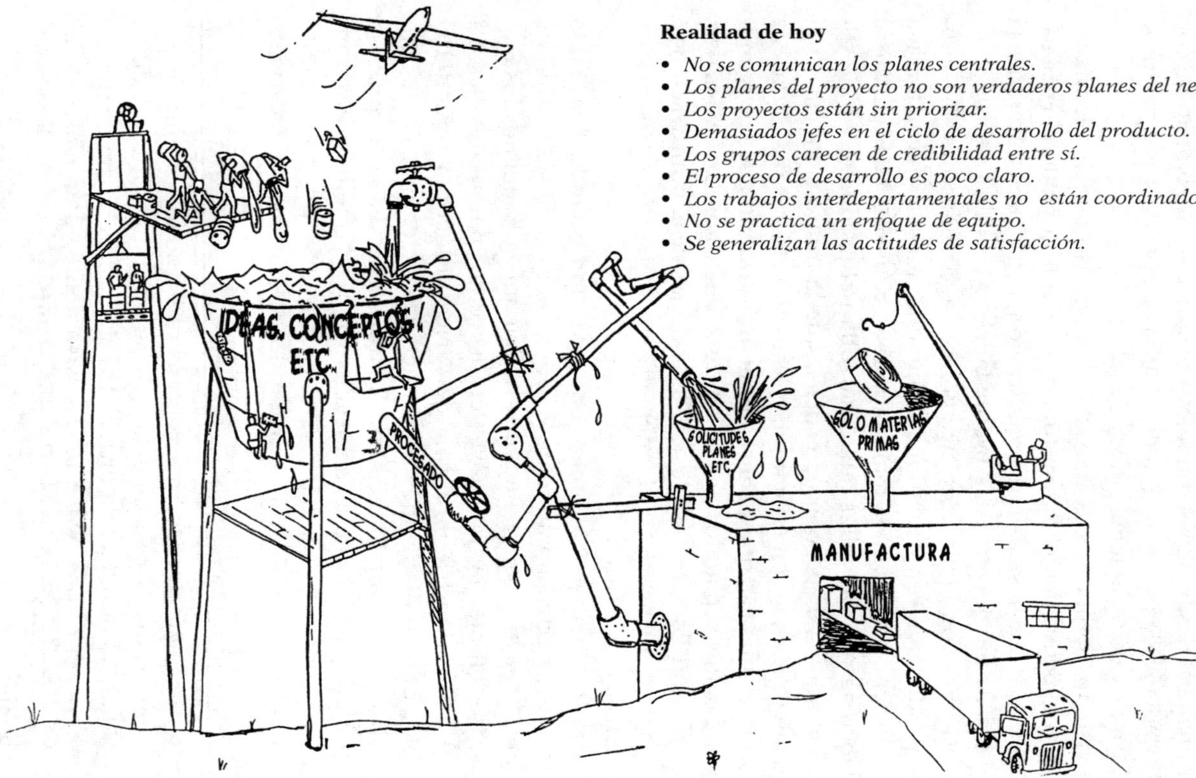

Realidad de hoy

- *No se comunican los planes centrales.*
- *Los planes del proyecto no son verdaderos planes del negocio.*
- *Los proyectos están sin priorizar.*
- *Demasiados jefes en el ciclo de desarrollo del producto.*
- *Los grupos carecen de credibilidad entre sí.*
- *El proceso de desarrollo es poco claro.*
- *Los trabajos interdepartamentales no están coordinados.*
- *No se practica un enfoque de equipo.*
- *Se generalizan las actitudes de satisfacción.*

Figura 9.2. Proceso de desarrollo de un nuevo producto de una empresa.

de tiempo de producción muy largos y costes añadidos. Un fabricante que se dedicó a estudiar los gastos generales que le suponía el proceso de desarrollo existente, lleno de apartados y de frecuentes revisiones en el paso de una fase a la siguiente, descubrió que ese proceso añadía ¡dieciocho meses al tiempo de producción del producto nuevo! No es entonces sorprendente que las innovaciones de esta empresa llegaran como consecuencia de una auténtica guerra de guerrillas, operando por entero al margen del sistema. Hemos conocido otra corporación, que participaba de un parecido proceso de revisión por fases, y que se ha visto obligada recientemente a cancelar los trabajos llevados a cabo en un proyecto de plataforma de decenas de millones de dólares. La razón: los competidores se encontraban lanzando la segunda generación de productos, al tiempo que esa empresa había conseguido el despegue en la fabricación de su primera generación.

Incluso aquellas empresas que reconocen la naturaleza disfuncional de la complejidad en los procesos, en ocasiones caen torpemente en nuevos procesos que son igual de malos. Una de las firmas que visitamos, cautivada por la manía de la reingeniería, había eliminado su estructura formal por departamentos y había formado equipos de procesos dirigidos por profesores. Por desgracia, sólo el mapa conceptual de las actividades que debían realizar aquellos equipos ocupaba diez páginas, y quedaron aturdidos por los nuevos procedimientos a los que debían hacer frente, tales como ritmos temporales, inventarios, etc., por lo que la moral se resintió.

No es, por tanto, una sorpresa que aquellos empleados que se han trasladado a empresas más pequeñas y menos burocratizadas experimenten un sentimiento de placer y de liberación al quedar desligados del «proceso».

En las grandes organizaciones, los procesos son instrumentos que tratan de sacar orden del caos. No obstante, un exceso de orden y de control desaniman la innovación y la renovación. Para que cualquier empresa, grande o pequeña, avance superando la tecnología y los hábitos actuales, es necesaria una cierta dosis de caos creativo. Ésta es una de las lecciones que hemos aprendido de las actividades empresariales. Éstas están casi desprovistas de procesos de gestión y, no obstante, proporcionan economías con muchas de sus innovaciones. Un exceso de control por parte del consejo de administración agobia ese caos creativo y mina la iniciativa y la rapidez de los equipos de desarrollo.

En los conceptos que hemos mostrado en los capítulos anteriores hemos representado un enfoque para el desarrollo de productos más sencillo y elegante, y ese enfoque puede aplicarse a cualquier negocio actual. Si su empresa utiliza un proceso de control de la gestión de un único producto, sobrecargado por el peso de múltiples procedimientos y apartados, piense en recortarlo y en recargarlo de nuevo con un proceso de planificación a varios años vista y de múltiples productos. Para comenzar, decida una línea de producción necesitada de renovación, con preferencia una que esté dirigida a un mercado con un fuerte potencial de crecimiento. A continuación forme un equipo multidisciplinar de personas abiertas al cambio y déle tres meses para evaluar el futuro de la línea de producción.

Las primeras actividades del equipo deberían estar dedicadas a la comprensión de la línea de producción a partir de una perspectiva basada en la familia de productos y la plataforma de producción. El análisis debe ir guiado por las respuestas a tres cuestiones básicas:

- *¿Cuáles son las plataformas de producción existentes en este negocio?* Ponga al equipo a diseñar diagramas de bloques de las diferentes arquitecturas de plataformas y de los procesos de trabajo de esa manufactura. A partir de ese estudio, puede determinar la cuantía y el nivel de las características comunes existentes en esas plataformas de producción y en los procesos de manufactura asociados a ellas.
- *¿Qué corriente de productos se derivan de esas plataformas?* Cree un mapa de familia de productos parecido al desarrollado para las impresoras de inyección de tinta de HP, que hemos mostrado en el capítulo 2. A continuación, usando las parrillas del mercado de plataformas del capítulo 3, haga que el equipo determine el grado de desplazamiento por los mercados de que han sido capaces las plataformas comunes. Consiga que fije también el nivel al que se han podido aplicar esas plataformas para dar respuesta a las oportunidades ofrecidas por mercados en expansión.
- *¿Se desarrollan con eficiencia los productos derivados de la empresa?* Utilice los elementos de medición de resultados, presentados en el capítulo 6, para determinar el grado de eficiencia de los productos derivados. Si están costando más de lo que debieran en los capítulos de ingeniería y manufactura, ¿cuáles son las causas subyacentes a esa ineficiencia? Pídale al equipo que evalúe otros parámetros de medida, presentados también en el capítulo 6, incluyendo el grado de efectivi-

dad de la plataforma, la relación costes-precios y el nivel de demora de respuesta en relación con los competidores.

Las respuestas que se den a estas cuestiones servirán para establecer un conocimiento común de la necesidad y la dirección que deberá seguir la renovación de la línea de producción. La planificación de la evolución futura de la familia de productos sigue entonces cinco fases clave:

1. Definir la estrategia de una nueva plataforma.
2. Determinar los sillares constructivos centrales de la nueva plataforma.

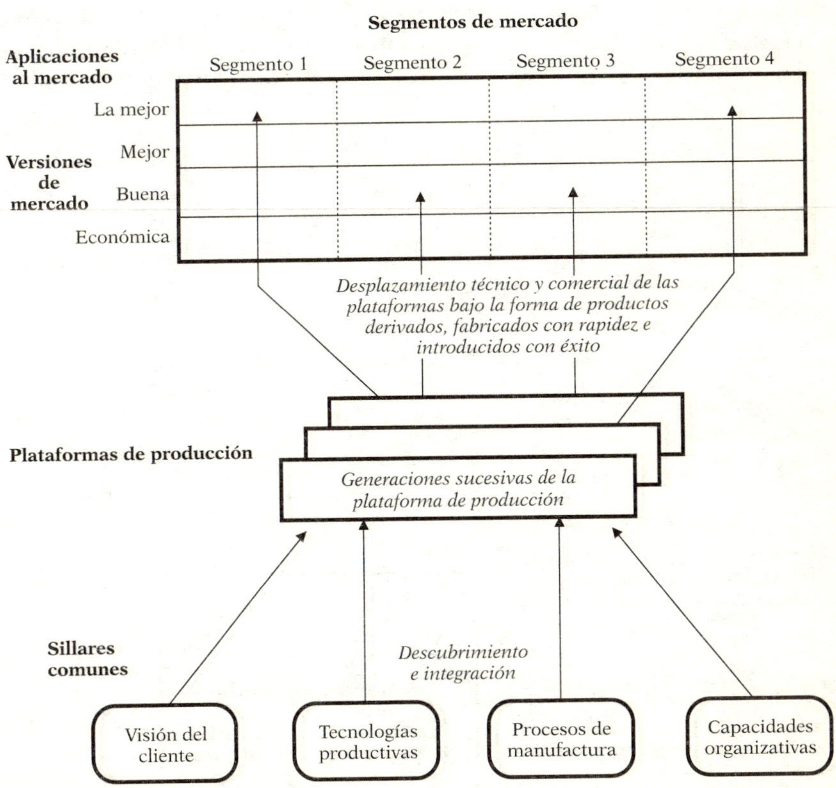

Figura 9.3. La «torre del poder»: un modelo integrador de innovación de productos y procesos.

3. Construir un diseño compuesto de la plataforma de producción y reunir los sillares constructivos adecuados.

4. Desarrollar un plan-tipo capaz de integrar los productos derivados y las ampliaciones de la plataforma.

5. Organizar y reforzar el equipo que deba ejecutar la plataforma y los productos derivados.

El marco de la «torre de poder», presentado en el capítulo 2 y que hemos reproducido en la figura 9.3, es la «herramienta de pensamiento» que conduce todo el esfuerzo.

1. *Definición de la estrategia de la plataforma*

El equipo debe definir su estrategia de la plataforma. El hecho de centrarse en los productos de gama más elevada o, por el contrario, en los de gama inferior vendrá determinado por el crecimiento de las oportunidades que ofrezca el mercado. Mediante el uso como guía de

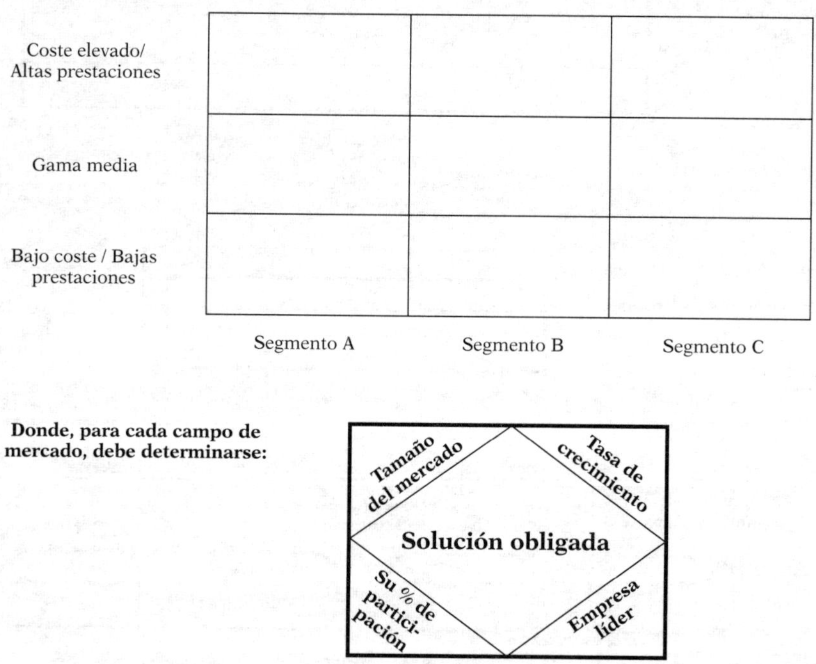

Figura 9.4. El conocimiento del mercado.

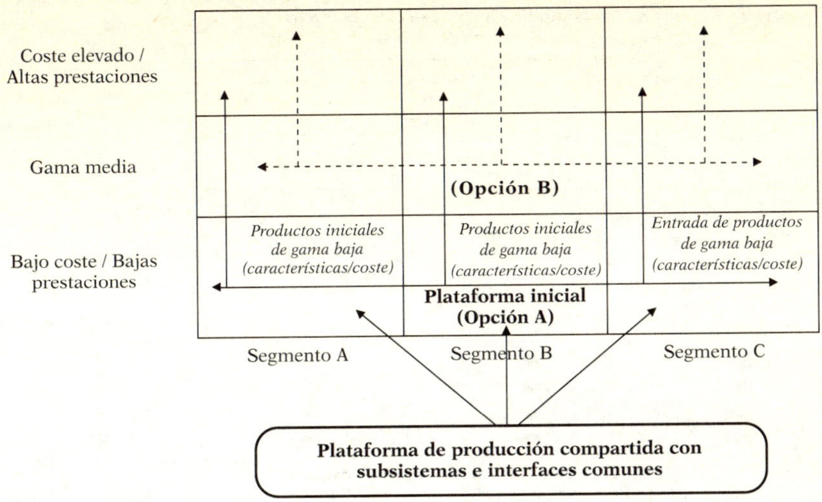

Figura 9.5. Definición del enfoque de la plataforma inicial, las extensiones de la plataforma y el nivel inicial de productos por cada campo de mercado.

una parrilla de mercado de plataformas similar a la que aparece en la figura 9.4, el equipo debe reunir información, campo de mercado por campo de mercado, observando el tamaño actual, la tasa de crecimiento, el porcentaje de participación de la propia empresa sobre el total y las empresas líderes de la competencia en cada uno de esos campos del mercado. A continuación, el equipo debe debatir las soluciones que precisa cada producto o cada servicio en todos y cada uno de los campos específicos, en términos de función y de costes.

A partir de ese conocimiento, el equipo puede proponer, a continuación, estrategias de plataforma alternativas sobre esa parrilla, sin que en ningún momento se pierda de vista la necesidad de alzar una plataforma común capaz de abarcar todos los segmentos del mercado. La figura 9.5 constituye una sencilla guía para representar estrategias de plataforma alternativas.

2. *Determinación de las piedras sillares de la plataforma central*

A partir de ese momento, el equipo debe determinar los que serán los sillares básicos de la(s) plataforma(s) de los nuevos productos que se desean. Como ya recordará el lector, hemos agrupado esos sillares en cuatro categorías: las previsiones del mercado, las tecnologías de

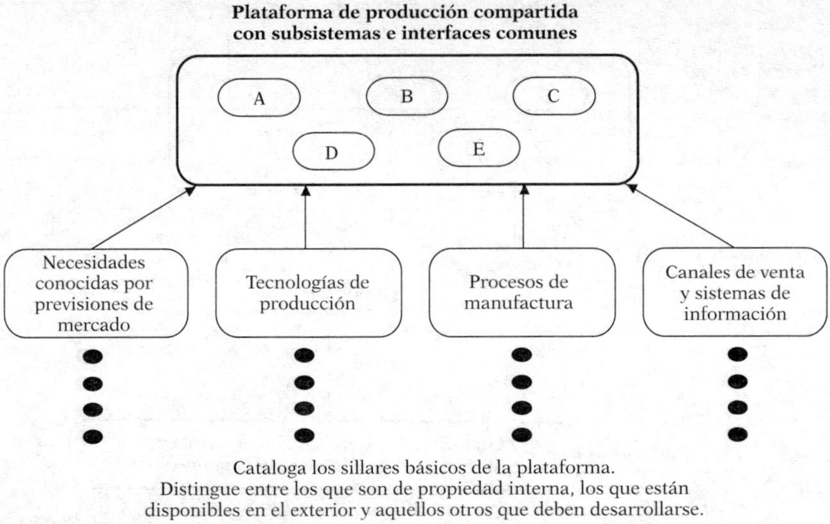

Figura 9.6. Identificación de los sillares básicos de la plataforma.

producción, los procesos y las tecnologías de manufactura y las capacidades organizativas (centradas éstas en los canales de distribución y en los sistemas de información). La figura 9.6 muestra una guía de la planificación general para llevar a cabo esta actividad.

Puede que la empresa disponga ya de algunos de esos sillares básicos internamente; otros debe conseguirlos de proveedores o de socios en el exterior de la firma. Aquellos que se encuentran a disposición exclusiva de la empresa –a los que Prahalad y Hamel (de la Universidad de Michigan y la London School of Business, respectivamente) denominan las competencias centrales de la corporación–[2] constituyen las joyas de la corona. Puede ser que algunos otros sillares no existan en la propia empresa o entre los proveedores y, por tanto, deben desarrollarse en la misma corporación o utilizando un subcontratista. En aras de la claridad, es posible que el equipo desee utilizar diferentes colores para distinguir entre los sillares básicos internos, los externos y aquellos otros que hay que desarrollar de nuevo.

Los sillares básicos de la plataforma deben evaluarse objetivamente:

2. C. K. Prahalad y Gary Hamel, «The Core Competence of the Corporation», *Harvard Business Review*, vol. 68, nº 3 (mayo-junio de 1990), págs. 79-91.

• ¿Cuáles son las perspectivas del mercado, las tecnologías de producción centrales, las tecnologías manufactureras y las estructuras de distribución que están, por lo común, controladas por la empresa? ¿Son algunas de ellas exclusivas de la corporación?

• Si se las evalúa con objetividad, ¿son estas competencias superiores, iguales o inferiores, al compararlas con las de otras empresas?[3]

• ¿Ofrece la empresa alguna cosa nueva al mercado, o se trata simplemente de una integradora de tecnología general disponible, y se comporta, por tanto, como un fabricante de productos «yo también los hago»?

Las respuestas que se den a estas cuestiones determinarán los mejores enfoques para enfrentarse al diseño de la nueva plataforma. Algunos de los sillares básicos pueden proceder del departamento de I + D de la propia empresa. Otros quizá sólo existan en el exterior de la corporación, en firmas de las que necesitaremos una licencia para usar su tecnología o alguna otra forma de obtenerla.

3. *La construcción de un diseño compuesto de la plataforma de producción y el ensamblaje de los sillares constructivos*

En el capítulo 4 hemos presentado en detalle las técnicas de diseño compuesto. El objetivo consistía en crear plataformas de producción y procesos de manufactura elegantes en su sencillez, su forma y su función, así como en apoyar un desarrollo eficiente de productos derivados.

El diseño compuesto comienza con el conocimiento de las necesidades del usuario, en particular aquellas necesidades latentes a las que no responde ninguno de los productos existentes en ese momento. Además de conocer el mercado, el equipo debe poseer un conocimiento consumado de los productos de la propia empresa, de los de los rivales más competentes y de los mejores materiales y las tecnologías disponibles para convertir aquéllos en anticuados. Recuérdese lo que afirmamos en el capítulo 4 sobre la diferencia entre necesidades latentes y percibidas, y de la importancia de conocer aquéllas pa-

3. Si no se dispone de mediciones objetivas, ¿puede usted mismo obtener la evaluación subjetiva de empleados y clientes sobre el nivel de su conocimiento de los mercados, de su competencia tecnológica y de los canales de distribución? Para una exposición de medidas subjetivas, véase Marc H. Meyer y James Utterback, «The Product Family and the Dynamics of Core Capability», *Sloan Management Review*, vol. 34, nº 3 (primavera de 1993), págs. 29-47.

ra crear una plataforma de producción poderosa y verdaderamente atractiva. Para alcanzar ese conocimiento, cada uno de los miembros del equipo debe *convertirse en el producto* y pensar de qué manera deja frustrado al usuario. Esas visiones deben, a continuación, quedar validadas mediante buenos estudios de mercado. Preferimos utilizar el análisis conjunto sobre respuestas de encuestados procedentes de diferentes segmentos del mercado. Sin poder contar con esos datos, el equipo deberá fiarse de las viejas percepciones y es posible que cree diseños vulgares. Por tanto, en los equipos de desarrollo de la plataforma es esencial contar con personal de mercadotecnia cualificado como elemento esencial.

A continuación, el equipo debe llevar a cabo el estudio de los diseños existentes de sus propios productos y de los de la competencia. Aunque ese análisis consuma algún tiempo, es el único camino por el que un grupo de trabajo puede asegurarse de que superará la situación de paridad en relación con los competidores. El equipo puede medir la complejidad de las plataformas de la competencia y organizar mediante índices los principales subsistemas, tanto de los productos de aquélla como de los propios, sobre una base estándar de medida de funciones y costes. A partir de estas actividades, el equipo estará en disposición de observar los principales subsistemas de su clase existentes en toda la industria, que pueden servir como elementos clave de una nueva plataforma. En el capítulo 4 hemos ofrecido también mapas conceptuales que el grupo de trabajo puede usar para que le sirvan de guía de su diseño compuesto.

Los estándares de realización de la nueva plataforma y la escala de precios de los productos derivados de ésta deberían basarse en un buen conocimiento del mercado y de la técnica, prestando particular atención a las interfaces, tanto las que conectan los subsistemas internos como aquellas otras que tienen lugar entre los subsistemas y el usuario. Esos subsistemas e interfaces son los que proporcionan poder a las plataformas. Al tiempo que el equipo se dedica a prestar atención a los detalles técnicos, debe también tomar en consideración los nuevos materiales y componentes, lo mismo que el hecho de que el diseño cuente con atractivos a la vista y un elevado nivel de funcionalidad para el usuario. Entretanto, el grupo de trabajo debe asegurarse de que la plataforma tenga la flexibilidad necesaria para aceptar otras funciones de nivel superior y aplicaciones a diferentes segmentos del mercado.

Los mejores procesos de manufactura deben estar integrados en el diseño de la plataforma. Su objetivo no es otro que el de impulsar los contenidos en trabajo y las fases de ensamblaje del proceso, consiguiendo así que la plataforma se pueda realizar en cualquier situación, incluso en mercados caracterizados por los elevados costes laborales. En ese momento es cuando debe considerarse también el uso de subcontratistas para determinados aspectos de la manufactura.

Es evidente que estas fases del diseño compuesto deberán adaptarse en el caso de negocios que se hallan relacionados con productos no físicos, tales como el *software* o los productos de información electrónicos. En éstos, las interfaces de subsistemas y las interfaces externas se basan, por lo común, en elementos industriales estándar, mucho más de lo que sucede con la mayoría de los tradicionales productos físicos. El diseño industrial para *software* y para los productos de información *on line* viene caracterizado, en buena medida, por la elegancia ergonómica de la interfaz de usuario, en tanto que opuesta al sistema de paquetes tradicional. La manufactura de esos productos puede llegar a ser también muy diferente. Por ejemplo, puede haber equipos que creen las máquinas de *software* y los módulos añadidos, según los hemos descrito en el capítulo 7, o los depósitos y las refinerías de las que hemos hablado en el capítulo 8, para que los ordenadores sean los encargados de ejecutar la «manufactura», al tiempo que Internet se preocupa de la distribución.

4. *El desarrollo del plan de extensión de productos derivados*

Provisto con su estrategia de la plataforma y con el diseño de esa misma plataforma, el equipo puede desarrollar, a continuación, un plan de extensión de productos derivados que irán a engrosar la familia de productos. Puede tomar la forma de un mapa conceptual de futuro, como el que se muestra en la figura 9.7. En ella se especifican los productos del nivel inicial y las funciones de incremento de productos para cada uno de los segmentos del mercado. También deberían planificarse las ampliaciones de la plataforma. Una vez que han quedado identificados los subsistemas de una plataforma, se puede planificar su perfeccionamiento a través de las sucesivas generaciones de la línea de producción, realizando esta operación subsistema por subsistema.

En tanto que fase integradora, el equipo debe crear una nueva torre de poder para su negocio, en la que aparezcan juntos, a simple vista, los sillares constructivos básicos, las plataformas y los productos derivados, todo ello para facilitar el trabajo del consejo de administración.

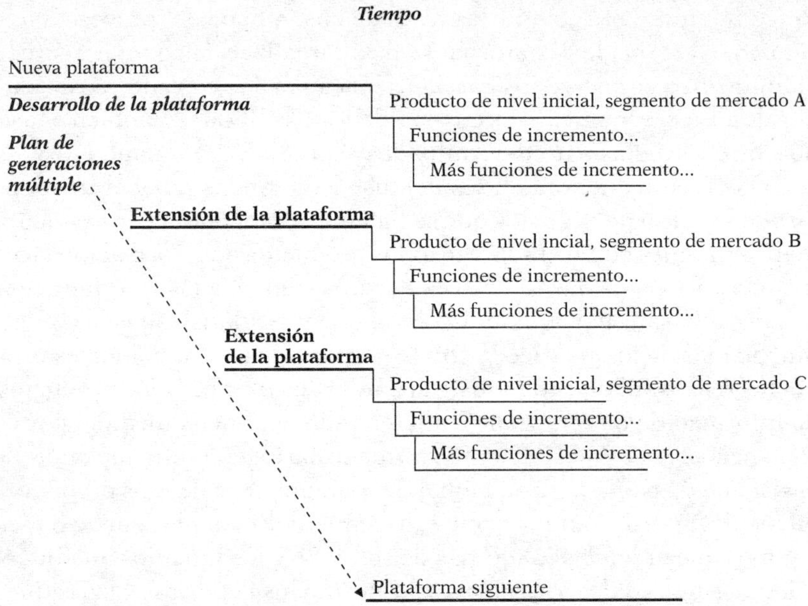

Figura 9.7. Plan de extensión de la familia de productos.

5. *La organización del equipo ejecutivo*

Provisto ya de una planificación de familia de productos, el consejo de administración debe, entonces, organizar y reforzar un equipo de ejecución de la plataforma. El propio equipo debería diseñarse como un grupo de trabajo compuesto, en el que aparezcan incluidas las cualidades esenciales exigidas para la creación de una plataforma sólida. La figura 9.8 es una guía de planificación diseñada para una empresa de fabricación de productos. Se puede adaptar fácilmente a aquellas empresas dedicadas a la producción de artículos de *software* y de información *on line*. En el momento de rellenar los espacios con los nombres correspondientes y en la búsqueda de los mejores candidatos, no tenemos por qué vernos limitados a una determinada unidad del negocio de la propia empresa. Podemos llegar a considerar subcontratistas, proveedores e, incluso, clientes.

El equipo debería prepararse, a continuación, para presentar al consejo ejecutivo un plan de varios años, multiproducto y multimercado, con el fin de recabar fondos. Como contrapartida, el consejo ejecutivo debería estar dispuesto también a financiar las iniciativas consideradas valiosas sobre la base de un plazo de varios años, pro-

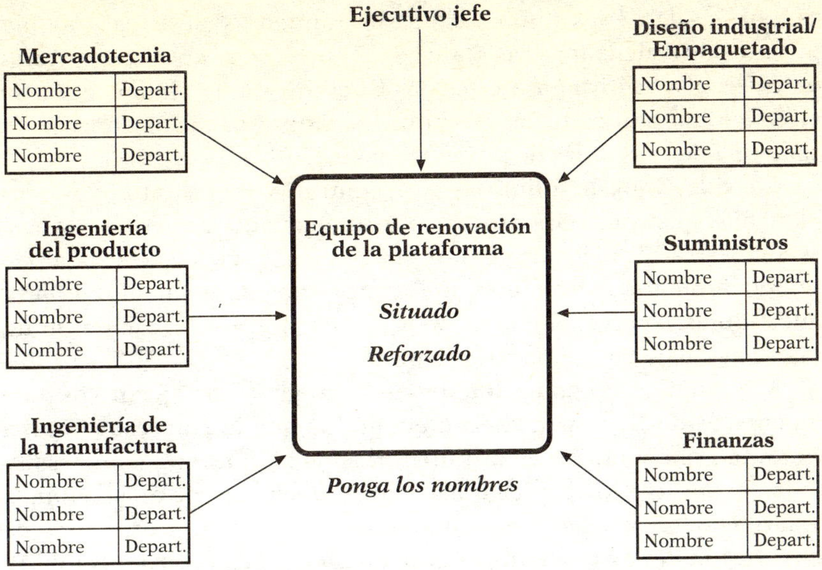

Figura 9.8. El equipo compuesto de la plataforma.

tegiendo a los miembros del equipo de las vicisitudes que presentan el mercado de capitales y de los resultados de los propios departamentos de la empresa, de la mejor manera posible.

Una colocación de recursos de esta clase significará probablemente que el equipo gestor financiará muy pocos proyectos individuales, centrando sus inversiones en la creación y la renovación de líneas de producción de importancia capital para la corporación. Ese enfoque estratégico trabajará para beneficiar a la empresa y a sus clientes. Debe animarse también a los equipos a que planteen objetivos claros a la plataforma, así como una elevada funcionalidad del producto derivado, y que, después, se sujeten a ella. Le ahorrará a la empresa problemas, gastos y situaciones en las que se provocan gastos relacionados con los enredos que se producen en el difuso frente final del desarrollo del producto.

Conocer las limitaciones de las prácticas del pasado y continuar avanzando

Cualquier compañía puede cambiar la forma en que diseña sus productos y hace sus negocios. Muchos de los casos presentados en este libro –desde las ratoneras, las herramientas eléctricas, las impresoras de ordenador y las planchas, hasta el *software* o los servicios de Internet– confirman ese hecho. El concepto de plataforma y su metodología han contribuido a que las empresas alcancen éxito en cada una de esas áreas de producción.

Consideremos un último caso. Al contrario que las ratoneras o las planchas, que están compuestas por un pequeño número de partes, éste muestra cómo los principios que hemos descrito en este trabajo se aplicaron con éxito a uno de los proyectos de desarrollo de productos más complejos que existen en el mundo: la creación de un nuevo avión de pasajeros a reacción.

A comienzos de la década de 1990, un grupo de ejecutivos y de ingenieros de Boeing se dieron cuenta de que la empresa contaba con una gran cantidad de arquitecturas de plataforma, como resultado del desarrollo de nuevas aeronaves, diseñadas de una en una, a lo largo de muchos años. Sencillamente, no existía una estrategia de plataforma decisiva que informara a toda la línea de producción. El equipo advirtió que se trataba de una excelente oportunidad no sólo para fabricar una nueva aeronave, sino también para cambiar la vía seguida por la corporación en el mundo de los negocios. El consejo de administración escuchó, estuvo de acuerdo y formó un equipo para diseñar una plataforma que se colocó bajo el mando de un ejecutivo de alto rango. Boeing invitó también a sus clientes más importantes a convertirse en participantes en el diseño con dedicación exclusiva. Solamente eso constituía ya un abandono significativo de las prácticas del pasado.

Bajo el eslogan «Trabajando unidos», el equipo de diseño de la plataforma determinó los cuatro sillares esenciales de su trabajo: las tecnologías aeronáuticas, las tecnologías de diseño, los procesos de manufactura y los procesos de distribución y servicios. Más aún, llegó a la conclusión de que Boeing necesitaba únicamente catorce competencias clave para hacer progresar el negocio y, de entre éstas, sólo algunas estaban directamente relacionadas con elementos estrictamente del campo de la aviación. Algunas otras tenían que ver con la tecnología de la diversión que se debía ofrecer a los pasajeros; con tecnología de navegación para pilotos, y con las capacidades de servicio que se exigían de manera exclusiva a las companías aéreas comerciales. Se decidió que fuesen esas catorce competencias las que centrasen el trabajo del equipo y del consejo de administración.

El equipo de trabajo estudió también los numerosos procesos que se usaban entonces para dirigir el negocio, sesenta en total, así como los más del millar de sistemas de información que se encontraban detrás de todos esos procesos, que necesitaban del concurso de tres mil empleados. Según las expectativas del equipo, el «nuevo negocio» dirigiría todos esos sistemas con poco más de la mitad del personal.

El equipo creó a continuación el diseño de una nueva plataforma de lo que se convertiría en el Boeing 777. El principio de diseño era similar a aquellos otros que hemos presentado aquí: fundamentalmente, consistía en que una parte importante de cada aeronave sería estándar y diseñada sobre la base de los mismos subsistemas. Los restantes elementos serían opcionales, diseñados con antelación (como funciones de incremento), o exclusivos, dedicados a satisfacer necesidades específicas de los clientes.

Con anterioridad al 777, las aeronaves Boeing utilizaban muy pocos elementos comunes. Empíricamente, el número de componentes se hallaba directamente relacionado con el tamaño del modelo. Cuanto mayor y más pesado era el avión, mayor era también el número de elementos exclusivos. El 777 invirtió esa tradición. Su diseño ofrecía a los clientes más opciones y una mayor flexibilidad, al tiempo que hacía uso de un número muy escaso de componentes exclusivos y uno muy elevado de componentes comunes. Veamos algunos ejemplos:

- *Puertas*. Las puertas de entrada de un avión de pasajeros común cuentan con unos mil cuatrocientos componentes, muchos de ellos exclusivos. En las siete puertas del 777, el 95 % eran elementos comunes a todas ellas.
- *Maleteros del pasaje*. En el pasado, los maleteros del pasaje eran exclusivos de cada aeronave. El 777 tiene sólo tres diseños estándar de este elemento. Se pueden utilizar con cualquier clase de asientos, cambiando simplemente los puntos de anclaje.
- *Asientos*. En los aviones anteriores, una nueva disposición de las butacas requería toda una semana de trabajo. Debido a las nuevas «interfaces» modulares existentes entre las butacas y la estructura de la aeronave, en el 777 se pueden volver a configurar la noche antes.
- *Cocinas y cuartos de baño*. Las cocinas y los cuartos de baño de los aviones anteriores no podían cambiarse de lugar sin realizar de cambios profundos en los sistemas de fontanería, eléctricos y de estructura. En contraste, el diseño del 777 ofrece zonas predeterminadas para cocinas y cuartos de baño, que permiten un cambio de ubicación sin llevar a cabo modificaciones en el cableado eléctrico, el sistema de fontanería o la estructura de la aeronave.

Utilizando este enfoque, el equipo de diseño de la plataforma planificó una familia de productos que, finalmente, incluiría:

- El modelo básico 777-200A.
- Un modelo de mayor autonomía de vuelo, el 777-200B.
- Uno de mayor capacidad, el 777-300A.
- Uno de mayor capacidad y autonomía, el 777-300B.
- Uno de mucha mayor autonomía y menor capacidad, el 777-100.

El equipo de diseño de la plataforma formuló también los diez mandamientos del diseño y la manufactura de la aeronave para los Boeing, una «arquitectura de pensamiento» que ha estado guiando a los doscientos cincuenta equipos de desarrollo individualizados, organizados para perfeccionar los numerosos subsistemas, procesos y productos derivados que han ido apareciendo a partir de la empresa inicial del 777. Estos diez mandamientos de la Boeing son:

1. Las áreas de ingeniería y manufactura se comprometen a trabajar al unísono para desarrollar un diseño más fácil de producir y mucho más libre de errores.
2. El área de ingeniería definirá simultáneamente los sistemas y la estructura, antes de dar por finalizadas sus funciones.
3. El área de ingeniería definirá los detalles más adecuados y sus ensamblajes utilizando una definición del producto, antes de dar por finalizadas sus funciones.
4. El área de ingeniería se asegurará de que todos los componentes hayan sido definidos y ajustados entre sí utilizando un preensamblaje digital, antes de dar por finalizadas sus funciones.
5. El área de manufactura llevará a cabo una planificación suficiente y el diseño de las herramientas con el fin de proporcionarle al «diseño de ingeniería» un conocimiento de productividad válido, antes de dar por finalizadas sus funciones.
6. El área de ingeniería incorporará en el diseño, al nivel más elevado posible, el conocimiento que sobre productividad tiene el área de manufactura.
7. El área de manufactura suscribirá el conjunto de datos procedentes de ingeniería, verificando su productividad antes de dar por finalizadas sus funciones.
8. El área de manufactura asignará un ejecutivo al equipo por cada uno de los jefes de ingeniería.
9. Las áreas de materiales, servicio al cliente y finanzas, al consi-

derarlo como lo más adecuado, nombrarán también un ejecutivo para el equipo por cada uno de los jefes de ingeniería.

10. Estos líderes en la gestión de la construcción del diseño organizarán y planificarán sus actividades con el fin de cumplir lo señalado en los nueve puntos anteriores.

En la actualidad, este enfoque está siendo institucionalizado en toda la corporación. El objetivo consiste en asegurarse de que cada una de las nuevas aeronaves posea elevados niveles de estandarización, con opciones y funciones de incremento diseñadas por la ingeniería, probadas y dispuestas para ser instaladas, al tiempo que interfaces flexibles capaces de hacer frente a las exigencias exclusivas de los clientes. La compra de una aeronave se parecerá enormemente al proceso de adquisición de un automóvil nuevo, donde los clientes seleccionan un modelo básico y, a continuación, van añadiendo opciones para satisfacer sus gustos personales y sus presupuestos.

El éxito de Boeing subraya el poder de las plataformas de producción y conferirá nuevos ánimos a los ejecutivos y los empleados dedicados por entero a su trabajo, ya que hasta las corporaciones de mayor tamaño, que cuentan con los productos más complejos, pueden cambiar radicalmente para mejor.

El liderazgo: una visión plena de vigor

Los consejos de administración pueden ignorar o responder a iniciativas similares a las descritas con anterioridad. Responder no quiere decir otra cosa que financiar los equipos de diseño de la plataforma, dar apoyo a su trabajo y crear enlaces entre esos mismos equipos y otras partes de las empresas. Responder significa también conceder a los proyectos de plataforma y de productos derivados tiempo suficiente e independencia para completar su trabajo, evitándoles las valoraciones continuas llevadas a cabo por comités de gestión. Una vez que la planificación de la familia de productos cuenta ya con la aprobación del consejo de administración, en principio debería aprobarse también la corriente entera de productos que se consideran como parte de la primera generación de la plataforma. Eso no implica que las plataformas o los productos derivados posteriores o aquellos otros que superen el presupuesto queden excluidos por el control de la administración de la empresa. Los mercados pueden cambiar repentinamente, exigiendo a su vez cambios en la planificación de la familia de productos. No obstante, cada uno de los productos derivados no debería verse obligado a volver a justificar su existencia periódicamente. El centro del debate en el seno del consejo de administración no debería ser otro que la aprobación de la propia plataforma, los esfuerzos para renovarla y el plan de extensión de sus productos derivados. Dedicar un tiempo valioso a cada uno de los productos derivados sirve únicamente para desviar la atención de los ejecutivos de los fundamentos básicos del negocio.

Haciendo el encargo

En algunos casos, solamente un fuerte liderazgo del consejo de administración podrá efectuar el cambio. En una empresa capaz de aportar un cierto grado de discontinuidad a la industria de la que forma parte –ya sea en forma de tecnología del producto, de su manufactura o de la distribución del mismo–, el ejecutivo jefe puede verse obligado a introducir una cierta discontinuidad en la forma de pensar de los empleados sobre los problemas de hoy y los deseos para mañana. Los ejecutivos pueden «hacer el encargo», pues de otra manera nada llegará a cambiar. Esta situación la hemos observado ya en los casos descritos en este libro. El presidente de Black & Decker afirmaba que la empresa no conseguiría beneficios sostenidos en el mercado a menos que pudiese introducir el doble aislamiento en toda su cartera de productos, sin incrementos de precios al usuario final. Esa situación provocó un verdadero maremoto en la manera en que los diseñadores de la empresa enfocaban sus plataformas de producción y los procesos de manufactura. En el caso de HP, el consejo de administración desafió a los ingenieros a conseguir una impresora en color por un precio inferior a los quinientos dólares. En EMC, su consejo ejecutivo pidió a los ingenieros que crearan un sistema de almacenaje basado en series repetidas de discos baratos que podrían adaptarse a los sistemas existentes. En Visio Corporation, el fundador comenzó el negocio con la misión de crear una plataforma de *software* sólida y flexible para gráficos y dibujos, que pudiera integrarse sin fisuras con otros elementos de *software*. En Lincoln National Reinsurance Company, un comité directivo compuesto por ejecutivos de alto nivel decidió que la empresa debería convertirse en líder en el uso de tecnología informática para hacer frente a los riesgos de las polizas de seguros de vida. Los ejecutivos de Ziff Davis desafiaron a los empleados a crear un servicio *on line* con el fin de ofrecer nuevos medios de difusión de información relacionados con sus tradicionales publicaciones en copia dura.

En cada uno de estos casos, fueron los ejecutivos de alto nivel quienes «hicieron el encargo», y, como todo el mundo sabe, *cuando algo se vuelve importante para el amo, se vuelve importante para nosotros*. Es evidente que cada ejecutivo debe definir cuál es el «encargo» necesario. A continuación, debe implicarse directamente.

Por lo general, las empresas que fabrican productos estrella cuentan con líderes que realmente son unos amantes de esos productos de sus empresas, que entienden cómo se hacen y que disfrutan estando entre la gente que los fabrica. En una reciente entrevista para la National Public Radio, Bill Gates describió su entusiasmo por los productos creados por su empresa y llegó a decir que pasa la mayor parte de su tiempo con los diseñadores de productos de Microsoft. «A mí lo que me gustan son los productos. Ahí es donde puedo hacer la contribución más importante.» Según reconocía él mismo, el ejecutivo jefe de Gillette, Alfred Zeien, dice que pasa del 30 al 35 % de su horario laboral desarrollando nuevos productos.[4] Como en el caso de Gates o de Zeien, los ejecutivos pueden contribuir a la creación de las hojas de ruta de los productos y la tecnología de la empresa y pueden, a continuación, eliminar los obstáculos internos que quizá llegaran a impedir su realización.

Nuestra propia experiencia y los estudios pertinentes han mostrado que numerosos ejecutivos de alto nivel no participan directamente en las fases determinantes del desarrollo de un nuevo producto. Por lo general, sólo se sienten implicados directamente cuando se ponen sobre la mesa decisiones a propósito de las principales inversiones de capital, es decir, siempre demasiado tarde ya para marcar diferencias. Tampoco es suficiente delegar esa responsabilidad a los planificadores de la corporación; son muchos los altos cargos de las empresas que se encuentran demasiado alejados de la plaza del mercado y del laboratorio como para conocer las necesidades latentes de los usuarios o el potencial y los escollos que han de salvar las tecnologías de producción. Para esos ejecutivos o altos cargos alejados del proceso, la I + D es una misteriosa «caja negra» que consume los recursos y que, en ocasiones, produce resultados notables. No entienden qué clase de desarrollo es el que se puede llegar a alcanzar o cómo puede llegar a imponerse a los clientes.

Si su empresa se halla dirigida por un equipo ejecutivo preocupado, por encima de todo, por los productos y los clientes, usted es una

4. Dwight Gertz, *Grow to Be Great*, Nueva York, Free Press, 1995, pág. 102.

persona afortunada. Si no es así, debe determinar qué hacer para cambiar la arquitectura de pensamiento usada para gestionar el negocio.

Comenzamos el libro con la metáfora de un arco que salva un *abismo de incertidumbre*. Sugeríamos que todas las empresas se ven, finalmente, obligadas a hacer frente a discontinuidades (el abismo) que amenaza su posición en el mercado. Situados en la complacencia por los éxitos del pasado o confortados por el panorama que se divisa por el espejo retrovisor, numerosos líderes de empresas empujan a sus organizaciones al abismo.

Nuestro arco propone una vía mejor: salvar ese abismo gracias a los sillares conceptuales que hemos ofrecido en este trabajo (estrategia de plataformas, diseño compuesto, equipos de diseño de plataformas y familias de productos basados en mediciones de resultados –figura 9.9–). Todos ellos pueden ayudar a cualquier empresa productora a salvar la difícil transición del presente al futuro.

La construcción del arco requiere el cuidado y la alimentación de los talentos de la empresa situados en las áreas de mercadotecnia, ingeniería y manufactura, así como en todas las restantes. En algunos casos, puede convertirse en una operación tan directa como la de eliminar esas burocracias que se dedican a chupar la savia de la creatividad y que se han ido desarrollando con el tiempo. Cuando, a finales de la década de 1980, HP comenzó a perder el rumbo, los dos fundadores, William Hewlett y David Packard, regresaron de su situación de retiro para ocupar puestos de dirección activa. Su misión consistió en eliminar los comités de planificación central y de revisión que se habían desarrollado constituyendo obstáculos internos para el trabajo del personal innovador de la empresa. Desmontaron la burocracia central, eliminaron los procedimientos manuales y permitieron que la compañía regresara a la cultura que había nutrido sus éxitos del pasado. Según uno de los ejecutivos jefes actuales, Lou Platt, «el aspecto más importante de la dirección de esta empresa no es otro que el control cultural. Si consigues que eso funcione, todo lo demás va siguiendo».[5]

Es evidente que esto último apunta a la importancia capital del papel que desempeñan los ejecutivos de alto nivel en el establecimiento del tono y la dirección que debe seguir la empresa. Al implicarse directamente en la estrategia de la plataforma y en su desarro-

5. «Top Corporate Performers of 1995», *Forbes* (1 de enero de 1996), pág. 68.

Figura 9.9. Un arco que salva el abismo.

llo, y al apoyar los esfuerzos dirigidos a acometer tales iniciativas, los ejecutivos alimentan la robustez de la corporación. El consejo de administración de la firma debe, asimismo, considerarse como una parte más del proyecto; debe entender y contribuir a construir el «arco» de la corporación y debe también considerar esa nueva manera de actuar y las iniciativas productivas en el contexto de un crecimiento constante mediante la renovación continua de la plataforma. En esto, el mejor maestro no es otro que el ejecutivo jefe.

No cabe duda de que la manera en que el ejecutivo jefe anime los esfuerzos de desarrollo del producto es determinante para la buena marcha del negocio. En el botiquín del liderazgo de la empresa no existen ni píldoras mágicas ni curas instantáneas. No obstante, la dirección debe facilitar el desarrollo de los sillares constructivos del futuro: las tecnologías, los procedimientos, los materiales y los servicios que impulsarán hacia el futuro las plataformas y los productos de la empresa.

Todo comienza con unos ejecutivos que «hacen el encargo» e, incluso antes, cuando tienen claro ya qué encargo deben hacer. Si John Kennedy no hubiera hecho el encargo –de situar a un hombre en la Luna a finales de la década de 1960–, ¿habría ocurrido alguna vez? Es probable que no. Sospechamos que eso mismo puede llegar a suceder en su propia empresa.

ÍNDICE ANALÍTICO Y DE NOMBRES